高等职业教育财经商贸类专业基础课系列教材

团队建设与管理

何雪英　主　编

吕　毅　张　烨　刘玥玲　副主编

U0361078

清华大学出版社

北京

内 容 简 介

本书按项目化教学编排,从认识团队及角色开始,依次安排管理团队所需的几大技能,主要内容包括团队认知与建设、团队愿景、团队执行力、团队沟通与协调、团队领导力、团队激励、团队绩效,最后安排了团队创新项目,以进一步提升团队建设能力。本书通过典型案例分析、角色扮演、岗位实战等体验式学习,帮助学生快速理解和掌握相关团队技能,适合作为高职高专院校学生教材使用。

图书在版编目(CIP)数据

团队建设与管理/何雪英主编. —北京:清华大学出版社,2023.1
高等职业教育财经商贸类专业基础课系列教材
ISBN 978-7-302-61307-7

Ⅰ. ①团… Ⅱ. ①何… Ⅲ. ①企业管理-组织管理学-高等职业教育-教材 Ⅳ. ①F272.9

中国版本图书馆 CIP 数据核字(2022)第 121260 号

责任编辑:左卫霞
封面设计:傅瑞学
责任校对:李 梅
责任印制:沈 露

出版发行:清华大学出版社
  网 址:http://www.tup.com.cn,http://www.wqbook.com
  地 址:北京清华大学学研大厦 A 座   邮 编:100084
  社 总 机:010-83470000   邮 购:010-62786544
  投稿与读者服务:010-62776969,c-service@tup.tsinghua.edu.cn
  质量反馈:010-62772015,zhiliang@tup.tsinghua.edu.cn
  课件下载:http://www.tup.com.cn,010-83470410
印 装 者:三河市君旺印务有限公司
经 销:全国新华书店
开 本:185mm×260mm 印 张:14 字 数:340 千字
版 次:2023 年 3 月第 1 版 印 次:2023 年 3 月第 1 次印刷
定 价:49.00 元

产品编号:089536-01

随着市场竞争的加剧，团队的作用越来越凸显！由于现代年轻人个性强，团队意识较薄弱，团队的建设与管理急待进一步加强和提升。

本书主要有以下几个特点。

（1）凸显"课程思政"。本书深入学习贯彻党的二十大精神，挖掘课程所蕴含的"思政"元素和资源，将其融入知识传授与技能培养中，培养学生的社会主义核心价值观，发挥课程的价值引领作用。

（2）创建了团队建设与管理知识体系。本书在对企业进行充分调研和分析的基础上，以学生就业和职业发展为导向、能力训练为主旨，精选学习项目，优化教学模式，共安排8个学习项目，22个任务。本书内容安排考虑企业一般岗位协作需求的同时，兼顾企业基层主管、中层管理者的协作能力需求，支撑学生职业生涯发展的需要。

（3）学习项目设计完整、清晰。本书主体结构为学习目标、热身游戏、案例导入、知识介绍、同步实训和综合练习。学习目标列示了知识目标、技能目标和素养目标；热身游戏可以在活跃气氛、增加团队凝聚力的同时，结合课堂内容进行引导和拓展；案例导入指引学生从认知进入系统学习；知识介绍呈现主要的理论知识，同时穿插大量的案例、知识链接和即兴思考等，旨在促进学生对知识的吸收和理解，同时拓展学生的视野；同步实训重在让学生学以致用，对学过的理论知识进行很好的深化；综合练习考核学生对知识掌握和应用的能力，同时有助于学生对知识的消化和巩固。这种结构安排，便于教师教学和学生使用，更加符合高职学生的认知规律。

（4）设计了"学、做、评一体化"实训项目。22个同步实训均按"任务要求、任务分析、实施准备、实施步骤、效果评价、点评交流"6个板块进行"学、做、评一体化"设计，覆盖所有教学内容，并以任务评价表的形式呈现，符合《国家职业教育改革实施方案》倡导的工作手册式教材。实训项目由教师与企业专家共同开发，体现了职业教育的产教融合。

（5）配套丰富的数字化教学资源。以知识点、技能点为颗粒度进行微课建设，并配套教学课件、习题、实训项目、案例等数字化教学资源，学习者可以扫描书中的二维码获得学习资源。数字化教学资源与纸质教材配套使用，形成了适用于混合式学习的"新形态一体化教材"。

本书由浙江经贸职业技术学院教师和企业资深专家共同完成，是校企合作开发的"双元"教材。本书由何雪英担任主编，具体编写分工如下：梁海红编写项目一，张烨编写项目二和项目四，刘玥玲编写项目三，吕毅编写项目五和项目八，何雪英编写项目六和项目七；企业专家浙江华正新材料股份有限公司郭江程董事长提供案例，参与实训项目开发，进行职业指导。本书由浙江经贸职业技术学院工商管理学院颜青教授审稿。

本书在编写过程中，参阅了大量国内外公开发表和出版的文献资料，在此谨向原著作者表示诚挚的感谢和由衷的敬意。同时感谢张志乔、李艳军、潘茜茜和杜江等老师给予本书的指导和帮助。

由于编者理论水平和实践经验有限，书中难免有不足之处，恳请各位专家和广大读者批评指正，以便我们不断完善。

编 者

2022 年 10 月

团队认知与建设

项目内容

本项目结合团队认知与建设相关理论知识分析,让学生在理解团队理论知识的基础上,掌握团队及团队建设的基本技能,同时以学生团队作为活动单位,通过实训将项目内容进一步深化和提升。

任务一　团队及角色认知

微课:团队及角色
认知

知识目标

- 领会团队的概念。
- 熟悉团队的构成要素。
- 掌握不同类型团队的特征。

技能目标

- 能正确认识团队的作用及团队中角色的定位。
- 能根据企业实际情况,运用所学知识组建有效团队。

素养目标

- 能发扬舍弃"小我",成全"大我"精神。
- 能换位思考团队成员中的角色,发挥团队协作精神。

热身游戏

人椅游戏

活动目标:通过游戏体验团队的相互配合,培养团队成员之间的默契。

形式:全体学生共同参与完成。

时间:10分钟。

场地:教室内。

游戏方法：

（1）全体学生围成一圈。

（2）每位学员将双手放在前面一位同学的双肩上。

（3）听从教师的指令，缓缓地坐在身后同学的大腿上。

（4）坐下后，教师再给指令，让学生喊口号"齐心协力，勇往直前"。

（5）最好以小组竞争的形式进行，看看哪个组可以坚持最长的时间不松垮。

讨论：

（1）在游戏过程中，自己的精神状态是否发生变化？身体和声音是否也相继出现变化？

（2）要想在竞争中取胜，最重要的是什么？

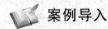 **案例导入**

天马公司的问题

天马公司成立快 3 年了，在公司成立之初，许多事情都是老总马黎明一个人说了算。前两年形势不错，公司的经营业绩也好，所以去年公司规模几乎扩大了 1 倍。人多了，管理的问题就来了。公司最近业务繁忙，因此许多部门的员工不时需要加班。按照惯例，公司不鼓励加班，而且也没有加班费。如果确实有人需要加班，可以把加班的时间换成倒休。公司虽然对于加班没有特别的规定，但却有严格的工资制度。天马公司实行员工打卡制度，要求员工在上下班的时候打卡。如果迟到 10 分钟以上，要被扣除部分工资。另外，对于员工因事假或病假而不上班的情况，也有相应的规定，会被扣掉相应工资。对于无偿加班和一旦请假就扣工资的规定，许多员工非常有意见。有的员工认为努力工作完成自己的职责和任务就可以了，没必要去白白加班，再者，既然公司那么在乎有效的上班时间，迟到几分钟都扣工资，那么加班就没有理由不付加班费。而公司却认为员工没有严格要求自己，没有表现出真正的付出和奉献精神，矛盾便由此产生。有人认为不是自己工作职责中的任务强加给自己；也有人认为以后再也不用过分对工作付出，得过且过罢了。大家之间的合作气氛越来越差，一些鸡毛蒜皮的小事也往往引起轩然大波。

思考： 从团队的角度分析天马公司出现的问题，为了缓和员工与管理者之间的矛盾，天马公司应该设置什么样的团队角色？

当今市场竞争日趋激烈，信息技术、经济高速发展，企业组织的管理模式发生诸多深远的变化，传统的思维方式及工作方法，已不再适应今天组织的变革与发展；团队管理思想正在成为一个焦点，越来越多的企业发现，以团队为基础的管理改革，对企业的成长和发展产生了深远的影响和积极的推动作用，团队不仅成为组织运作的基本活动单位，也是组织创造、改进业绩的关键；同时大量的事实案例也证明，团队的分工、合作与协同，使组织任务、目标执行与达成，都变得更加顺利和高效。

一、团队概述

1. 团队的含义

团队(team)是由员工和管理层组成的一个共同体,它合理利用每一个成员的知识和技能协同工作,解决问题,达到共同的目标。

1994年,美国管理学教授斯蒂芬·P.罗宾斯首次提出了团队的概念。他认为:团队就是由两个或者两个以上的、相互作用、相互依赖的个体,为了特定目标而按照一定规则结合在一起的组织。随后,团队合作的理念被广泛运用于生产、生活、营销、管理等方面。而在《现代汉语词典》里关于"团"一词的解释,已经点出了团队的要旨,其中与本书相关的有:①会合在一起,如团聚、团结。②工作或活动的集体组织,如团体。③用于成团的东西或抽象的事物,如一团和气。

从文字构成来看,团有才字,队有人字。优秀团队聚集人才,也就是说,团队是人才聚集之地。

工作团队是为完成同一目标共同分担责任、有组织地在一起工作的一组人。这个定义有以下3个要素:①组织人们一同工作。这些员工要像左右手一样可以完美配合,天衣无缝。②有完全共同的目标。团队成员一同工作就是为了达到同一个终极目的。③分担责任。这意味着在完成团队使命的过程中,团队中的每一个成员将分担责任。

即兴思考

生活中,你见到过哪些团队?

2. 团队的特点

为正确理解团队的含义,需要明确团队的几个特点,具体如下。

(1) 共同的目标。每个组织都有自己的目标,团队也不例外,正是在这一目标的感召下,团队成员凝聚在一起,并为之共同奋斗。为使团队工作有成效,团队必须要有明确的目标,每个团队成员对于要实现的目标及其带来的收益有共同的认知。成员在团队中扮演多种角色、做多种工作、完成多项任务,工作任务的确定要以明确的目标和成员之间的良好关系为基础。

项目团队有一个共同的憧憬,这是团队得以存在的主观原因。团队的共同目标是共同憧憬在客观环境中的具体化,并随着环境的变化作出相应的调整。每个团队成员了解它、认同它,认为共同目标是实现共同憧憬的最有效途径,是激发团队成员激情的根本所在。

(2) 合理分工与协作。每个团队成员都应该明确自己的角色、权力、任务和职责,在目标明确后,必须明确各个成员之间的相互关系。如果每个成员彼此隔绝,大家都埋头做自己的事情,就不会形成一个真正的团队。每个成员的行动都会影响他人的工作,因此,团队成员需要了解为实现目标而必须做的工作以及相互之间的关系。

(3) 高度的凝聚力。凝聚力是维持团队正常运转,团队成员之间的相互吸引力。团队对成员的吸引力越强,成员遵守规范的可能性越大。一个卓有成效的团队,一定是一个有高度凝聚力的团队,凝聚力能使团队成员积极热情地为达成项目成功付出必要的时间和努力。

影响团队凝聚力的因素有团队成员的共同利益、团队规模的大小、团队内部的相互交往和合作。团队凝聚力的大小随着团队成员需求的满足而加强;团队规模越小,彼此交往和合作的机会就越多,就越容易产生凝聚力;经常性的沟通可以提高团队的凝聚力;团队目标的压力越大,越可以增强团队的凝聚力。

(4)团队成员相互信任。成功团队的另一个重要特征就是信任,一个团队能力的大小受到团队内部成员相互信任程度的影响。在一个有效的团队里,成员会相互关心,承认彼此存在的差异,信任其他人所做和所要做的事情。在任何团队工作,都有不同的意义,要鼓励团队成员将其自由地表达出来,大胆地提出一些可能产生争议或冲突的问题。团队在建立之初就应当建立信任,通过委任、公开交流、自由交换意义来推进彼此之间的信任。

(5)有效的沟通。团队还需要具有高效沟通的能力,团队需要装备先进的信息技术系统和通信网络,以满足团队高效沟通的需要。团队拥有全方位的、各种各样的、正式的和非正式的信息沟通渠道,能保证沟通直接和高效。沟通不仅是信息的沟通,更重要的是情感上的沟通,每个团队成员不仅要具有良好的交际能力,还要拥有较高的情商,团队内要充满同情心、情感融洽、沟通氛围坦诚,成员要倾听、接纳其他成员的意见,并能经常得到有效的反馈。

3. 团队和群体的区别

团队一词脱胎于群体,又高于群体。所谓群体,是指为了实现某个特定目标,由两个或两个以上相互作用、相互依赖的个体组合而成。在优秀的工作群体中,成员之间有着一种相互作用的机制,他们共享信息、做出决策、帮助其他成员更好地承担责任、完成任务。这其实已经蕴含着一些团队的精神。但是,在工作群体中的成员,不存在成员之间积极的协同机制,因而群体是不能够使群体的总体绩效水平大于个人绩效之和的。

✎ 即兴思考

古人云"物以类聚,人以群分"。日常生活中,同一个电影院中的观众、同一架飞机上的乘客构成一个群体吗? 一群具有共同目标且一致遵守的个体是否就是群体?

团队和群体经常容易被混为一谈,但它们之间有着根本的区别,汇总为以下几个方面。

(1)个体与集体目标层面。无论是群体还是团队,都可以定义为一个集体,而它们的组成单位则是构成集体的个体。作为集体中的个体,个人目标往往与集体目标是不完全一致的。当然,这种不完全一致不可避免地会发生在群体和团队的成员身上。所不同的是,当这种情况发生时,群体成员会将个体目标放于集体目标之上,而团队成员则会将个体目标置于集体目标之下。

(2)成员身份认同层面。团队和群体的成员在参与、贡献、合作和支持方面具有不同的期望值。而导致这些不同期望的最主要的原因之一,就是个体成员对自己身份的认同。在这方面的最大不同是个体相对于集体的主观意愿上的区别:团队中的个体成员具有强烈的组织归属感和使命感,而一般群体中的成员则仅将自己定位为一名普通的成员。

(3)成员技能组合层面。群体最初组建时所考虑的各方面的因素与组建团队所考虑的是不同的。通常,群体中成员的技能组合是随机产生的,且在其后的工作中也往往处于相对静止的状态;而团队在组建时就已经充分利用了成员之间的互补性,而在其后的磨合与运营的过程中,成员的技能组合更是呈现多元并且互为补充的状态。

(4) 领导权力和作用层面。这一层面主要是讨论集体中的领导和领导人的作用。通常,为了更好地达到组织的管理和运营目标,群体的领导权力更多集中在少数的个体成员身上,他们的领导作用也因为其重要性而显得格外突出。团队这种情况则是反方向的,即越是高效的团队,其组织内的领导权力越是呈下放的趋势,并且领导权力的作用逐步降低和弱化。

(5) 成员之间关系层面。这一层面包括具体的交流方式、成员之间的信任度,以及发表意见的多少等。在群体中,成员之间的交流往往是非正式的和不充分的,彼此之间不够了解,也缺乏信任,沟通的渠道少且不畅;而团队成员之间的沟通却是多样而充分的,并且越是高效的团队,其成员之间的互相信任程度越高,因此更鼓励发表不同的意见和建议。

(6) 成员工作主动性层面。这一层面和前面提到的成员身份的认同与相互之间的期望有很大的关系。群体中成员往往比较被动地接受领导安排的任务,且在创研方面不会有更多的想法,或者即使有也不愿意去实施。团队中个体的工作态度是积极主动的,在工作过程中,成员们愿意进行不同的尝试来提高工作效率。

(7) 集体行动方式层面。这一层面主要讨论集体活动中呈现出的状态。群体的集体行动通常是由领导统一安排的全部个体行为的简单组合,行为没有或很少能够产生协作;但是,团队的集体行动是具有严密分工与合作的集体协作,每个成员的行动都是集体行动重要的有机成分,集体力量的发挥高度依赖于个体的相互支持和配合。

(8) 个体对集体决定层面。在一般的群体中,个体成员往往极少有机会参与整个集体的决策,每一个单独的个体所扮演的角色并不是很重要;但是,团队的每一分子都可以参与任何影响团队的决定,并在各种决定中扮演重要角色。

(9) 集体工作结果。群体集体工作的结果通常小于个体成绩的总和。在进行集体工作的过程中,往往有大量的个体成绩要在组织内部耗掉,所以集体成绩最多也不过是个体结果的累积。但是,团队集体工作的结果大于全部个体成绩的总和。因为个体成员扮演的角色和起到的作用与原来单独的个体角色和作用有了本质的区别,高效的团队产生出的效果通常可以数倍,甚至是数十倍地高于单个个体工作结果的总和。

二、团队的构成要素及角色

(一)团队的构成要素

团队的构成要素有目标、人、定位、极限及计划,总结为5P。

1. 目标

团队应该有一个既定的目标(purpose),为团队成员导航,知道要向何处去,没有目标,这个团队就没有存在的价值。

2. 人

人(people)是构成团队最核心的力量,2个(含2个)以上的人就可以构成团队。目标是通过人员具体实现的,所以人员的选择是团队中非常重要的部分。在一个团队中,可能需要有人出主意,有人订计划,有人实施,有人协调,不同的人一起工作,还有人监督团队工作的进展,评价团队最终的贡献。不同的人通过分工来共同完成团队的目标,在人员选择方面,要考虑人员的能力大小，技能是否互补，人员的经验是否丰富。

《西游记》中的唐僧团队，最大的特征就是互补性，领导有权威、有目标、有坚定的毅力。这个团队是非常成功的团队，虽然历经九九八十一难，但最后修成了正果。一个坚强的团队，基本上要有4种人：德者、能者、智者、劳者。德者领导团队，能者攻克难关，智者出谋划策，劳者执行有力。唐僧团队取得成功主要有以下因素。

（1）目标明确。唐僧起到了团队的核心和凝聚力的作用，依靠领导位置和虔诚取经之心确保团队一直向目标迈进。当有人危及他的价值观时，哪怕把取经团队解散，他也要惩罚此人，确保贯彻他的个人意志。

（2）利益一致。师徒四人，虽时有矛盾，但大家都知道，只有到达西天取得真经，方能修得正果。因此尽管想法、思路不同，但大家的目标明确，利益一致。

（3）规则清楚。制度明确，等级分明。师父就是师父，徒弟有天大的本事，也不能超越法规，不能以下犯上。

（4）结构合理。就唐僧的能力和水平来说，他只能领导这一个团队，人太多，他就当不成师父了；悟空这样能干的人也不能太多，否则，唐僧就不能驾驭和控制住局面；八戒喜欢溜须拍马，这种人就更不能太多；沙僧和小白龙这样的多些倒无妨，既有些本事，又默默奉献。

（5）素质尚可。唐僧师徒4人皆因怀才不遇或犯点小错被罚，整个团队素质较高，人才结构也合理，尽管有种种矛盾和冲突，但团队总体上还是能形成合力。

（6）上级支持。唐僧之所以能当这个团队的领导，与上级领导的关心、支持是分不开的。每当这个团队即将分崩离散时，上级领导部门就会派人来调解。

3. 定位

团队的定位（place）是指团队在组织中处于什么位置，由谁选择和决定团队的成员，团队最终应对谁负责，团队采取什么方式激励下属；个体的定位，作为成员在团队中扮演什么角色，是制订计划，还是具体实施或评估。

4. 权限

团队中领导者的权力大小与团队的发展阶段有关，一般来说，团队越成熟，领导者所拥有的权力越小，在团队发展的初期阶段，领导权相对比较集中。团队权限（power）表现在以下两个方面。

（1）整个团队在组织中拥有什么样的决定权？如财务决定权、人事决定权、信息决定权等。

（2）组织的基本特征，如组织规模的大小，团队的数量是否足够多，组织对于团队的授权有多大，它的业务是什么类型。

5. 计划

（1）目标最终的实现，需要一系列具体的行动方案，可以把计划（plan）理解成目标的具体工作程序。

（2）按计划进行可以保证团队的进度。只有在计划的操作下，团队才会一步一步地贴近目标，从而最终实现目标。

(二）团队角色

1. 9 种团队角色

团队角色是指一个人在团队中某一职位上应该有的行为模式。在成功的团队中应当有9种角色,有些团队成员会扮演两种以上的角色。

剑桥产业培训研究部前主任贝尔宾博士和他的同事们经过多年在澳大利亚和英国的研究与实践,提出了著名的贝尔宾团队角色理论,即一支结构合理的团队应该由8种角色组成,后来修订为9种角色。贝尔宾团队角色理论的核心是高效的团队工作有赖于默契协作,团队成员必须清楚其他人所扮演的角色,了解如何相互弥补不足,发挥优势。成功的团队协作可以提高生产力,鼓舞士气,激励创新。这9种团队角色如下。

(1) 智多星 PL(plant)。智多星创造力强,充当创新者和发明者的角色,他们为团队的发展和完善出谋划策。通常他们更倾向于与团队其他成员保持距离,运用自己的想象力独立完成任务,标新立异,他们对于外界的批判和赞扬反应强烈,持保守态度。他们的想法总是很激进,并且可能忽视实施的可能性。他们是独立的、聪明的、充满原创思想,但是他们可能不善于与那些气场不同的人交流。

(2) 外交家 RI(resource investigator)。外交家是热情的、行动力强的、外向的人。无论团队内外,他们都善于和人打交道。他们与生俱来是谈判高手,并且善于挖掘新的机遇、发展人际关系。虽然他们并没有很多原创想法,但是在听取和发展别人的想法时,外交家的效率极高。就像他们的名字一样,他们善于发掘那些可以获得并利用的资源。由于他们性格开朗外向,所以无论到哪里都会受到热烈欢迎。

通常外交家为人随和,好奇心强,乐于在任何新事物中寻找潜在的可能性。然而,如果没有他人的持续激励,他们的热情会很快消退。

(3) 审议员 ME(monitor evaluator)。审议员是态度严肃的、谨慎理智的人,对过分的热情有着与生俱来的免疫力。他们倾向于三思而后行,善于在考虑周全之后做出明智的决定,做决定较慢。通常他们非常具有批判性思维。具有审议员特征的人所做出的决定,基本上是不会错的。

(4) 协调者 CO(co-ordinator)。协调者最突出的特征是他们能够凝聚团队的力量向共同的目标努力。成熟、值得信赖并且自信,都是他们的代名词。在人际交往中,他们能够很快识别对方的长处所在,并且通过知人善任来达成团队目标。虽然协调者并不是团队中最聪明的成员,但是他们拥有远见卓识,并且能够获得团队成员的尊重。

(5) 鞭策者 SH(shaper)。鞭策者是充满干劲的、精力充沛的、渴望成功的人。通常,他们非常有进取心,性格外向,拥有强大的驱动力。他们勇于挑战他人,并且关心最终是否获得胜利。他们喜欢领导并激励他人采取行动。在行动中如遇困难,他们会积极找出解决办法。他们顽强又自信,在面对任何失败和挫折时,他们倾向于显示出强烈的情绪反应。

鞭策者对人际关系不敏感,好争辩,缺少对人际交往的理解。这些特征决定了他们是团队中最具竞争性的角色。

(6) 凝聚者 TW(team worker)。凝聚者是在团队中给予最大支持的成员,性格温和,擅长人际交往并关心他人。他们灵活性强,适应不同环境的能力非常强。凝聚者观察力强,善于交际。作为最佳倾听者,他们通常在团队中倍受欢迎。他们在工作上非常敏感,但是在面对危机时,往往优柔寡断。

(7) 执行者 IMP(implementer)。执行者是实用主义者,有强烈的自我控制力及纪律意识。他们偏好努力工作,并系统化地解决问题。简言之,执行者是典型的将自身利益、忠诚与团队紧密相连,但较少关注个人诉求的角色。但是,执行者或许会因缺乏主动而显得一板一眼。

(8) 完成者 CF(completer finisher)。完成者是坚持不懈的、注重细节的。他们由内部焦虑所激励,但表面看起来很从容。一般来说,大多数完成者性格内向,不太需要外部的激励或推动。他们无法容忍那些态度随意的人。完成者并不喜欢委派他人,而是更偏好自己来完成所有任务。

(9) 专家 SP(specialist)。专家是专业的,会为自己获得专业技能和知识而感到骄傲。他们首先专注于维持自己的专业性并对专业知识不断探究。然而,由于专家们将主要的注意力集中在自己熟悉的领域,因此他们对其他领域所知甚少,最终,他们成为只在某专一领域有贡献的专家。

2. 组建高绩效团队

要组建一支成功的、高绩效的团队,作为组织领导者,需要注意以下问题。

(1) 角色齐。唯有角色齐全,才能实现功能齐全。正如贝尔宾博士所说的那样,用我的理论不能断言某个群体一定会成功,但可以预测某个群体一定会失败。因此,一个成功的团队首先应该是实干家、信息者、协调者、监督者、推动者、凝聚者、创新者和完美主义者这 8 种角色的综合平衡。

(2) 用人之长,容人之短。知人善任是每一个管理者都应具备的基本素质。管理者在组建团队时,应充分认识到各个角色的基本特征,容人短处,用人所长。在实践中,真正成功的管理者,对下属人员的秉性特征的了解都是很透彻的,而且只有在此基础上组建的团队,才能真正实现气质结构上的优化,成为高绩效的团队。

(3) 尊重差异,实现互补。对于一份给定的工作,完全合乎标准的理想人选几乎不存在,即没有一个人能满足所有要求。但是,一个由个人组成的团队却可以做到完美无缺,它并非是单个人的简单罗列组合,而是在团队角色上,即团队的气质结构上实现了互补。也正是这种在系统上的异质性、多样性,才使整个团队生机勃勃,充满活力。

(4) 增强弹性,主动补位。要组建一支成功的团队,必须在团队成员中形成集体决策、相互负责、民主管理、自我督导的氛围,这是团队区别于传统组织及一般群体的关键所在。除此之外,从团队角色理论的角度出发,还应特别注重培养团队成员的主动补位意识,即当一个团队在上述 9 种团队角色出现欠缺时,其成员应在条件许可的情况下,灵活应对,主动实现团队角色的转换,使团队的气质结构从整体上趋于合理,以便更好地达成团队共同的绩效目标。事实上,由于多数人在个性、禀赋上存在着双重甚至多重性,使团队角色的转换成为可能。

三、团队类型

根据团队存在的目的和拥有自主权的大小,可以将团队分成 4 种类型。

(1) 问题解决型团队(图 1-1)。问题解决型团队一般由同一部门的员工组成,围绕工作中的某一个问题,每周花一定的时间聚集在一起,对问题进行调查、分析并提出意见和建议,一般没有权力或足够的权力付诸行动。

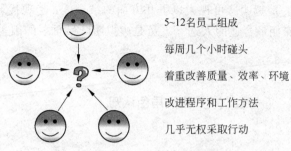

5~12名员工组成

每周几个小时碰头

着重改善质量、效率、环境

改进程序和工作方法

几乎无权采取行动

图 1-1　问题解决型团队

(2) 多功能型团队(图 1-2)。多功能型团队也叫跨职能团队,由来自同一等级、不同工作领域的员工组成,他们走到一起的目的就是完成某项任务。多功能型团队是一种有效的团队管理方式,它能使组织内,甚至组织间不同领域员工之间交换信息,激发产生新的观点,解决面临的问题,协调复杂的项目。但是,多功能型团队在形成的早期阶段需要耗费大量的时间,因为团队成员需要学会处理复杂多样的工作任务。在成员之间,尤其是那些背景、经历和观点不同的成员之间,建立起信任并能真正的合作需要一定的时间。

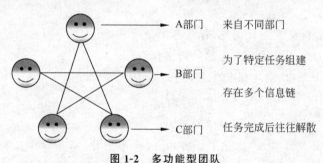

A部门　来自不同部门

B部门　为了特定任务组建

存在多个信息链

C部门　任务完成后往往解散

图 1-2　多功能型团队

(3) 自我管理型团队(图 1-3)。自我管理型团队具有更强的纵向一体化特征,拥有更大的自主权。给自我管理工作团队确定了要完成的目标以后,它就有权自主地决定工作分派、工间休息和质量检验方法等。这些团队甚至常常可以挑选自己的成员,并让成员相互评价工作成绩,其结果是团队主管的职位变得很不重要,甚至有时被取消。

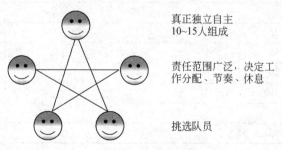

真正独立自主
10~15人组成

责任范围广泛,决定工作分配、节奏、休息

挑选队员

图 1-3　自我管理型团队

（4）虚拟工作团队。虚拟工作团队是一个人员群体，他们分散于不同的时间、空间和组织边界，一起工作完成任务。虚拟团队由跨地区、跨组织，通过通信和信息技术连接以完成共同任务的成员组成。虚拟团队可视为以下几方面的结合体：①现代通信技术；②有效的信任和协同教育；③雇佣最合适的人选。人员是虚拟团队最重要的因素。

同步实训

团队角色认知

1. 任务要求

（1）在教师引导下完成教师预设的案例任务。

（2）完成任务后进行讨论及理论学习。

（3）小组内分工协作完成任务。

2. 任务分析

在一个团队中，需要有不同的角色，每个角色的任务不同、分工不同，但都有一个共同的目标，即完成整个团队的任务。那么一个成功的团队到底需要什么样的角色，应该怎样进行角色的定位，才能让团队发挥高效率。

3. 实施准备

（1）材料准备：模拟案例及问题，每组各 1 份。

（2）场地准备：能分组讨论演练的实训室。

（3）学生约 6 人 1 组，确定组长 1 名，分工协作。

4. 实施步骤

（1）布置任务：教师向学生讲解模拟案例。

阮经理的软件开发部共 9 人，他手下的 8 人，除小王外，都是软件工程师。阮经理想把这个部门建成一个完美的团队，首先，他把手下的这几个人进行了定位。不同的定位会出现不同的结果，见表 1-1。

表 1-1 人员定位

现有成员	组织角色	可能的团队角色	团队职责	组织职责
小王	秘书	？	？	行政
小李	工程师	？	？	软件设计
老孙	工程师	？	？	软件设计
大李	工程师	？	？	软件设计
小赵	工程师	？	？	软件设计
小钱	工程师	？	？	软件设计
小朱	工程师	？	？	软件设计
小杨	工程师	？	？	软件设计

在软件开发部发展团队角色，会出现以下良好结果。

结果一：可能同一件事由两个或两个以上的人合作完成。

结果二：团队角色是自觉形成的，所以工作起来更迅速，办事效率更高。

例如，小赵是软件开发部的信息者，当部门要开发新软件产品时，他不用经理安排，就会主动收集这方面的资料，他经常工作到很晚，但从无怨言。

结果三：团队领导有时间去考虑团队发展方面的事情。

结果四：团队中发生的意外事件，有人去管，有人去做。

（2）小组内进行团队角色分配讨论。

（3）各小组阐述讨论结果，并详细阐明原因。

（4）教师点评，引出团队角色认知的重要性。

5. 效果评价

教师对学生学习过程及完成质量给予评价。小组成绩主要考核团队整体完成情况，个人部分主要考核个人执行情况，具体见表 1-2。

表 1-2　团队角色认知训练评价

小组序号：			学生姓名：		学号：
小组成绩（教师评价或小组互评）			个人最终成绩		
任务及标准	满分	得分	项目及标准	满分	得分
团队角色认知讨论	20		团队角色认知陈述	50	
团队成员定位讨论	15		团队成员定位陈述	50	
讨论及合作情况	5				
合　　计	40		合　　计	100	
评价者：			评价者：		
评价时间：　　年　　月　　日			评价时间：　　年　　月　　日		

6. 点评交流

采用学做合一的教学模式，学生每次完成学习任务，教师及时组织交流，重点点评，穿插引出相关理论知识及下一步要进行的内容，启发学生积极思考，较好地完成本次学习任务。

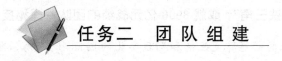

微课：团队组建

知识目标

- 了解团队组建的意义。
- 理解团队组建的原则。

技能目标

- 能够掌握构建团队的过程与方法。
- 能够运用所学的内容组建有效团队。

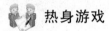

- 能结合社会主义核心价值观进行团队组建。

热身游戏

真情告白

活动目标：通过游戏体验到每个人都会有优缺点，在游戏过程中了解、正确认识自我。

形式：全体学生共同参与完成。

时间：15分钟。

场地：教室内。

所需材料：制作"优点与缺点"表格，每人一支笔。

游戏方法：

（1）每个参与者都有机会对团队中每一个人的优点、缺点进行反馈，即在答卷上匿名写出喜欢或不喜欢某人的哪一方面。

（2）告知每个人这是一项保密的活动，没有人知道自己的优点或缺点是谁写的。

（3）发给每个人一张"优点与缺点"表，要求至少写出一条喜欢或不喜欢他人的理由。

（4）收集答卷，混在一起，念出答卷上所写的对每个人的意见，教师先从自己的名字开始。

（5）分享讨论所有的意见都正确吗？有没有互相矛盾的意见？是否有人不愿意和自己同在一组？

讨论：

（1）你了解自己的优缺点吗？

（2）别人对你的评价正确吗？为什么？

 案例导入

华为"铁三角"：成就8900亿元战绩的团队管理秘技

2020年，在席卷全球的新冠肺炎疫情和剧烈变化的国际形势面前，华为依然逆势取得了8914亿元的销售收入，同比增长11.2%，"铁三角"销售团队功不可没。华为"铁三角"团队由3个角色组成：第一个是客户经理，或者叫作销售经理，简称为AR（account responsible，客户负责人），主要负责客户关系、业务需求管理、商务谈判、合同与回款。在"铁三角"销售团队中，对客户经理的要求是每天都在客户身边出没，时刻关注是否有新的机会点产生。第二个是方案经理，简称为SR（solution responsible，产品方案负责人），主要负责产品需求管理、产品与方案设计、报价与投标、技术问题解决。在"铁三角"销售团队中，方案经理是一个十分重要的角色，他绝不是客户经理的简单辅助，而是作为一个项目的战略分析者和策划者，负责分析市场和客户的方方面面，对接各方面的资源，以求最大概率获得项目成功。第三个是交付经理，简称为FR（fulfill responsible，交付负责人），主要负责从订单、制造、物流、安装到交付验收的项目管理。在"铁三角"销售团队中，华为要求交付经理一改以往的弱势形象，全程参与项目从立项到合同签订的过程，全面了解项目的前因后果，并且发表自己的专业意见。客户经理、方案经理和交付经理，3个角色共同构筑了一个三角形的攻坚团队，彼此支持、密切配合，通过极其迅速的响应机制，能够在最短时间内，及时响应客户需求，为客户提供全面的解决方案，将销售工作最需要的进攻性与协同性融于一体。

思考：从团队的角度考虑，这个案例带给我们什么启示？

一、团队组建的意义

团队建设就是有计划、有组织地增强团队成员之间的沟通交流，增进彼此的了解与信赖，在分工合作中行动默契，对团队目标认同更统一明确，完成团队工作更为高效快捷，围绕这一目标所从事的所有工作都称为团队建设。无论对团队这个组织来说，还是对团队成员来说，组建一个高效团队都意义重大。

1. 对组织而言

（1）鼓舞士气，增强向心力，增加凝聚力，提高战斗力。

（2）实现资源、方法、知识和时间的共享，达到效益最大化。

（3）实现有效互赖性，达成最终目标。

（4）使管理层有时间进行战略思考，尽快制订出科学合理的发展计划。

2. 对个人而言

（1）让目标具体化、视觉化、数量化，既分工明确，又锻炼成长。

（2）增强个人的参与感，提高自身的成就感，意识到自己的重要性，增强奋斗的动力。

（3）使个人满足对精神、职业归属感的心理需求，缓解工作压力。

（4）实现利益、能力、人际关系的多面丰收。

即兴思考

初入新团队，你准备做的第一件事是什么？

二、团队组建的原则

1. 目标明确合理原则

目标必须明确，这样才能使团队成员清楚知道共同的奋斗方向是什么。同时，目标也必须合理、切实可行，这样才能真正达到激励的目的。

2. 互补原则

创业者之所以寻求团队合作，其目的就在于弥补创业目标与自身能力差距。只有当团队成员在知识、技能、经验等方面实现互补时，才有可能通过协作发挥"1＋1＞2"的协同效应。

3. 精简高效原则

为减少创业初期的运作成本及最大比例地分享成果，创业团队人员构成应在保证企业高效运作的前提下尽量精简。

4. 动态开放原则

创业过程是一个充满不确定性的过程,团队成员可能会因为能力、观念等多种原因离开,同时也会有新的成员不断加入。因此,在组建创业团队时,应注意保持团队的动态性和开放性,使真正适合的人员可以加入创业团队。

5. 分工明确原则

创业团队的职权划分是根据创业计划的需要,具体确定每个团队成员所要承担的职责及所享有的权限。团队成员职权划分必须明确,既要避免职权的重叠和交叉,也要避免无人承担工作而造成各种疏漏。

6. 管理制度明确原则

创业团队制度体系包括团队的各种约束制度和激励制度,体现创业团队对成员的控制能力和激励能力。一方面,创业团队通过各种约束制度,如纪律条例、组织条例、财务条例、保密条例等,指导成员不要做出不利于团队发展的行为,实现对成员行为的有效约束,保证团队的稳定。另一方面,创业团队要实现高效运作,就要有有效的激励机制,如利益分配方案、奖惩制度、考核标准、激励措施等,使团队成员清楚知道随着创业目标的实现,自己将获得何种利益,以达到充分调动成员积极性、最大限度发挥团队成员作用的目的。

三、团队组建的步骤

团队组建的基本步骤:评估团队现况;采取对策;观察结果;采取进一步约束措施。首先团队的现况如何,这称为"团队成熟度",根据不同的成熟度,要运用不同的对策。

1. 形成期:从混乱中理顺头绪的阶段

特征:团队成员由不同动机、需求与特性的人组成,此阶段缺乏共同的目标,彼此之间的关系也尚未建立起来,人与人的了解与信赖不足,尚在磨合之中,整个团队还没建立规范,或者对于规矩尚未形成共同看法,这时矛盾很多,内耗很多,意见一致的时候很少,花很多力气,也产生不了效果。

目标:立即掌握团队,快速让成员进入状态,降低不稳定的风险,确保事情的顺利进行。

方法:此阶段的领导风格要采取控制型,不能放任,目标由领导者设立(但要合理),清晰直接地告知想法与目的,不能让成员自己想象或猜测,否则容易走样。关系方面要强调互相支持、互相帮忙,此时期人与人之间的关系尚未稳定,因此不能太过坦诚,要快速建立必要的规范,不需要完美,但需要能尽快让团队进入轨道,这时规定不能太多、太烦琐,否则不易理解,又会导致束手束脚。

2. 凝聚期:开始产生共识与积极参与的阶段

特征:经过一段时间的努力,团队成员逐渐了解领导者的想法与组织的目标,互相之间也经由熟悉而产生默契,对于组织规矩也渐渐了解,违规事项逐渐减少。日常事务都能正常运作,领导者不必特别费心,也能维持一定的生产力。但是组织对领导者的依赖很重,主要的决策与问题,需要领导者的指示才能进行,领导者一般非常辛苦,如果其他事务繁忙,极有可能耽误决策的进度。

目标：挑选核心成员,培养核心成员的能力,建立更广泛的授权与更清晰的权责划分。

方法：此时期的领导重点是在可掌握的情况下,对于较为短期的目标与日常事务,能授权部属直接执行,只要定期检查,维持必要的监督即可。在成员能接受的范围内,提出善意的建议,如果有新人进入,必须尽快使其融入团队之中,部分成员可以参与决策。但在逐渐授权的过程,要同时维持控制,不能一下子放太多,否则,回收权力时会导致士气受挫,配合培训是此时期很重要的一件事情。

3. 激化期:团队成员可以公开表达不同意见的阶段

特征：借由领导者的努力,建立开放的氛围,允许成员提出不同的意见与看法,甚至鼓励建设性的冲突,目标由领导者制定转变为团队成员的共同愿景,团队关系从保持距离、客气有礼变成互相信赖、坦诚相见,规范由外在限制,变成内在承诺,此时期团队成员成为一体,愿意为团队奉献,智慧与创意源源不断。

目标：建立愿景,形成自主化团队,调和差异,运用创造力。

方法：领导者必须参与创造环境,以身作则,容许差异与不同的声音,初期会有混乱,许多领导者害怕混乱,又重新加以控制,会导致不良的后果,此时期是否转型成功,是组织长远发展的关键。

4. 收割期:品尝甜美果实的阶段

特征：借由过去的努力,组织形成强而有力的团队,所有人都有强烈的一体感,组织迸发出前所未有的潜能,创造出非凡的成果,并且能以合理的成本,高度满足客户的需求。

目标：保持成长的动力,避免老化。

方法：运用系统思维,综观全局,并保持危机意识,持续学习,持续成长。

同步实训

团 队 组 建

1. 任务要求

每个团队都由男生、女生,不同地域的人员组成,尽量实现组建的团队成员多样化。

2. 任务分析

团队组建要考虑每个团队成员的性格特点,以及他们适合担任团队中的哪个角色,互补的团队是高效团队打造的基石。

3. 实施准备

(1) 场地准备：能分组讨论演练的实训室。

(2) 学生约 6 人 1 组,确定组长 1 名,分工协作。

4. 实施步骤

(1) 各组先讨论对团队 9 个角色的认识和理解。

(2) 各成员利用贝尔宾团队角色测试问卷,测试自己适合哪个角色。

(3) 各团队设计 1 个积极向上且符合团队定位的名称。

(4) 各组汇报团队组建过程及团队名称含义。

5. 效果评价

教师对学生的学习过程及学习效果给予评价。小组成绩主要考核团队整体完成情况，个人部分主要考核个人执行情况，具体见表 1-3。

表 1-3　团队组建训练评价

小组序号：			学生姓名：		学号：
小组成绩(教师评价或小组互评)			个人最终成绩		
任务及标准	满分	得分	项目及标准	满分	得分
团队角色组建讨论	20		团队组建认知陈述	50	
团队成员定位讨论	15		团队成员定位陈述	50	
讨论及合作情况	5				
合　　计	40		合　　计	100	
评价者：			评价者：		
评价时间：　　年　　月　　日			评价时间：　　年　　月　　日		

6. 点评交流

采用学做合一的教学模式，学生每次完成学习任务，教师及时组织交流，重点点评，穿插引出相关理论知识及下一步要进行的内容，启发学生积极思考，较好地完成本次学习任务。

综合练习

一、单选题

1. (　　)在 1994 年首次提出了"团队"的概念。
    A. 彼得·德鲁克　　　　　　　　　B. 哈罗德·孔茨
    C. 约瑟夫·阿洛伊斯·熊彼特　　　D. 斯蒂芬·P.罗宾斯

2. 团队是具有(　　)的人为达到共同目标而组织起来，各成员相互沟通，保持目标、手段、方法高度一致，从而充分发挥各成员的主观能动性。
    A. 共同信念　　　B. 共同目标　　　C. 共同价值观　　　D. 共同经历

3. 高效团队中的领导往往担任的是(　　)角色。
    A. 指挥官　　　B. 教练　　　C. 监督员　　　D. 塑造者

4. 由来自同一等级、不同工作领域的员工组成，他们走到一起的目的就是完成某项任务的团队属于(　　)。
    A. 多功能型　　　B. 自我管理型　　　C. 问题解决型　　　D. 现实型

5. 有强烈的自我控制力及纪律意识的实用主义者适合担任团队中的(　　)。
    A. 智多星　　　B. 外交家　　　C. 执行者　　　D. 凝聚者

二、多选题

1. 下面 4 个组织，(　　)是团队。
    A. 龙舟队 5 人　　　B. 旅行团　　　C. 足球队　　　D. 候机旅客

2. 团队的构成要素是(　　)。
    A. 人　　　B. 目标　　　C. 权限　　　D. 定位

3. 团队与群体的区别体现在（　　）。

    A. 目标定位层面   B. 工作态度层面

    C. 技能组合层面   D. 沟通方式层面

4. 根据团队存在的目的和拥有自主权的大小，可将团队分为（　　）。

    A. 问题解决型   B. 自我管理型   C. 多功能型   D. 现实型

5. 团队组建的原则有（　　）。

    A. 规模适中   B. 优势互补   C. 目标一致   D. 分配合理

三、思考题

    某企业在刚开始创业时，总经理的下属只有 10 位员工，大小事情都由他来决定。当每位员工只有一个问题时，他可以做出决策。现在企业发展壮大，他面对的是 100 位员工，由于外部环境的变化，每位员工的问题可能不止一个，假定是两个，那么总计 200 个问题。虽然总经理的能力有所提高，现在一天能处理 20 个问题。但当他面对 100 位员工提出来的 200 个问题时，全部解答完要花 10 天的时间，而且每一天又会增加很多新的问题。

    思考：在企业发展的不同阶段，团队也面临着不同的问题，该如何处理这些问题？

四、案例讨论和分析

    某公司小王、小张和老李正围绕在刚生产出来的空调查找原因，为什么空调指示灯显示运转正常而空调却没有制冷？这种空调是公司新开发的环保节能型空调，小王是生产线上的总装工人，小张是负责生产过程排产和工艺的生产工程师，老李是产品开发工程师，虽然 3 人在公司的角色和岗位职责完全不一样，但是，自这种环保节能型空调投入试产以来，他们就在一起工作了。在面对问题时，3 人并不气馁，他们对每一个环节进行仔细分析，查找问题原因，最后不但解决了问题，还顺利完成了公司新产品的试生产任务。在这次团队协作配合中，他们清楚地意识到，如果不是因为这次新产品的试生产任务，他们 3 人是很难在一起工作的。小王、小张和老李充分认识到各自的工作特点和能力长短，要达成团队工作目标，必须打破传统部门分工的限制，紧密围绕这次新产品试生产任务开展工作，使这个小小的团队高效运转，最终完成团队的工作目标。

    讨论：案例中发生了什么问题？是如何解决的？高绩效团队有什么特征？

项目二

团队愿景

愿景是团队建设与管理中的一项重要内容,愿景是团队的精神动力,也是团队组织可持续发展的保障,有愿景的团队和组织才是有血有肉的共同体。本项目以企业案例引导,结合愿景概念相关理论知识的分析,让学生在理解愿景理论知识的基础上,掌握团队愿景的制定。

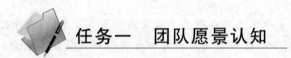 任务一　团队愿景认知

微课:团队愿景
认知

知识目标

- 理解愿景的概念及重要性。
- 熟悉团队愿景的要素和内容。
- 了解愿景与目标之间的联系与区别。

技能目标

- 能正确认识团队的共同愿景、共同价值观、共同使命和共同战略目标。
- 能根据团队实际情况,分析并建立符合团队发展的团队愿景。
- 能使用愿景促进团队文化建设。

素养目标

- 通过团队愿景的学习树立正确的价值观和使命感,具备团队协作意识和素养。
- 能够将个人愿景与团队愿景结合起来,实现合作共赢。

热身游戏

团队价值

活动目标:通过游戏体验团队价值所在,导入团队愿景。

形式:全体学生共同参与完成。

时间:10分钟。

场地：教室内。

游戏方法：

(1) 教师将下列题目展示在课件上。

① 我们团队表现最好的时候是_____。

② 我们团队表现最差的时候是_____。

③ 我理想中的团队具有以下特征_____。

④ 我需要或者我想要从我的队友那里得到_____。

⑤ 我带给团队的是_____。

⑥ 我们团队让我引以为豪的是_____。

⑦ 我们团队的优势是_____。

⑧ 我们的变量（需要改变或提高的事情）有_____。

(2) 学生在每个问题的讨论内容中，用小星星标出最认同的3句话。

(3) 把小星星标记最多的陈述汇总到一张表上，逐条澄清其确切的含义。

讨论：这些陈述是否凝练了大家想要的团队文化？

 案例导入

目标的力量

某企业在对员工进行培训时，做过一项实验，让30位员工分为3组参加户外徒步行走项目，由培训讲师分别带队，具体内容如下：第一组不告诉他们去哪儿，也不告诉他们目的地有多远，只让他们跟着培训讲师走即可。第二组告诉他们去哪儿，要走多远。第三组既告诉他们去哪儿和有多远，又在沿途每隔1km的地方立一个标志性的路牌，将整段路程划分为几个阶段性的目标，直至到达终点。在行走过程中，培训讲师发现，刚走3km，第一组的员工就开始抱怨且情绪低落；再走一段路程，第二组的员工情绪比活动初期明显降低，当走完路程的2/3时，所有人已兴致全无，无精打采地缓慢前进；第三组的员工，因每走一段便知晓完成目标的情况，一路上，大家情绪较高，最后，领先其他两组到达目的地。第二小组次之，第一小组最后到达。

思考：怎么看待这个实验？

对于一个优秀的企业来说，方向明确非常重要。而方向，从长远看是愿景和使命，从短期看是战略目标。合理的、共同一致的目标和愿景可以使企业形成不断前进的力量。

一、团队愿景概述

愿景（vision）这一概念在著名的管理学者彼得·圣吉所著的《第五项修炼——学习型组织的艺术与实践》中是这样描述的："愿景是你想要创造的，用现在时描绘的未来图像，就好像发生在眼前一样。"管理大师加里·胡佛在他的著作《愿景》中解释说：愿景是人的一生中意愿的表达，它概括了团队的未来目标、使命及核心价值，是一种企业为之奋斗的心愿和远景。愿景能够指出我们要去哪里，以及到达目的地以后会是什么样子。愿景中描绘的未来图像越翔实、丰富和栩栩如生,其发挥的作用就越大。个人愿景如此,团队愿景也是如此。

团队愿景是经过团队内部成员共同讨论,形成成员们一致认可、愿意全力以赴的未来方向,一般包括团队核心理念和团队未来展望两部分。团队愿景融合了整个团队对未来的美好寄托,能够很好地起到推动成员共同奋进、激发成员斗志的作用。

在团队引导中,"共创愿景"是一个重要的环节,目的就是基于团队对话的思路,帮助团队成员对愿景进行讨论、达成共识,并应用视觉表达等多种形式憧憬达成目标后的场景,提升参与者对共识的认同度,从而做出行动承诺。

一个人想要成功,单枪匹马是不行的。如何帮助团队成员提升认同度,将个人愿望与团队愿景紧密结合在一起呢?在常用的引导技术中,关于描绘愿景的技术很多,如封面故事、未来空间、愿景宣言等。这些技术采用结构化的方式,帮助团队快速形成自己的团队愿景。

 案例

名人眼中的愿景是什么

通用电气董事长杰克·韦尔奇说:"优秀的企业领袖创立愿景、传达愿景、热情拥抱愿景,并不懈推动,直至实现愿景"。他们提出一个美好的愿景,挑选合适的人去实现这个愿景。一个良好的愿景规划包括两个主要内容:核心经营理念和生动的未来前景。核心经营理念界定了我们的主张是什么及我们为什么存在。生动的未来前景是我们渴望变成、渴望实现、渴望创造的东西,是那些需要经过明显的改变和长远发展才能达到的东西。组织学专家马克·利普顿在《愿景引领成长》一书中说:愿景可以团结人,愿景可以激励人,愿景是拨开迷雾指明航向的灯塔;愿景是困难时期或不断变化时期的方向舵;愿景是可用于竞争的有力武器;愿景能建立起一个命运共同体。

二、团队愿景的作用

明确、恰当的团队愿景是建立高效团队不可或缺的因素。团队愿景不仅可以帮助团队管理者规划团队的发展方向,同时可以帮助团队成员明确工作任务,对成员的态度和行为以及组织绩效产生影响。

1. 团队愿景对成员态度和行为的影响

团队愿景有利于激发团队成员设置高质量的目标,提高自我效能感,从而提升团队的工作效率和绩效。团队领导者的愿景和魅力特征对成员的绩效和态度有着积极的影响。相对于魅力来说,愿景因素对团队成员绩效和态度的直接影响作用更大。当团队中的成员认为团队愿景突出显著时,他们更容易从事与愿景方向一致的活动。例如,当团队愿景清楚突出时,成员会表现出更多的战略参与的意愿。

团队愿景表达方式的选择决定了团队成员被激起和鼓舞的程度,以及对愿景的承诺水平。下属在评价愿景的沟通效果时,发现强沟通方式比弱沟通方式的效能更强;低愿景内容和强沟通方式比高愿景内容、弱沟通方式所引起的效果更明显。

2. 团队愿景对组织绩效的影响

团队愿景对组织团队绩效的影响是通过将愿景整合为员工的工作行为实现的。团队成员将愿景和工作行为结合的过程就是愿景共享的过程。当愿景被行为化到员工的工作中后，就没有必要实行传统的严格等级控制。当团队成员清楚地知道团队的愿景，理解愿景与工作之间的关联性和一致性后，他们就会将愿景作为日常工作进行指导。因此，团队组织关注的重点不应该是简单灌输或传达愿景，而是如何帮助团队内的成员将愿景和他们的工作结合起来。成员对团队愿景的满意程度有利于提高团队的工作效率。团队工作效率的提升，不仅会对公司业绩有直接影响，而且两者还通过愿景进行沟通对组织业绩产生间接影响。

三、团队愿景的构成

1. 团队愿景的基本要素

团队愿景包括核心信仰和未来前景两部分。核心信仰包括核心价值观和核心使命。它规定了团队的基本价值观和存在的原因，是团队存在且不改变的信条，如同把组织聚合起来的黏合剂，必须被组织成员共享，它的形成是团队自我认识的一个过程。核心价值观是一个团队甚至一个企业最基本和持久的信仰，是组织内成员的共识。团队的含义就在于有共同的价值观念。"环境改变意识，意识改变行为，行为创造结果。"如同一个人的价值观会影响他的行为和思想，组织的价值观更加会影响团队的行为和思想。

"要办大事，就得有很多人；人多了，就要有组织；要维系这个组织，就要有信仰。"这是唐浩明的小说《曾国藩》中描述杨秀清内心的一段话。

使命感是决定团队行为取向和行为能力的关键因素，是一切行为的出发点。具有强烈使命感的人不会被动地去等待工作任务的来临，而是积极主动地寻找目标；也不是被动地适应工作的要求，而是积极、主动地去研究，变革所处的环境，并且会尽力做出有益的贡献，积累成功的力量。未来前景是团队在完成目标之前欲实现的宏大愿景目标及对它的鲜活描述。

即兴思考

你所在的团队（班级、社团和部门等）有团队愿景吗？如果有，请描述；如没有，请设计一个团队愿景。

2. 创建团队愿景的原则

（1）愿景要大气。团队愿景要宏大，有气魄，只有这样，愿景才能成为一面旗帜。"到本世纪中叶，把中国建设成为一个富强、民主、文明的中等发达国家"的国家愿景就是如此。企业愿景也要有这种气魄。因此，愿景要超越现有经营能力和经营环境的更高层面，要深入思考，要有远见卓识。

（2）愿景要生动、铿锵有力。团队愿景要能够给人们描绘一个清晰动

知识链接：通用电气"数一数二法则"

人的图景,要能够激发激情,具有感染力、想象力、创造力,要有目标感、成就感、自豪感。成功的愿景表述大都具有这样的特点。

（3）愿景要简洁、清晰明了。团队愿景要易于记忆、传播、交流,避免陈词滥调、空洞乏味、大话、套话等。

📖 案例

宜家的愿景

这是一个像"家"一样的公司,很多人没事就喜欢去那里逛一圈。它诞生在瑞典的一个小村庄,创始人从小就立志开一家自己的公司,小时候就当起了卖火柴的小男孩,先从斯德哥尔摩买了很多便宜的火柴,然后再高价卖给邻居,就这样赚了不少零花钱。17岁的时候,他在父亲的帮助下正式开始了自己的创业之路。现在他已经在全球30个国家和地区拥有近400家门店。他的公司也成了全球最大的家居用品零售商,它就是大家熟悉的宜家。"为大众创造更加美好的日常生活",这是宜家的愿景。正是在这一愿景的引导下,通过不断优化整个价值链,与供应商建立长期合作关系,采用投资高度自动化和大规模生产等方式,宜家致力于"提供种类繁多、美观实用、老百姓买得起的家居用品。"

思考:通过宜家的愿景可以体现出宜家的哪些经营理念?

🖥 同步实训

团 队 愿 景

1. 任务要求

（1）在教师引导下完成教师预设的游戏。

（2）完成游戏后进行讨论及理论学习。

（3）小组内分工协作完成任务。

2. 任务分析

游戏的目的在于帮助团队确定今后的合作方式。无论是新的团队,还是已成型的团队,只要他们有意识地去选择团队的合作方式,就都有可能创造一个高效的、令人愉快的合作环境。

3. 实施准备

（1）材料准备:每组各1份焦点讨论问题集合材料。

（2）场地准备:能分组讨论演练的实训室。

（3）学生6~8人1组,确定组长1名,分工协作。

4. 实施步骤

（1）讨论焦点集中问题。

① 团队的行为准则是什么?

② 什么样的故事能够历久常新,或者被告知每一个新加入团队的成员?

③ 团队是如何庆祝"胜利"的?

④ 团队是如何面对挫折的?

⑤ 不同的成员在团队中扮演了什么不同的角色?

⑥ 团队的共同目标是什么?

⑦ 团队的共同价值观是什么?

⑧ 团队的共同假设和期望是什么?

⑨ 什么是团队的骄傲?

（2）学生讨论并进行分享,教师进行简单点评。

（3）学生在前面讨论分享的基础上继续讨论、总结。

5. 效果评价

教师对学生学习过程及完成质量给予评价。小组成绩主要考核团队整体完成情况,个人部分主要考核个人执行情况,具体见表 2-1。

表 2-1　团队愿景训练评价

小组序号:			学生姓名:		学号:	
小组成绩(教师评价或小组互评)			个人最终成绩			
任务及标准	满分	得分	项目及标准	满分	得分	
小组讨论	20		小组分解得分	40		
评价团队成员之间相互了解程度	10		个人角色及执行	20		
讨论及合作情况	20		代表发言陈述	10		
			讨论发言	20		
			友好互助	10		
合　　计	50		合　　计	100		
评价者:			评价者:			
评价时间:　　年　　月　　日			评价时间:,　年　　月　　日			

6. 点评交流

采用学做合一的教学模式,学生每次完成学习任务,教师及时组织交流,重点点评,穿插引出相关理论知识及下一步要进行的内容,启发学生积极思考,较好地完成本次学习任务。

 任务二　团队愿景建立与实施

微课:团队愿景建立
与实施

知识目标

• 根据团队愿景的要素和内容,掌握团队愿景的建立步骤。

技能目标

• 掌握构建团队愿景的技巧和方法。

- 能根据团队实际情况,分析并建立符合团队发展的团队愿景。
- 能使用愿景激励团队。

素养目标

- 树立正确的"三观",塑造良好人格。
- 培养强烈的团队归属感、共同荣誉感。
- 通过学习团队愿景,认识团队和企业的社会责任。

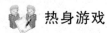 **热身游戏**

同 心 协 力

活动目标:通过游戏体验团队精神所在,导入团队愿景构建方法。

形式:全体学生共同参与完成。

时间:10分钟。

场地:教室内。

游戏方法:

(1) 将全班分成人数相等的两个小组。

(2) 每组先派出两名同学,背靠背坐在地上,两人双臂相互交叉,使双方一同站起。

(3) 以此类推,每组每次增加1人,如果尝试失败,需再来1次,直至同心协力成功,才可再加1人。

(4) 教师根据两个小组谁先完成所有成员一同站起来判定胜负。

教师可以根据授课学生的表现选择难度更大的挑战项目,即全班同学作为1组,所有同学背靠背坐在地上,相邻两人手臂相互交叉,合力使全班同学一同站起。

讨论:通过这个游戏,你在团队建设方面得到哪些启示?

 案例导入

百龙矿泉壶的兴衰

　　20世纪90年代初,百龙矿泉壶曾喧嚣一时,凭借葛优一句"因为有了你"广告词,迅速捧红了"百龙"矿泉壶。1992年7月20日,百龙矿泉壶诞生周年纪念日,制造商斥巨资邀请10多位文艺界大腕载歌载舞,再炒"百龙"矿泉壶。由此,"百龙"矿泉壶持续受追捧。由于企业发展势头强劲,更多的企业开始生产矿泉壶,矿泉壶市场竞争加剧。意想不到的是,消费者的兴趣发生了变化,想得到比矿泉壶更好的净化水的产品。但百龙公司的管理者并没有察觉到这个变化,等到察觉,百龙已经陨落。百龙总裁孙寅贵在企业失败后所写的《总裁的检讨》一书中回忆:"我那时给企业定位是'生产矿泉壶'的行业,现在来看,其实我的企业本质是在'生产矿泉水'。如果我能早些认识到我是生产水的行业,而不是生产'壶'的行业,我很可能就会是中国最早的矿泉水公司了。"

　　思考:百龙公司走向没落的原因是什么?

　　愿景是企业或团队永远为之奋斗,希望达到的状态或情景,它是一种意愿的表达,概括了企业或团队的未来目标、使命及核心价值。愿景可以团结人,激励人;愿景是在竞争中取胜的有力武器;愿景能够把团队凝聚成一个共同体。愿景说明其存在的目的和理由,一个优秀的、成功的、卓越的企业或团队往往从树立卓越的愿景开始。

一、团队愿景建立

愿景须建立在对团队的各项活动和组织文化了解的基础上,并对团队成员的深层需求和价值观足够的敏感。一个成功的愿景不应该是由机械公式生成的,而是经验、个人兴趣、直觉和作为“机会之窗”的环境共同造就的产物。

(1) 对团队进行摸底。可以从描绘个人愿景入手,当团队成员在描绘个人愿景时,组织就成为个体自我实现的工具。只有当团队成员不再把组织当成刻意顺从的对象时,他们才能全身心地参与到规划组织发展方向的工作中来。这点非常重要,一方面可以让团队成员参与进来,使他们觉得这是自己的目标,而不是别人的目标;另一方面可以获取团队成员对愿景的认识,即大家的共同愿景能为组织做什么,团队成员在未来应重点关注什么事情,团队成员能够从团队中得到什么,以及团队成员个人的特长是否在大家的共同愿景达成过程中得到有利发挥等,通过这些广泛地获取成员对大家的共同愿景的相关信息。将个人愿景与组织的潜能联系在一起,可为建立共同的愿景创造条件。

(2) 对获取的信息进行深加工。在对团队进行摸底收集到相关信息后,对各人提出的各种观点进行思考,留下一个空间给团队和团队成员,回头考虑这些观点,以缓解匆忙决定带来的不利影响。正如管理名言“做正确的事永远胜于正确地做事”!

(3) 与团队成员讨论愿景表述。在讨论过程中,会讨论到团队成员自身的理想状态,从团队的抱负、团队的期望、团队的价值观等方面来探索创建团队愿景的不同思路。在这一环节,团队成员要注意讨论和聆听。讨论中适时插入看法或期望,以激发新一轮的讨论高潮。聆听过程中逐渐融汇出更好的想法。虽然过程很难,但这一步却是不能省略的,因此,团队领导应运用一定的方法和技巧(如头脑风暴法),确保成员所有观点都讲出来,找出不同意见的共同之处,辨识出隐藏在争议背后的合理性建议,从而达成大家的共同愿景和个人愿景的双赢局面。

(4) 精炼陈述,确定大家的共同愿景。通过对团队摸底和讨论,将大家在讨论中得到的大量创意,按照自然关系和亲密程度进行分组,选出最能体现该团队整体思想的语句,集中列出,不断归纳,形象化。精炼成展现团队未来生动图景的一句话。当然,这句话只是团队愿景的“准愿景”。

(5) 检验修正。运用一些检验标准来反馈。例如,“能否提升团队的存在价值?”“是否整合个人意愿?”等,直到确定团队愿景为止。

由于团队在运行过程中难免会遇到一些障碍(例如,组织大环境对团队运行缺乏信任、成员对大家的共同目标缺乏足够的信心等),在决定大家的共同愿景以后,尽可能地对大家的共同目标、共同愿景进行阶段性的目标分解,树立一些过程中里程碑式的目标,使团队每前进一步都能给组织以及成员带来惊喜,从而增强团队成员的成就感,为进一步完成整体性共同目标奠定坚实的信心基础。

二、团队愿景实施

在团队建设中,有人做过调查,问团队成员最需要团队领导做什么?70%以上的人回答"希望团队领导指明目标或方向";而问团队领导最需要团队成员做什么?几乎80%的人回答"希望团队成员朝着目标前进"。从这里可以看出,目标在团队建设中的重要性,它是团队所有人都非常关心的事情。有人说:"没有行动的远见只能是一种梦想,没有远见的行动只能是一种苦役,远见和行动才是世界的希望。"

愿景的实施包括对愿景的表达、解释、延伸和拓展。对大家的共同目标达成一致并获得承诺,不需要命令、监督,用自己的执行力去行动,是团队取得成功的关键。在实施过程中,领导者的作用非常重要,他们通常会对下属授权,来获得下属对愿景的连续行动和持续承诺。在多数组织中,领导者以多种方式,特别是通过对资源总量及可获得性、激励系统、工作分配、团队领导的确立及决策机制的选择和实施等,使组织情境与愿景一致。

📖 案例

知名企业是如何描绘愿景的

海尔的企业愿景:"创中国的世界名牌,为民族争光。"

蒙牛乳业倡导:"市民健康一杯奶,农民致富一家人。"

蒙牛乳业集团创始人牛根生常讲,蒙牛的衣食父母是"三民",即市民、农民、股民。蒙牛努力实现"市民饮奶、农民供奶、股民投资奶"。而其中的农民,是蒙牛"三民情结"中最敏感的一环。蒙牛以化解三农问题为己任,不懈打造"奶源圈"。蒙牛给自己的使命是"百年蒙牛,强乳兴农""愿每一个中国人身心健康"。时至今日,蒙牛已与产品市场的亿万公民、资本市场的千万股民、原料市场的200万奶农,以及数十万生产销售大军,结成了命运共同体。蒙牛自1999年成立以来,带动了周边奶农新增奶牛80万头,成为农民致富的带头人。这种企业愿景使命的确立,对蒙牛创造5年增长200倍的奇迹,起了关键的作用。

愿景的实施还应该是一个持续评估和不断提炼的过程。一个成功的愿景是不断演变的。当实施愿景的战略被执行时,人们逐渐会知道哪些东西是可行的。组织在向愿景不断逼近的过程中,也会不断发现新的可能性,有些原来不可能实现的目标现在变得有可能实现。因此,愿景的建立与实施不是一个简单的、线性的从愿景到战略再到行动的过程,它是一个互动的反馈过程。愿景影响了绩效,也因绩效变化而不断地进行更新和调整。

📧 同步实训

团队的使命和愿景

1. 任务要求

(1) 在教师引导下完成教师预设的游戏。

（2）完成游戏后进行讨论及理论学习。

（3）小组内分工协作完成任务。

2. 任务分析

游戏的目的在于帮助团队成员认识团队愿景的重要性和构建过程。

3. 实施准备

（1）场地准备：能分组讨论演练的实训室。

（2）材料准备：任意一些物品，如饼干、通心粉、硬币、巧克力、颜色笔、旧报纸、旧杂志、气球、草、树叶、小石头等；每样物品数量随意。

（3）学生 6～8 人一组，确定组长 1 名，分工协作。

4. 实施步骤

（1）将上述材料放在一张大桌子上，各小组可随意取用所需材料，每个小组的任务就是用这些材料形成一副图画，表现出：①过去、现在和将来团队的气氛和合作关系；②公司的使命和愿景。

（2）小组中的 1 名代表对小组形成的图画做不超过 3 分钟的演说。

（3）询问大家通过不同小组的图画和演说，能否对整个团队的状况更加了解？

5. 效果评价

教师对学生学习过程及完成质量给予评价。小组成绩主要考核团队整体完成情况，个人部分主要考核个人执行情况，具体见表 2-2。

表 2-2　团队使命和愿景训练评价

小组序号：			学生姓名：		学号：	
小组成绩（教师评价或小组互评）			个人最终成绩			
任务及标准	满分	得分	项目及标准		满分	得分
小组讨论	20		小组分解得分		40	
评价团队成员之间相互了解程度	10		个人角色及执行		20	
讨论及合作情况	20		代表发言陈述		10	
			讨论发言		20	
			友好互助		10	
合　　计	50		合　　计		100	
评价者：			评价者：			
评价时间：　　年　　月　　日			评价时间：　　年　　月　　日			

6. 点评交流

采用学做合一的教学模式，学生每次完成学习任务，教师及时组织交流，重点点评，穿插引出相关理论知识及下一步要进行的内容，启发学生积极思考，较好地完成本次学习任务。

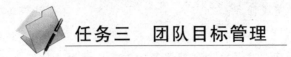

任务三　团队目标管理

微课：团队目标
管理

知识目标

- 认识团队目标及重要性。
- 掌握团队目标的构建方法。

技能目标

- 能根据团队实际情况，学会整合内部和外部资源，分解和实现团队目标。
- 能够进行团队的发展规划。

素养目标

- 具备团队协作意识和素养，能够与团队成员共同开展工作。
- 诚实勤勉、吃苦耐劳、有责任感。
- 树立心系社会有时代担当的精神追求。
- 培养团队科学创新精神，加强职业素养、职业道德。

 热身游戏

目标决定距离

活动目标：通过游戏体验团队设定目标的重要性。

形式：全体学生共同参与完成。

时间：10分钟。

场地：地面平坦。

游戏道具：一根绳子，长约5m。

游戏方法：

(1) 将成员按身高、体重、性别分成实力相当的A、B两组。

(2) 将绳子拉直放在平整地面上，要求成员在距绳子40cm处并排站立。

(3) 让所有成员下蹲，用手紧握脚后跟以此姿势向前跳，只能跳一次。

(4) 对A组成员向前跳跃的距离不做任何规定。

(5) 要求B组成员必须跳过前面这根绳子。

讨论：

(1) 观察两组成员跳跃的平均距离有什么差距？为什么有差距？

(2) 设定合适的挑战性目标对发展有什么好处？

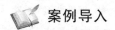 **案例导入**

马拉松运动员的目标

小山是一名著名的马拉松运动员,他曾在两次马拉松比赛中夺得冠军。记者问他为什么可以取得如此优秀的成绩,小山总是回答:"凭智慧战胜对手!"

马拉松比赛主要是运动员体力和耐力的较量,爆发力、速度和技巧在其次。因此对小山的回答,许多人觉得他是在故弄玄虚。

10年之后,这个谜底被揭开。小山在自传中这样写到:"每次比赛之前,我都要乘车把比赛的路线仔细看一遍,并把沿途比较醒目的标志画下来,比如第一个标志是银行;第二个标志是一棵古怪的大树;第三个标志是一座高楼……这样一直画到赛程结束。比赛开始后,我就奋力向第一个目标冲去,到达第一个目标后,我又奋力向第二个目标冲去。40多公里的赛程,被我分解成几个小目标,这样跑起来就没有那么大的压力。开始我把我的目标定在终点线上,结果当我跑到十几公里的时候就已经疲惫不堪了,因为我被前面那段遥远的路吓到了。"

思考: 小山能够两次获得马拉松冠军的真正原因是什么?

一个优秀的团队必定拥有一个合理的目标,共同一致的目标可以使团队迸发出巨大的力量。团队目标不仅为团队成员指明了奋斗的方向,还使团队成员拥有了凝聚在一起的力量,它是团队成员创造良好绩效的基础和前提。

一、团队目标的意义

对团队成员来说,目标的意义是什么? 著名领导力专家丹尼尔·平克在他的《驱动力》一书中阐述"目的和意义"是驱动力的重要来源和保障。高目标环境充满了小的栩栩如生的信号,以便在当下时刻与未来理想之间创造一种联系。它们提供了每一个寻找过程所必需的两种简单定位:这是我们所在的位置和这是我们想要去的地方。

团队目标是一个有意识地选择并能表达出来的方向,它运用团队成员的才能,促进组织的发展,使团队成员有一种成就感。因此,团队目标表明了团队存在的理由,能够为团队运行过程中的决策提供参照物,同时能成为判断团队进步的可行标准,而且为团队成员提供一个合作和共担责任的焦点。

一个高效率优秀的团队,通常采用目标管理。目标管理是一种以目标为导向,以人为中心,以成果为标准,而使团队、组织或个人取得最佳的现代管理方法。团队建设中采取目标管理,团队成员应积极参与,确定团队的工作目标,并在工作中实行"自我控制",齐心协力保证目标的实现。

 案例

猎人的目标

父亲带着3个儿子到草原上猎杀野兔。在到达目的地,一切准备得当,开始行动之前,父亲向3个儿子提出了1个问题:"你们看到了什么呢?"老大回答道:"我看到了我们手里的猎枪、在草原上奔跑的野兔、还有一望无际的草原。"父亲摇摇头说:"不对。"老二的回答是:"我看到了爸爸、大哥、弟弟、猎枪、野兔,还有茫茫无际的草原。"父亲又摇摇头说:"不对。"而老三的回答只有一句话:"我只看到了野兔。"这时父亲才说:"你答对了。"有了明确的目标,才会为行动指出正确的方向,才会在实现目标的道路上少走弯路。事实上,漫无目标,或目标过多,都会阻碍我们前进,要实现自己的心中所想,如果不切实际,最终可能是一事无成。

一个优秀的团队,一定有一个共同的、明确的目标,这个目标是大家都认可的,是一面旗帜,大家都朝着这面旗帜引领的方向前进。团队成员有着共同的目标,并清晰地知道目标、方向、原则分别是什么,为完成共同目标,成员之间彼此合作,这是构成和维持优秀团队的基本条件。也正是这种共同的目标和方向,决定了团队的优秀品质。

二、科学团队目标的构建

团队目标是一个团队在未来一段时间内要达到的目的。团队应该有一个既定的目标,为团队成员导航,指引团队的未来发展。

(一)设置科学团队愿景

团队管理的首要任务就是在行动前先确定目标和方向。这样不仅能使团队中诸多不同背景、不同年龄、不同种族、不同宗教信仰、不同思维方式的团队成员能围绕一个目标去努力,更重要的是使团队有前进的动力。而这个动力需要一个科学的长期的愿景来凝聚团队。这也是为什么一个清晰的愿景、一个明确的目的会成为不断促进和激励人的因素。

(二)遵循科学的 SMART 原则

团队目标是团队精神的灵魂和核心,是团队文化建设的出发点和基础,是团队成败得失的关键。在构建团队目标过程中,要遵循 SMART 原则来制定团队目标。

SMART 原则被称为科学团队目标的"黄金准则",具体内容如下。

(1) S(specific)明确性。团队目标要明确、具体,能用语言清楚地说明要达成的行为标准。明确的目标几乎是所有成功团队的一致特点。很多团队不成功的重要原因之一就是设定的目标模棱两可,或是没有将目标有效地传递给相关成员。

(2) M(measurable)衡量性。团队目标要可度量,它应该有一组明确的数据,作为衡量是否达成目标的依据。这些数据应该是明确的,而不是模棱两可的。如果制定的目标没有办法衡量,就无法判断这个目标是否实现。

(3) A(attainable)可实现性。团队目标在付出努力后要能够实现,所以目标既不能定得太高,也不能定得太低。为此,团队要做到以下 3 个维度的评判:①科学评估团队现有的内部资源、能力及条件,形成清晰的团队资源清单。②合理评估团队成员的潜能。③有效评估团队的外部资源、条件,梳理团队外部支撑力量。团队要结合上述 3 个维度的评判标准,设定科学的团队目标,既要给予团队成员实现目标的希望,又要给予他们实现目标的压力,从而提高目标的可实现性和有效性。

（4）R（relevant）相关性。团队目标应该是实实在在的，可以被证明和被观察到的、并非假设的。如果指定的目标与其他目标完全不相关，或者相关度低，即使这个目标完成了，意义也不是很大。

 案例

汽车4S店销售员业务目标指标

某汽车4S店为了提升企业竞争力，提出了"品质战略"。而根据企业这一新的发展战略，销售部对原有的业务目标指标体系也进行了相应调整。修改后的业务目标指标体系除原有的销售业绩之外，还根据"品质战略"加入了展厅环境、试驾体验、展车、销售人员服装及精神面貌等维度的考核指标。每一个维度都设置了细致的考核指标，如展车涉及展车摆放、展车外观、展车内部、展车装备、展车附件等具体指标。销售部通过建立这样的目标指标体系，实现了从业绩、行为等多个角度来提升销售员业务能力的目标，提高了客户满意度，此项改革也因此取得了很好的成效。

（5）T（time-bound）时限性。团队目标必须规定实现的期限。根据工作任务的权重，事情的轻重缓急，拟定出完成目标的时间要求，定期检查项目的完成进度，及时掌握项目进展的变化情况，以方便对下属进行及时的工作指导，并对执行过程中的异常情况进行及时的调整。没有时间限制的目标就没有办法进行考核。

在制定团队目标过程中，可以从以下4个问题出发。

（1）要干什么？

（2）结果是什么？

（3）条件是什么？

（4）什么时间？

例如，要干什么——开发，结果是什么——一种功能软件包，条件是什么——达到4级或更高级别，什么时间——2023年年底。这就是符合SMART原则的目标形式。

当然，在"要干什么"这一内容中，还可以使用其他一些词语来描述。例如，升级、设计、修正、完成、制作出、生产出、销售、解决、提高、降低等。

在描述团队目标时应避免使用比较模糊的词，例如，尽量、以为、适宜、认为、合理的、好的、较好、认识到等。

（三）建立科学的团队目标管理

一个优秀且高效率的团队通常会采用目标管理。目标管理是现代管理学之父彼得·德鲁克（Peter Drucker）1954年在《管理的实践》中最先提出的，之后他又提出"目标管理和自我控制"。德鲁克认为并不是有了工作才有目标，恰恰相反，有了目标才能确定每个人的工作，所以企业的使命和任务，必须转化为目标。管理者应该通过目标对下级进行管理，当组织最高层管理者确定了组织目标后，必须对其进行有效分解，转变成各个部门以及每个人的分目标，管理者根据分目标的完成情况对下级进行考核、评价和奖惩。

目标管理具体分为4个阶段：第一阶段为目标设置阶段；第二阶段为目标分解阶段；第三阶段为目标实施阶段；第四阶段为目标评估和调整阶段。4个阶段构成一个闭环。

1. 目标设置阶段

团队目标制定主要遵循 SMART 原则。在制定目标的过程中,主要采用参与的方式决定目标,团队中所有成员不管是上级还是下级,都共同参与选择设定目标,即通过协商,共同讨论制定出整体团队目标直至个人目标。目标制定的过程也是团队成员相互学习交流经验的过程。全体参与决策的主要优势是能够诱导个人设立更高的目标,使个人发挥出自身的潜能来参与决策。这在很大程度上激励鼓舞成员的士气,使他们对自己选择的目标感到满意和充满信心。

2. 目标分解阶段

在目标分解阶段,要把大的目标分成若干个小目标,尽量把目标量化到各个部门乃至各个成员,这样才有利于目标的实施与达成。

3. 目标实施阶段

目标管理重视结果,强调自主、自治和自觉。但并不等于团队领导可以放手不管,相反,由于形成了目标体系,一环失误,就会牵动全局。因此团队领导在目标实施过程中的管理是不可缺少的。首先进行定期检查,利用信息反馈渠道自然地进行;其次及时向团队成员通报进度,便于互相协调;最后帮助团队成员解决工作中出现的难题。当出现意外、不可测事件等严重影响组织目标实现时,也可以通过一定的手续,修改原定的目标,及时纠正偏差,以推进目标的执行。

4. 目标评估和调整阶段

目标评估和调整是指对目标实施成果进行检查和评价,即将实现的成果同原来制定的目标相比较,以检查目标实施的进度、质量和最终落实情况。目标管理要求在规定的时间考核目标完成情况。考核应以目标为依据,考核的标准、过程、结果也应当公开。根据评价结果给予相应的奖励和表彰,还应把个人成果反映在人事考核上,作为晋级、提升的依据。同时讨论下一阶段目标,开始新的循环。如果目标没有完成,应分析原因,总结教训,切忌相互指责,保持团队内相互信任的气氛。目标调整是指根据目标对策(实施)的落实情况,及时地发现问题和解决问题。

 案例

海尔的 OEC 管理

凭目标管理法获得成功的企业有很多,通用汽车、IBM 都是其中的代表,但是真正将目标管理法运用得出神入化的是海尔,或者说是海尔的张瑞敏。

张瑞敏博采众长、上下求索,始创了 OEC(overall every control and clear)管理法。OEC 管理法的核心就是目标管理,OEC 管理法是海尔以目标管理为基础所独创的一种生产管理模式,也可以表示为"日事日毕,日清日高",即每天的工作每天完成,每天的工作要清理并每天有所提高。具体内容为 O——Overall(全方位),E——Everyone(每人)、Everyday(每天)、Everything(每件事),C——Control(控制)和 Clear(清理)。基本做法包括日清工作法和区域管理法。日清工作法包括 3 个方面的内容:当日工作当日清、班中控制班后清、员工自清为主、组织清理为辅。区域管理法又称定置管理法,即依据生产及工作对现场的要求,为便于生产或工作,按照工艺要求或工作要求将区域进行功能划分,并用专门的区域线进行标识,指定专门的区域作为专门用途的场所。在该场所内留下必要的,去除多余的或不必要的,留下的按工艺或工作最便利的要求摆放整齐。

OEC管理法是海尔生存的基础,并成为海尔对外扩张、推行统一管理的基本模式,也是海尔走向世界的一个竞争优势。

同步实训

团队目标构建——SMART原则

1. 任务要求

(1) 在教师引导下完成教师预设案例分析。

(2) 完成案例阅读后进行讨论及理论学习。

(3) 小组内分工协作完成任务。

2. 任务分析

任务目的在于通过分析团队目标的一些重要性质、构成要素以及目标制定的基本原则和基本方法,设立一个合理的团队目标为团队集体行动指明方向,从而有助于引导组织成员形成统一的行动。只有在团队成员明确行动目标后,才能调动团队积极性,创造最佳成绩。

3. 实施准备

(1) 材料准备:每组各1份焦点讨论问题集合材料。

(2) 场地准备:能分组讨论演练的实训室。

(3) 学生6~8人1组,确定组长1名,分工协作。

4. 实施步骤

案例一:小李为了提高1000m的跑步成绩,每天安排两次1000m的训练,希望在3个月内可以将成绩从原来的3分30秒提高到3分20秒。

案例二:没有任何表演经验的小赵想参演一部某知名导演执导的电影,决定每周去一次横店寻找出镜机会,期望在不久的将来可以实现。

案例三:UPT需要达到1.3。客单量UPT是商场或超市平均每个客户购买货品的数量,是店铺营运的重要衡量指标。其计算公式:客单量=货品销售数量/成交笔数。

(1) 各组学生讨论并分享回答下述问题。

① 案例一中的团队目标设置是否符合SMART原则?

② 案例二中的团队目标设置是否符合SMART原则?

③ 案例三中的团队目标设置是否符合SMART原则?

(2) 教师对各小组成员的观点进行点评,要求熟练掌握团队目标的SMART原则。

5. 效果评价

教师对学生学习过程及完成质量给予评价。小组成绩主要考核团队整体完成情况,个人部分主要考核个人执行情况,具体见表2-3。

表 2-3　团队目标构建训练评价

小组序号：			学生姓名：		学号：
小组成绩（教师评价或小组互评）			个人最终成绩		
任务及标准	满分	得分	项目及标准	满分	得分
小组讨论	20		小组分解得分	40	
评价团队成员间相互了解程度	10		个人角色及执行	20	
讨论及合作情况	20		代表发言陈述	10	
			讨论发言	20	
			友好互助	10	
合　计	50		合　计	100	
评价者：			评价者：		
评价时间：　　年　　月　　日			评价时间：　　年　　月　　日		

6. 点评交流

采用学做合一的教学模式，学生每次完成学习任务，教师及时组织交流，重点点评，穿插引出相关理论知识及下一步要进行的内容，启发学生积极思考，较好地完成本次学习任务。

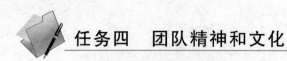

任务四　团队精神和文化

知识目标

- 领会团队精神的内涵。
- 理解团队凝聚力、团队士气。

技能目标

- 掌握提高团队凝聚力、加强团队合作、提升团队士气的有效方法。
- 能根据团队实际情况，分析并打造优秀的团队文化。
- 理解塑造团队精神的方法。
- 能使用团队愿景促进团队文化建设。

素养目标

- 培养团队精神，担当精神，大局意识。
- 能将个人目标与团队目标相结合。
- 平等友善，乐于沟通。

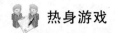 **热身游戏**

方寸之间

活动目标：通过游戏体验团队凝聚力的重要性。

形式：全体学生共同参与完成。

时间：10 分钟。

场地：地面平坦。

游戏道具：报纸数张。

游戏方法：

（1）以小组为单位参加比赛。

（2）所有小组成员要将自己的脚放置在一张铺开的报纸范围内，且需要维持 10 秒，若脚踩到报纸范围外的地面或者维持时间少于 10 秒，则游戏失败。

（3）如果通过第一轮，则要将报纸对折，然后采用同样的方法进行第二轮游戏。如果第二轮通过，则要将报纸再次对折。

（4）依此方法，一直将游戏进行到小组成员无法全部站在报纸上为止。

讨论：

（1）分享小组成功和失败的原因。

（2）分析团队成功最重要的因素是什么？

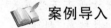 **案例导入**

华为优秀团队打造

华为技术有限公司成立于 1987 年，是一家全球领先的 ICT（信息与通信）基础设施和智能终端提供商，致力于把数字世界带入每个人、每个家庭、每个组织，构建万物互联的智能世界。目前，华为拥有 18.8 万名员工，业务遍及 170 多个国家和地区，服务 30 多亿人口。

在华为的企业运营和日常管理中，要求华为的团队中每个成员都十分清楚个人和团队的共同目标，明确个人的角色定位和在组织中的作用，在各自的专业领域保持敏锐的洞察力和前瞻思考能力，分工合作，相互照应，以快速敏捷的运作方式有效地发挥角色所赋予的最大潜能，从而推动整个企业系统的快速高效运转，这也是华为在市场中超越竞争对手的重要利器。

华为团队另一个很大的优点是众志成城、互帮互助。这种优秀的团队文化在华为整个企业内部、特别是在营销部门起到了十分重要的作用。正是靠着这种文化的浸润，团体员工共同奋斗、团结一心、互相协作的精神，华为才能够击败众多竞争对手，成长为全球性企业。

思考：华为公司的团队文化具有哪些特点？如何塑造团队文化？

团队精神和团队文化之所以能够促进团队协作，在效率上提高获得结果的能力和速度，并降低团队成员间的内耗，主要在于它是在团队成员共同遵守的价值观念上形成的，是所有团队成员都接受的行事准则。一个团队在其成长历程中只有形成所有成员共同认可的价值观、共同遵守的行为准则，才能缔造完美的团队。

一、团队精神

（一）团队精神的定义

所谓团队精神,就是团队在运行过程中体现出来的风貌,是团队凝聚力、团队合作、团队士气的集中体现。团队精神是组织文化的重要组成部分,在一个有着明确组织边界的组织框架中,团队精神能够最大限度地发挥团队成员个体工作的积极性,整合团队绩效,进而提高整个组织的工作绩效。

 案例

中国载人航天的筑梦星辰大海

从神舟一号到神舟十二号,我国载人航天工程所创造的辉煌中,凝聚着亿万人的心血汗水。航天英雄身后,有着无数默默无闻的幕后英雄。据载人航天工程办公室的不完全统计,直接参与载人航天工程研制工作的研究所、基地、研究院一级单位就有110多个,配合参与的单位多达3000多个,涉及数十万科研工作者。他们的心血,凝结在了运载火箭20多万个零部件上,凝结在了火箭和飞船12多万个元器件上;凝结在了飞船系统70多万条软件语句中,凝结在了北京航天指挥控制中心140万条重要软件语句中,以及更多的常人所不知的地方。

这些背后的"无名英雄"是致力于实现创新和突破的设计团队,是小到一颗螺丝钉都不能出现丝毫失误的总装团队,是使尽浑身解数检查飞船安全的测试团队,是千千万万为航天事业做出贡献的航天人,也是千千万万航天人身后支持航天事业的家人。教练员、科学家、开舱手、工人等共同"托举"神舟飞天,他们艰辛付出为的是共同的航天梦,为的是中国航天事业的每一个进步。

在世界看来,中国成功了,在中国看来,航天工程成功了,在航天项目组看来,每个小组、成员都成功了。

资料来源: https://tougao.12371.cn/gaojian.php? tid=4025051.

（二）团队精神的构成

团队精神有其自身的结构性,由团队合作、团队凝聚力和团队士气构成,其核心是团队凝聚力,它能够让成员对团队有着浓厚的归属感和责任感,从而实现团队的有效合作。没有团队凝聚力,团队将处于合作差和士气低的状态。可以说,团队凝聚力就像糨合剂,能够吸引团队成员并牢牢地将其整合成一个整体,而团队合作和团队士气则是团队凝聚力外显行为的体现。

（三）团队精神的功能

1. 目标导向

团队精神能够使团队成员齐心协力,拧成一股绳,朝着一个目标努力。同时能使团队成员认识到,团队要达到的目标即是个人必须努力的方向,从而使团队的整体目标分解成各个小目标,并在每个成员身上得到落实。

2. 目标凝聚

团队精神通过对群体意识的培养,通过成员在长期实践中形成的习惯、信仰、动机、兴趣等,来沟通成员的思想,引导成员产生共同的使命感、归属感和认同感,逐渐强化团队精神,产生强大的凝聚力。

3. 促进激励

团队精神可以让每一位成员自觉地向团队中最优秀的成员看齐,通过团队成员正常的竞争来促进激励。

4. 控制协调

在团队中,不仅成员的个体行为需要控制,群体行为也需要协调。团队精神所产生的控制协调功能,是通过团队内部所形成的一种观念的力量和氛围的影响,去约束、规范和控制团队中的个体行为。由硬性控制转向软性内化控制;由个体行为控制转向个体意识控制;由对个体短期行为控制转向对其价值观和长期目标的控制。因此,这种控制更为持久,更有意义,而且更加深入人心。

(四)提高团队精神的方法

1. 明确团队目标

目标是将团队成员凝聚在一起的力量,是鼓舞成员团队奋斗的动力,同时也是督促、约束成员的标尺。所以,团队目标的确定和提出要符合实际,做到以科学的团队目标凝聚团队成员人心。

2. 健全团队管理制度

管理制度能使人们的行为规范化。好的团队应该有完善的制度规范,如果缺乏有效的管理制度,就无法形成纪律严明、作风过硬的团队。

3. 创造良好的沟通环境

有效的沟通能及时消除和化解团队内外部的分歧和矛盾。因此,必须建立良好的沟通环境,来增强团队凝聚力,减少"内耗"。

4. 尊重每个人

尊重人是调动人的积极性的前提。尊重团队中的每一个人,使人人都能感受到团队的温暖和价值,关心员工的工作和生活,激发成员献身团队的决心和动力。

5. 引导成员参与管理

每个团队成员都有参与管理的愿望和要求。正确引导和鼓励这种愿望,可以使团队成员积极为团队发展出谋划策,贡献自己的力量与智慧。

6. 增强成员全局观念

没有团队合作,仅凭一个人的力量难以达到理想的工作效果。只有通过集体的力量,充分发挥团队精神,才能将工作做得更加出色。

即兴思考

如果你是一家从事高科技研发公司的 CEO,你会从中国女排和女足身上学习哪些团队精神？

📖 案例

看看女排精神

从中国女排1981年首夺世界冠军，到2018年世锦赛上在1∶2落后的情况下最终以3∶2逆转战胜美国队，关于"女排精神"的话题又一次引发了社会各界的关注，郎平说："其实各行各业都有非常多的精神，也有非常多的团队，但在努力奋斗实现梦想的道路上遇到困难，永不放弃、互相团结的精神难能可贵，所以大家是被这样一种团队精神所感染的。"

团队搭建：分工明确，优势互补

排球是一个团队项目，主攻、副攻、接应、二传各司其职，分工明确，每个成员各有特点、不可或缺，在赛场上都充分发挥着自己的特长。里约夺冠后，朱婷成为中国女排的绝对核心。对于心爱的弟子，郎平坦言拥有这样天赋的运动员是幸运的事情，但中国女排不需要人人都是朱婷。"中国女排是一个团体，不需要每个人都是朱婷，每个人的角色和能力是不同的，关键是做好自己，尽自己最大的努力，团队就像是一个拼图，缺少任何一角都是不行的。"

除赛场和训练场的运动外，这个复合型的团队还需要由助理教练、带教医生、康复师、体能师和技术统计等人员组成的幕后援团的支持。每一个环节都是不可或缺的，团队的搭建需要团队里的每一分子在自己的岗位兢兢业业，共同奋斗。

团队精神：顽强拼搏，科学备战

中国女排坚定"为国争光"的信念，刻苦训练，顽强拼搏。她们几乎每天都要练习成百上千次发球、拦网等技术动作，对训练比赛造成的肩、腰等伤痛从不叫苦叫累。凭着坚韧的毅力，她们练就了过硬的技术本领。中国女排能够重新站在世界巅峰，不但需要队员们自强不息的拼搏精神，还需要教练员着眼全局、重视对手、科学备战和部署。随着古巴、俄罗斯等传统女排强队的没落，一大批女排新生力量引人注目，站上世界舞台的她们以"初生牛犊不怕虎"的力量让人们眼前一亮。这对志在夺冠的中国女排来说，却意味着更多艰难与挑战。所以，女排教练员做出了巨大努力，他们通过视频剪辑、彻夜分析为中国女排安排了针对性的打法，为夺冠铺平了道路。

团队精神：协作配合，无私奉献

主教练郎平放弃了在美国的优厚待遇，只身一人回国执教，一句"国家需要我，我就回来了"展现出郎平纯粹的一面，也是她对中国女排团队精神的最好诠释。中国女排队员多年来也是持续付出，那种不计回报的团队精神，散发出迷人光芒。

女排比赛的每一次得分都需要多名队员团结协作，没有人可以凭一己之力获得胜利，大家要一起努力，才能取得最后的胜利。每场比赛开始、结束、下场，每一次得分、回球，团队成员都会相互击掌拥抱，为彼此加油鼓劲，团队的齐心协力展现得淋漓尽致。

回顾中国女排团结拼搏史,郎平感叹道:"女排精神就是一种遇到困难永不放弃的团队精神。在 20 世纪 80 年代,女排精神教会我们奋发、开拓和攀登;今天,女排精神传递给我们冷静、顽强和坚持。"

资料来源:姚裕群,赵修文,刘军.团队建设与团队管理[M].北京:首都经济贸易大学出版社,2020.

二、团队凝聚力

(一)团队凝聚力的定义

团队凝聚力也称团队内聚力,是指一个团队中的成员围绕在团队周围、为团队付出全部努力,既包括团队成员对团队的向心力,也包括团队对其成员的吸引力。团队凝聚力是一种无形的力量,内化于团队成员的心中,外显于团队成员的行为。正是团队凝聚力,使个体利益和整体利益得以整合;正是团队凝聚力,使团队成员之间得以积极互动。团队凝聚力不是要求团队成员在团队面前牺牲个体;相反,团队成员释放个性、发挥特长为共同完成任务提供了保障,而明确的合作意愿和协作方式则产生真正的内心动力。

(二)团队凝聚力的构成

1. 归属意识

归属意识是指团队成员希望自己在团队中有一定的位置,以获得物质上和精神上的满足。团队成员将自己在社会中的位置具体定位在所在的团队,认识到团队为自己提供了成长的机会,个人发展与团队发展息息相关。

2. 亲和意识

亲和意识是指个人意愿与他人意愿建立友好关系和相互协作的心理倾向。团队成员在工作中相互依赖、互相支持、密切配合,建立平等、尊重的关系。

3. 责任意识

责任意识即团队成员有着为团队的兴盛而尽职尽责的意识,具体包括恪尽职守、完成任务、勇于创新、遵守团队规则等。

4. 自豪意识

自豪意识即团队成员认为自己所在的团队有令他人羡慕的声誉、社会地位或经济收入等荣耀心理。自豪意识可以增强团队成员的自信心和归属感,从而更好地投入团队建设中。

(三)提升团队凝聚力的方法

1. 控制团队规模

团队规模越大,沟通越容易受阻,意见分歧的可能性也会增大;团队成员之间的接触相应较少,关系也不顺畅,容易互相扯皮,不负责任,办事拖拉;团队规模越大,越容易产生小团队、小山头和小派系等。

2. 协调个人目标与团队目标

团队目标如果与个人目标一致,则会更有吸引力和号召力,这时团队成员就愿意合作完成任务,凝聚力增强;反之,如果个人目标和团队目标互不关联,甚至是相互矛盾,那么团队成员之间的合作就会减少,感情趋于冷淡,凝聚力降低。

3. 处理好团队内外部的关系

当团队遇到威胁时,无论是团队内部曾经发生什么或正在发生什么问题、困难和矛盾,团队成员都会暂时摒弃前嫌,一致应对外来威胁。通常外来威胁越大,造成的影响、压力越大,团队所表现出来的凝聚力也会越强。当然,当团队成员发现团队根本没有办法应对外来的威胁和压力时,就不愿意再去努力了。

4. 团队领导作风民主

领导是团队行为的一种导向和核心,采取什么样的领导方式直接影响到团队凝聚力的强弱。在民主的团队领导方式下,团队成员愿意表达自己的意见,积极参与决策,凝聚力强。而在专制、独裁、武断的领导方式下,下属参与的机会比较少,成员满意度相应比较低,抱怨的言论会相应增多,凝聚力较弱。如果是放任型的领导方式,团队成员就是一盘散沙,人心涣散,谈不上集体主义,也谈不上团队的规则,更谈不上凝聚力。

5. 建立并运用正确的团队激励机制

正确的激励机制能起到激励的作用,否则会适得其反。特别是在采取个人奖励或集体奖励方式时,一定要因时、因地、因事而定。个人奖励和集体奖励所产生的作用是不同的:集体奖励能够增强团队的凝聚力,会使团队成员意识到个人的利益和荣誉与所在的团队不可分割;个人奖励一方面会增加团队成员之间的竞争力,另一方面也会导致成员过于聚焦个人目标,在团队内部形成一种压力,成员之间的协作和凝聚力可能会降低。因此,建议两者都要考虑,满足团队成员的多层次需求。

三、团队合作

(一) 团队合作的重要性

团队合作是团队成员给予团队信任,为达到既定的目标所显现出来的资源合作和协同努力的精神。它可以调动团队成员的资源和才智,消除不和谐、不公正的现象,形成相互合作的格局,提升团队精神。

微课:团队合作

 案例

小米的团队合作

小米科技有限责任公司(简称小米)成立于 2010 年,是一家专注于智能硬件和电子产品,同时也是一家专注于高端智能手机、互联网电视以及智能家居生态链建设的创新型科技企业。小米的产品概念是"为发烧而生",它借助互联网开发手机操作系统,在短短的十年时间里,企业发展迅猛。其原因在于该企业有着很好的团队合作模式:一是依托个人特长,实现科学分工。创始人、董事长兼 CEO 雷军负责企业发展战略规划和重大决策;联合创始人、总裁林斌依托自身在计算机、工程领域的专业技能,负责手机研发和生产工作;联合创始人、高级副总裁、品牌战略官黎万强发挥自身在品牌规划领域的优势,负责品牌建设。二是基于精确分工,推进有效合作。小米的内部组织架构清晰,实现了产品、营销、硬件、电商多层架构,并设置了每层的领导者。精确的分工为团队合作确定了清晰的合作框架。三是用"小餐馆理论"压缩管理层级,减少团队合作内耗。小米 CEO 雷军在 2013 年中国互联网创业者大会上表示,小米要坚持做一个"小公司"。在这个企业组织里,几乎没有管理层,最核心的团队大都在一线。这个管理理念与雷军曾经的一个梦想有关。当初在创办小米之前,他曾有一个梦想,就是开一家门口有人排队的小餐馆。他认为"最成功的老板是小餐馆的老板,因为每一个客户都是朋友"。通过这种无等级、面对面的沟通,可以建立良好的人际关系网络。这就是他所提出的"小餐馆理论"。四是注重团队信任,提升团队和谐。一方面,小米创业团队内部实现了充分信任;另一方面,团队领导者对团队一般成员有着充分信任,雷军曾笑称他基本都是闭着眼睛在报销单上签字。

思考:小米成功的因素是什么?

俗话说,"一个和尚挑水喝,两个和尚抬水喝,三个和尚没水喝"。"三个和尚"是一个团体,他们没水喝是因为互相推诿、不讲协作。有首歌唱得好——"团结就是力量",而且团队合作的力量是无穷尽的,一旦被开发,这个团队将创造出奇迹。所以,无论是对于团队还是个人,团队合作都有着重要的作用。

1. 营造融洽的团队氛围

团队合作是一种氛围,是一种团体的归属感。团队中每个成员都以自我所在团队为荣,每个人都想为实现团队的目标而努力。对目标贡献的进取性,使得工作效率比个人单独时要高。合作也是一种动力,是激发团队成员学习的动力。大部分人都有不服输的心理,这种心理会增加成员的上进心,提升战斗力,形成融洽的团队氛围。

2. 形成 1+1>2 的合力

团队的力量远大于个人的力量。团队不仅强调个人的工作成果,更强调团队的整体业绩。团队有这样一种"魔力":能够让成员有着更强的工作动机和工作欲望,为了更佳的团队业绩,团队成员会彼此协作,互相配合,完成个人无法完成的项目,呈现"1+1>2"的合力效果。

3. 推陈出新

团队是由两个或两个以上的个体组成。三人行,必有我师焉。每个个体都有自己的优缺点,都有自己独到的想法。团队成员的多元化有助于产生不同的想法,有助于在进行决策的时候集思广益,形成有创新的工作思路,进而使团队工作不断地推陈出新,形成良好的工作绩效。

4. 形成有价值的行为规范

在团队中,当个别成员与他人行为不同时,团队内部所形成的规范会对其形成一种有形或无形的压力,在这种压力下,团队成员会不自觉地在意识判断和行为上表现出与团队大多数成员一致,从而达到约束、规范和控制个体行为的目的。通过规范和控制个体行为有助于团队行动的标准化,有利于提高团队绩效。

即兴思考

团队中纯粹的合作行为存在吗? 应该怎样认识合作和竞争的关系?

（二）信任是团队合作的前提

新东方教育集团创始人俞敏洪曾说："一个人最可怕的灵魂是封闭的灵魂，一个人最绝望的状态是失去对别人的信任。"信任的核心在于依赖，是一种心理上和行为上对他人和事物的依赖。从理论上讲，团队信任是指成员对团队及其他成员有意愿上的信赖，如对团队价值、团队成员能力或品格等有着较大的信赖性。

 案例

赵子龙单骑救主

建安十三年（208年），刘备兵败，向南逃往江陵，曹操派麾下精骑快马追赶，终于在当阳长版附近追上了刘备。此时情势危急，刘备便丢下妻儿，仅带着张飞、诸葛亮、赵云等数十骑向南逃逸，这时赵云反而向北进入曹军势力之中。当时，有人看到赵云向北而去，对刘备说，赵云必定是向北投靠曹操去了。刘备闻言，将手戟掷向告状的人："子龙是不会弃我而去的。"

赵云在曹阵中左冲右突，如入无人之境，连斩数将，终见夫人抱着阿斗。赵云多番劝夫人上马，夫人不上。最后曹军渐近，赵云无奈，只好保护幼主而走。中间又斩数将。最后赵云怀抱刘备的幼子刘禅平安回到刘备身边。之后，刘备便任命赵云为牙门将军。这就是历史上经典的"赵子龙单骑救主"的故事。

思考：这个故事带给我们什么启发？

（三）加强团队合作的方法

1. 鼓励合作

一个成功的团队领导要力求成员通过合作来消除分歧，达成共识，建立一种互信的团队氛围。

知识链接：团队信任的要素

2. 制定规则和规范

团队成员在日常工作中如果经常受到不公平的待遇，则会极大地挫伤其工作热情和工作积极性。所以，团队只有制定一套全面、系统、公平合理的规则和规范，奖惩分明，才能获得团队成员的认可和支持，推动团队的有效运行。

3. 建立长久的互动关系

团队想要长久有序地发展，就必须使团队成员融为一体。团队领导者可以经常组织一些内容丰富、形式多样的集体活动，以增强成员之间的互动，进而增进感情交流。

4. 设定科学团队目标，强调长远利益

团队发展要明确团队目标，使团队成员拥有共同的发展前景。团队目标是团队在一定时期内要完成的具体任务，是团队成员团结互助、共同努力的方向和执行标准，能有效整合团队内各成员的优势。这对减少团队摩擦、提高团队合作性有着重要的意义。

四、团队士气

（一）团队士气的定义

团队士气是团队成员对自身所在的团队感到满意，愿意成为该团队的一员，并协助达成团队目标的一种态度。士气的作用在于能激发出人们执行一致行为的潜在精力、体力和能力。

士气高的团队主要有以下几个特点：①团队的团结来自内部的凝聚力；②团队本身具有强适应能力和处理冲突的能力；③团队成员对团队有强烈的归属感和认同感；④团队成员从思想到行为都表现一致；⑤团队成员都明确认识团队的目标；⑥团队成员对其团队目标都持肯定态度；⑦团队成员承认团队存在的价值，并且维护团队的存在和发展的意向。

 案例

信任高于一切

大雁的智慧较高，团队意识较强，活动时也是集体活动，要想抓住大雁比较困难。可是大雁团队的信任意识却很差，这就让猎人有了可乘之机。每年在大雁向南迁徙的时候，晚上都会在野外休息。大雁团队有着很严明的分工制度，晚上大雁休息的时候，都会有一只雁负责放哨值班。到半夜，大雁睡得正酣的时候，猎人会用一个大的箩筐把自己扣在里面，匍匐前行，在前进的过程中，势必会有响声，负责放哨的大雁觉察后会立刻报警，猎人马上停止前进。其他大雁从梦中惊醒，纷纷起飞，在空中盘旋查看地面上的动静。它们没有发觉异常情况，会再次落下，重新进入梦乡。这时候猎人重新向前移动，负责警戒的大雁赶忙再次报警。就这样，反复多次后，其他大雁没有发觉情况，就会认为放哨的大雁故意惊扰同伴的美梦，于是群起而攻之，把放哨的大雁啄得遍体鳞伤，放哨的大雁感觉得不到同伴的信任，受到了委屈，擅离职守忘了本职工作，也很快进入了梦乡。猎人躲在箩筐中慢慢地靠近雁群，此时，即使有些动静雁群也不会理会，以为是同伴的恶作剧。猎人就可以轻而易举地靠近雁群，捕获它们。

（二）影响团队士气的因素

1. 对团队目标的认同程度

团队目标指引团队发展方向，如果团队成员赞同和拥护团队目标，他们会觉得自己的要求和愿望在团队目标中有所体现，士气就会高涨。

2. 利益分配的合理性

无论是物质利益还是精神利益，只有在公平、合理、同工同酬、论功行赏的情形下，团队成员的积极性才会提升，团队士气才会高涨，反之，一旦团队成员感到利益分配不合理，就会影响其对团队的认同感，从而影响团队士气。

3. 团队成员的满意度

团队成员的满意度是指对团队工作的满意程度。如果团队成员对工作非常热爱、感兴趣，工作和能力相匹配，士气就会高涨。如果个人能力超出工作的要求，则会觉得不满足，反之,如果个人能力不及工作要求,则会失去工作的热情,从而影响团队的士气。

4. 对领导的认可度

团队领导者是团队的领袖,团队领导者是否优秀,是影响团队士气的一个重要原因。如果领导者作风民主、广开言路、乐于接纳意见、善于体谅下属,团队士气就会高涨;反之,则团队士气低落。

5. 团队内部的和谐度

团队内部人际关系和谐,互相认同,信任,通力合作,凝聚力则强,士气就高。如果团队内部互不信任,争论不断,则士气低落。

6. 信息沟通的有效性

团队成员之间、团队领导和成员之间,团队成员和其他团队成员之间的沟通如果受阻,则会引起信息传递不畅,容易产生误解甚至冲突,影响团队士气。

(三)提升团队士气的方法

1. 制定科学的团队目标

团队要根据 SMART 原则设置科学的团队目标。只有按照这个原则设置的团队目标,才能更好地发挥团队的引领作用,激发团队士气。

2. 建立合理的奖惩制度

海豚在训练时,每正确完成一个动作,就会获得一份喜欢的食物作为奖励,这种做法叫行为强化。行为强化理论就是给予正面肯定,该方式同样适用于团队管理,如果成员因完成某个目标而得到肯定和奖励,就会更加努力地重复这种行为,所以团队要建立合理的奖励机制,让有出色表现的成员及时获得团队的奖励和肯定。

3. 关心鼓励员工

团队领导者应该多关心成员,了解并帮助其解决生活中的各种问题,从而实现情感融入。同时,团队要鼓励成员多元发展,并建立机制让成员感受到工作的成就感、满足感及发展前景,从而增强团队对成员的黏性,提高团队士气。

4. 塑造优秀的团队领导者

团队领导者是团队的精神象征,塑造优秀的团队领导者是提升团队士气的重要因素。为此,一方面,团队要建立起团队领导者的科学甄选机制,让有才能、有品德、有感染力的人成为团队领导者;另一方面,团队也要建立起团队领导者的培养机制,不断提高领导者的领导水平及领袖魅力,从而提升团队的整体士气。

5. 构建和谐的团队文化

文化是一种生产力,和谐的团队文化能够实现团队融合,在团队内部形成强大的凝聚力和向心力,增强成员对团队的归属感和荣誉感。

6. 建立通畅的沟通渠道

要想提高团队士气,对于团队内部问题不能"堵",而是要通过建立通畅的渠道进行"疏",避免形式主义。只有充分、有效、及时地进行信息沟通,才能减少团队内耗,提高团队士气。

7. 扩大激励的正面效果

团队激励对于团队士气的形成也有着重要影响。为此,团队要擅用表扬等激励方法,并将这种激励的正面效果扩大,形成更强的激励效应。

除此之外,创造并共享团队资源、实行柔性化管理等方法也是提高团队士气的有效方法。

知识链接:团队
文化的起源

五、团队文化

(一)团队文化的定义

团队文化是指团队成员在相互合作的过程中,为实现各自的人生价值,并为完成团队共同目标而形成的一种潜意识文化。团队文化是社会文化与团队长期形成的传统文化观念的产物,包含价值观、最高目标、行为准则、管理制度、道德风尚等内容。它以全体员工为工作对象,通过宣传、教育、培训和文化娱乐、交心联谊等方式,以最大限度地统一员工意志,规范员工行为,凝聚员工力量,为团队总目标服务。

团队文化的构成要素:人(people)是构成团队最核心的力量;共同目标(shared purpose)为团队成员导航,让团队成员知道要向何处去;团队的定位(place)是要明确团队由谁选择和决定团队的成员,团队最终应对谁负责,团队采取什么方式激励下属等问题;权限(power)明确团队在组织中及团队内部人员的权限;计划(plan)明确实现目标的计划和步骤。

某著名企业把团队文化列为企业文化重要的组成部分,在企业员工手册的扉页上写着以下几句话。

(1)现代企业的发展不再信奉个人英雄主义,而要倡导集体英雄主义。

(2)不应将个人的发展孤立于企业的发展之外,更不应将个人的利益凌驾于企业的利益之上。

(3)市场成功来自团队。

(4)只有风雨同舟,和衷共济,才能使企业立于不败之地。

(二)团队文化的内容

1. 平等和民主

团队的目的是齐心协力提高效率,团队的实践可以改变人与人之间的关系。团队是一个交流学习和发挥创造力的空间,同时也是一个减少竞争带来的紧张气氛的缓冲空间,它能让人们相互理解、支持,使工作充满乐趣且更有效率。

团队形成的前提条件是团队成员之间的平等和民主,团队中没有官僚等级制,大家共同参与决策,在重大问题上有同等的发言权。领导理论大师沃伦·本尼斯说过:通常把团队与领导截然划分开来的做法已不再准确,最激动人心的团队、那些震撼世界的团队是有能力的领导者与非凡人群相互尊重的结合。只有当团队的每一个人(领导和成员)能够自由地将潜能发挥到极致的时候,团队才能变得伟大。

2. 互信和协作

成员之间的互相信任、互相支持是团队形成与维系的基本条件。他们在工作中要进行协作,这是团队的基本特征。

协作作为团队的基本文化,要落实到工作流程、操作分工、管理制度等方面,也要反映在团队整体和团队成员的绩效考核上,而且要在组织和团队领导的资源配置和日常工作中给予关注和支持。更进一步说,团队内部的协调人应当在解决好团队成员的协作方面做好工作。

3. 挑战和创新

团队的组织形式经常用于高新技术行业和挑战性的工作。人都有好胜心,在团队中成员们会互相支持、互相激励,这有利于从事和完成挑战性工作。在企业竞争激励、技术和产品变化迅速的社会中,创新是必需的。团队的组织结构,有利于关注外界的变化、随机应变和进行创新性的滚动操作,可以说创新是诸多团队的共性内容之一。这种创新文化是要让每一位团队成员都深刻理解,在激烈的市场竞争中要以"人无我有,人有我优,人优我专"的理念,做出创造性的工作。只有这样,才能在竞争中得以生存,在市场中找到位置得以发展。不断奋进、不断创新是保持团队发展的动力。

4. 沟通与高效

当代社会科学技术迅猛发展、快速更新,这使各个企业之间的竞争越来越激烈,新产品的研发和更新换代的周期越来越短,顾客不但需要产品具有良好的性价比,还期望得到"零交货期"或瞬时服务。团队这种形式本身就非常有利于沟通,能够以较快的速度进行反应、适应市场,完成从收集信息到设计研发,从采购生产到产品营销的各个流程,完成预计的工作,取得高绩效的成果。戴尔公司的计算机产品"零库存"和8小时送货到门的运营模式,就是对市场快速反应、处理和取得效益的极好范例,值得各组织效仿。

5. 融合与多赢

团队是由不同素质与不同文化背景的人组成,此团队文化表现为多元文化、共享文化,团队要实现资源的互补,发挥团队成员个体的优势,并尽量使成员互相接受,努力达到成员的"双赢"和"多赢"。

企业要以顾客为中心,满足世界各地市场的需要和进行跨国经营,因此,要求建立具有多元文化的团队,促进员工之间不同文化的融合,这已成为团队文化的发展趋势和特征。

?/ 即兴思考

你认识和接触到的身边的企业有什么团队文化?怎么看待其团队文化?

(三)如何建立有效的团队文化

加强团队文化的建设对企业的发展有着一定程度的积极意义。团队建设已经成为企业文化深植过程中一个至关重要的课题。团队文化的建设和培养可以从以下几个方面着手。

1. 科学确立团队目标

团队目标不是可有可无的,它是团队精神的灵魂和核心,是团队文化建设的出发点和基础,是团队成败得失的关键。没有目标的团队就没有存在的意义,或者说没有目标的团队也称不上是一个团队。在确定团队目标的过程中,必须遵循以下原则。

(1)经营理念应该具有时代性,合乎社会规范,并与团队成员的价值取向相统一,这样才能引起团队成员的心理共鸣。

(2)目标必须真实。切忌好大喜功,勿冒进,也应避免保守、畏缩。确立团队目标应根据团队现有内外环境资源及市场机会理性分析,综合评判。目标不能定得太高,也不应太低。

(3)目标必须对团队成员具有激励作用。团队目标应该是团队成员利益的集中体现,只有这样,目标才能得到团队成员的认同,并对团队成员的行为起到规范作用。

(4)目标必须不断更新。当团队的主客观条件、社会环境发生变化以后,团队目标也必须获得更新。否则,就会丧失其导向功能和动力作用。

2. 塑造成员团队角色

每个团队形成之初,必然有不同的分工,有人需要担任组织者,有人需要担任执行者,甚至有人会成为牺牲者或者默默付出者。正如在一个篮球队中,有人是组织后卫,有人是前锋,如果组织后卫希望自己成名,自己疯狂投篮得分,而不是完成自己组织进攻的本职任务,那么,他本人的成绩可能会非常突出,却没有办法帮助球队获胜。2011年,CBA冠军队北京金隅队球星马布里说,篮球不是一个人的运动,球队获胜才是真正的获胜。在很多场次中,马布里都是默默无闻的,但是他一次次帮助球队获胜,帮助其他年轻球员成长,最终帮助球队获得CBA联赛的总冠军。

因此,塑造好团队角色是至关重要的,这需要团队的领导者根据个人的性格、能力等方面特点进行考虑,结合团队工作的需求,为不同的人提供不同的位置,帮助他们寻找最适合自己的岗位,并帮助他们塑造适合的团队角色。

 案例

火球中的蚂蚁

一个畅游南美洲的游客,见过一个奇特的现象,让人叹为观止。游客们为了取暖,点燃了大草原中的一片干草,正好把一群黑蚂蚁围困其中。火借风势,迅速蔓延。蚂蚁们一开始非常混乱,逐渐开始变得有序,迅速扭成一团,像雪球一样向外滚动。随着向外突围,外层的蚂蚁被烧得噼里啪啦,死伤无数,但蚁群仍勇敢地向外滚动,终于突出火圈,最终内圈的蚂蚁获得新生。这就是团队精神。团队意识是每个成员都需要深刻理解的,而团队中不同的角色也同样需要塑造和分工。

思考:这个现象带给我们什么启发?

3. 建立团队内部规则

"没有规矩,不成方圆",一个团队如果要形成战斗力,必须建立健全游戏规则,如岗位职责、权力权限、团队成员沟通、交流方式等。这些规则应能保证一个团队的正常运行,让团队每个成员的主动性、积极性和创造性发挥出来,使整个团队充满活力。

4. 选择优秀的团队领导

团队的领导有两类:先锋型领导和赤字型领导。前者往往会身体力行,试图通过榜样的力量灌输给团队成员同样的品质。后者强调的是领导要善于根据薄弱环节进行补差,团队缺乏活力,他就提供活力;团队缺少控制,他就提供控制。前者强调对现有资源进行激发,后者强调为团队成员提供发挥才智的空间。前者突出领导对团队要求些什么,后者突出团队对领导要求些什么。

优秀的团队领导会使团队保持高度一致。团队领导的行为直接影响到团队精神的建立。首先,团队领导必须懂得如何管人、育人和用人。任何团队都会有管人的问题。团队必须建章立制,这是保持团队完整的基本条件,用标准来管理人、约束人并持之以恒地实行,这是团队领导工作的重要内容。团队领导还必须善于育人,人才是团队最重要的资源,人才来源,一是靠引进,二是靠培育,引进人才后,要加以培养。同时,团队领导在进行团队分工的时候必须学会用人,把人才安排到最适合其发挥才能的工作岗位上,真正做到人尽其才。其次,团队领导必须加强自身素质和能力的修炼。团队领导要善于学习,勤于学习,懂得运筹帷幄,把握方向和大局,研究事业发展战略;同时,还要加强自身的德行修养,懂得以德服人,讲信誉、宽胸襟,敢于否定自己、检讨自己,善于集中团队成员的智慧,采纳团队成员的意见,发扬民主管理的作风。

海尔总裁张瑞敏带出了一支稳健又充满活力的队伍:海尔员工既具有团队精神,又具有创新精神,把海尔的一个个梦想一步步地变为现实。

海尔人说,海尔之所以多年来平稳上升,是因为有一个好的带头人,创造了一种好的企业文化,让员工思想有寄托、有一种归属感。海尔从事的是制造业,而制造业需要一种大规模的集团行为,需要企业家将无数个体化的行为转化为整体团化的行为,需要将个人的感情和价值观融入集团利益和集团奋斗目标中。

企业的最高行政长官CEO是企业的精神领袖,是一个企业奉行团队文化的缔造者、倡导者和身体力行的实践者,他们对企业团队文化的建设起着重要的导引作用。

5. 促进团队内部的分工协作

协同工作是良好团队文化的体现。团队内部必须树立起"人人为我,我为人人"的共同价值观。团队是每个成员的舞台,个体的物质和精神回报离不开团队这一集体,每个成员要想获得自己的荣誉,实现事业抱负,都离不开其他成员在信息、知识、能力、爱心上的帮助和支持。因此,要在团队内部经常性地开展沟通工作,倡导感恩和关爱他人的良好团队氛围。尊重团队成员的自我价值是形成共同价值观的前提。一般来说,团队成员在团队中是以个人的经济收入和各种潜能的发挥作为价值目标,并体现在对团队的贡献上;而团队则应在追求团队价值的同时,充分考虑每个成员都能平等地在整体环境中获得追求和实现自我价值的机会。只要这两个方面能够有机地统一起来,团队的凝聚力就会形成,团队的共同价值也就能通过个体的活动得以实现。

6. 培养团队的创新精神

一个具有创新精神的团队应具备这样的特点:在团队风气上,能够包容不同的观点,支持在可接受范围内进行不同的试验;在成员的忠诚度上,人们愿意留在团队中,团队成员拥有共同的价值观,并愿意为共同的目标付出努力;在成员合作方式上,团队成员之间能够坦诚交流,互通信息。这样的团队要有一个长期的培养过程才能形成。领导必须在组织上为团队建设提供以下支持:一是明确团队的目标;二是给予一定的资源;三是提供可靠的信息;四是不断地培训和教育;五是定期信息反馈;六是技术及方法的指导。

 案例

海尔的企业家文化与"人心"文化

张瑞敏在与惠普总裁普拉特谈话时,对海尔的企业文化作了下面这段总结:"海尔的企业文化最核心的部分是体现对两部分人的尊重:对员工的尊重,对顾客的尊重。世界上最无价的东西就是人心,是花多少钱也买不来的,要赢得别人的心,只有拿自己的心去交换,这跟谈恋爱的道理一样。因此,企业的领导人永远也不要以为自己比这两部分人聪明,以为自己可以驾驭他们,如果是这样,就会出大问题。我们对员工的口号是'赛马不相马',你是一个普通工作者,但你的命运不是领导赐予的,而是掌握在你自己的手中。对顾客的口号是'真诚到永远',企业必须首先对顾客真诚,才能换来顾客对企业的真诚。海尔近几年先后兼并了 18 家亏损企业,全部扭亏为盈,靠的都是对人心的重视。所以盘活资产首先要盘活人,人永远是第一位的。"

有人说"海尔的文化是企业家的文化",张瑞敏正在成为一种文化。1999 年 12 月 7 日,英国《金融时报》公布了"全球三十位最受尊重的企业家"排名,海尔集团总裁张瑞敏名列第 26 位。位居前三的分别是美国通用电气公司的杰克·韦尔奇、微软的比尔·盖茨和 IBM 公司的格斯特纳。《金融时报》认为,张瑞敏有着与其他 29 位企业家共同的特征:"有坚定独到的经营策略,使消费者满意度和忠诚度达到最大化,坚持以人为本的管理,在行业领先,具备持续稳定的赢利表现以及成功的应变管理能力和市场全球化能力。"张瑞敏和他领导的企业也正在因为他们日益显著的影响力而成为中国企业文化的杰出代表。

同步实训

团 队 协 作

1. 任务要求

(1) 在教师引导下完成教师预设的游戏。

(2) 完成游戏后进行讨论及理论学习。

(3) 小组内分工协作完成任务。

2. 任务分析

任务的目的在于帮助团队理解竞争环境中的团队协作文化。

3. 实施准备

(1) 材料准备:气球。

(2) 场地准备:能分组讨论演练的实训室。

(3) 学生 3 人 1 组,确定组长 1 名,分工协作。

4. 实施步骤

(1) 小组成员将气球吹起,并决定气球的大小。

(2) 设置两个竞赛跑的折返点。比赛中,每组 3 个人背靠背,手挽手,将气球夹在 3 人中间进行往返跑,在这一过程中,气球不能落地,不准挤破,也不能吹走,否则都要重新进行。

(3) 以 3 分钟计时,折返跑的圈数最多的组即为获胜者。

(4) 获胜小组推选一个成员介绍成功经验。

(5) 各组学生讨论并回答下述问题。

① 小组在吹气球和夹气球跑时,怎样才能取得最好的效益?

② 如何认识团队在竞争性活动中协作的重要性?

③ 在本次竞赛活动中,可以看出团队文化的哪些内容?

5. 效果评价

教师对学生学习过程及完成质量给予评价。小组成绩主要考核团队整体完成情况,个人部分主要考核个人执行情况,具体见表 2-4。

表 2-4　团队协作训练评价

小组序号:			学生姓名:		学号:	
小组成绩(教师评价或小组互评)			个人最终成绩			
任务及标准	满分	得分	项目及标准	满分		得分
小组讨论	20		小组分解得分	40		
评价团队成员间相互了解程度	10		个人角色及执行	20		
讨论及合作情况	20		代表发言陈述	10		
			讨论发言	20		
			友好互助	10		
合　计	50		合　计	100		
评价者:			评价者:			
评价时间:　　年　月　日			评价时间:　　年　月　日			

6. 点评交流

采用学做合一的教学模式,学生每次完成学习任务,教师及时组织交流,重点点评,穿插引出相关理论知识及下一步要进行的内容,启发学生积极思考,较好地完成本次学习任务。

综合练习

一、单选题

1. 小王计划 2023 年 1 月 3 日学完研究生入学考试的所有课程,其中"2023 年 1 月 3 日"体现了 SMART 原则中的(　　)原则。

　　A. 时限性　　　　　　B. 可实现性　　　　　　C. 明确性　　　　　　D. 可衡量性

2. 不同导向的规范会使团队更富效率,绩效导向能够(　　)。

　　A. 强调结果,使团队指向愿景　　　　　　B. 强调和谐,使团队充分合作

　　C. 强调资源分配,使团队章法严明　　　　D. 强调成员对团队的向心力

3. 团队精神的核心要素是(　　)。

　　A. 团队凝聚力　　　B. 团队合作　　　　C. 团队士气　　　　D. 团队领导

4. 团队合作的前提是(　　)。

　　A. 团队角色　　　　B. 团队信任　　　　C. 团队规范　　　　D. 团队目标

5. 沃伦·本尼斯说,通常把团队与领导截然划分开来的做法已不再准确。这说明在团队文化中,(　　)是一个重要因素。

　　A. 协作　　　　　　B. 融合　　　　　　C. 平等和民主　　　　D. 学习

二、多选题

1. 良好的团队文化具有(　　)基本特征。
　　A. 团队精神强　　　　　　　　　　B. 团队充满活力与热忱
　　C. 团队成员不断进取　　　　　　　D. 建立共同愿景

2. 建立共同愿景,主要包括(　　)。
　　A. 鼓励建立个人愿景　　　　　　　B. 融入团队理念
　　C. 学习双向沟通技术　　　　　　　D. 忠于事实

3. 团队精神包括(　　)。
　　A. 团队凝聚力　　　B. 团队领导　　　C. 团队士气　　　D. 团队合作

4. 团队凝聚力可划分为(　　)。
　　A. 归属意识　　　　B. 亲和意识　　　C. 责任意识　　　D. 自豪意识

5. 团队合作的构成要素有(　　)。
　　A. 坦诚　　　　　　B. 正直　　　　　C. 承诺　　　　　D. 一贯

三、思考题

1. 如何建立强有力的团队?

2. 什么是 SMART 原则? 请举例说明。

3. 在企业实践中,可以通过哪些方法来提升团队信任?

四、案例讨论和分析

中国是一个讲究"和文化"的社会,因此,即使是内部"派系林立"的企业,也很少对外公开其内部矛盾。而帮派斗争的公开化,对于企业而言,往往也就意味着"破产"的到来。如果你去问问任何一家企业老总"听说你们内部不和"之类的问题,回答一定是一个通用的版本:"我们是一个团结的管理团队"。但实际情况也许是最高决策者与营销总经理的关系可以用"剑拔弩张"来形容。不能正视企业中派系矛盾的存在,自然也不会有正式的沟通与解决机制,其最终结果就是"君子始,小人终"。

资料来源:吴洪刚."集体主义"掩盖下的"派系斗争".中国营销传播网.

讨论:

1. 这种派系斗争的团队精神对企业造成了什么损害?

2. 如何避免这种不健康的团队精神产生?

项目三

团队执行力

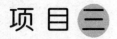

项目内容

　　本项目以企业案例作为引导,结合执行力相关理论知识的分析,让学生在理解执行力理论知识的基础上,掌握基本团队执行力技能,同时以学生团队作为活动单位,通过实训将本项目内容进一步深化和提升。

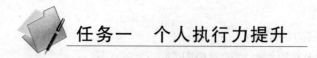

任务一　个人执行力提升

知识目标

- 理解执行力的概念及作用。
- 熟悉影响个人执行力的要素。
- 掌握提升个人执行力的途径和方法。

技能目标

- 能够分析个人执行力不佳的原因。
- 能够运用正确的思维模式提升个人执行力。
- 能够评估个人执行力现状并据此选择合适的个人执行力提升方法。

素养目标

- 能够换位思考,塑造正确的职业人格。
- 树立商道成人、文化立德的人文精神。
- 以知促行、以行促知,提高学生理论联系实际的能力。

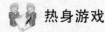 热身游戏

手势游戏

活动目标:通过游戏体验执行力的内涵,导入执行力理论。

形式:全体学生共同参与完成。

时间:10分钟。

场地：教室内。

游戏方法：

(1) 教师介绍游戏规则及要求。

大家按照教师的口令,教师数 1、2、3,然后大家按照教师说的动作去做。

(2) 教师组织实施游戏。

① 教师发出口令:"请大家把手放在头顶上"。同时,教师把手放在自己的鼻子上。

② 让大家停住,保持现有姿势不动。

③ 教师检查有多少人把手放在头顶上,有多少人把手放在鼻子上。

讨论：为什么同一位教师,同样的口令,学生却会出现不同的手势?

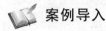 **案例导入**

华为：不要迟疑　立即行动

华为在短短二十几年的时间里,从一家默默无闻的小企业,逐渐壮大成为通信设备行业中的翘楚,从一开始只能在农村和县城里开拓市场的公司,成为横跨亚洲、非洲、欧洲等地的跨国公司;从当初以 2 万元的资本起家的小公司,成为年营业额约 9000 亿元的超级公司。

一流的想法搭配三流的执行力,所产生的效果却远不及三流的想法搭配一流的执行力!

就连任正非本人也坚持"不要迟疑立即行动"这一理念,从来不会拖延自己的工作。据说,有一次,华为总部财务部门的几位年轻员工,在电梯里大发牢骚,抱怨公司为什么不在研发基地设立一套账务系统,害得他们老为结账报销的事情在基地和总部之间两头跑。

当时任正非就在电梯里,当他走出电梯时,大家吓得一言不发。可是几天过去了,这些发牢骚的员工不但没有受到任何惩罚,反而被告知研发基地新建立了一套账务系统。

在华为,像这样的案例数不胜数,无论是领导还是员工,只要是认定的事情就要立即去做。例如,华为公司通常并不是最早制订通信升级计划的企业,但往往却是最早实现通信设备和产品升级换代的企业。原因就在于华为的执行力是世界一流的,只要公司确定了目标和方向,员工们总是会在最短、最快的时间内将产品研发出来。这就是华为能够走出国门、走向世界的原因,更是华为能够保持技术领先的重要保障。

思考：华为"不要迟疑　立即行动"理念对我们有哪些启发?

你是否经常会遇到这些类似的情况:设置好了工作截止日期,却总是等到最后一天才开始动手;整理了一堆待办事项,却每天都看着它们在"过期"里面发呆;明明告诉自己,今天有一堆事情要做,但是到了晚上,却发现这一天几乎什么都没干;等到终于开始干活了,却管不住自己的手,没过一会儿,就打开了知乎、微博、朋友圈等。

因此,经常会有人感慨,要是我的执行力能有规划能力的一半,早就成功了。想一想,你每天真正用在执行工作事项的时间有多少? 70%? 还是 50%? 对于很多人来说,这个数字可能还要更低。

一、执行力概述

所谓执行力,是指贯彻战略意图,完成预定目标的操作能力。它是企业竞争力的核心,是把企业战略、规划转化成为效益、成果的关键。执行力包含完成任务的意愿,完成任务的能力,完成任务的程度。

执行力,对团队而言就是战斗力,对企业而言就是经营能力。而衡量执行力的标准,对个人而言则是按时、保质、保量完成自己的工作任务,对企业而言就是在预定的时间内完成企业的战略目标。

执行力可分为团队执行力和个人执行力。下面是商界领袖对执行力的认识。

GE 的前 CEO 杰克·韦尔奇:所谓执行就是公司所运作的细节。

前 IBM 的 CEO 路易斯·郭士纳:把战略转化为行动计划,并对其结果进行测量。

戴尔电脑总裁迈克·戴尔:要求每个员工每个阶段都要一丝不苟。

海尔集团 CEO 张瑞敏:就是把一件事做到底的韧性。

国外著名的《执行》一书的作者拉里·博西迪和拉姆·查兰:执行应该成为一家公司战略目标的重要组成部分,它是目标与结果之间不可缺少的一环。

世界组织行为学大师保罗·赫赛博士:执行力问题就是领导力问题。

执行力就是在既定的战略和愿景的前提下,组织对内外部可利用的资源进行综合协调,制定出可行性的战略,并通过有效的执行措施从而最终实现组织目标、达成组织愿景的一种力量。所以说执行力不是理论,它重在行动,重在快速,重在到位,重在跟踪,重在落实,重在彻底,重在持久。执行力的好坏影响企业的发展,是企业的核心竞争力。

执行力既反映了组织(包括政府、企业、事业单位、协会等)的整体素质,也反映出管理者的角色定位。管理者的角色不仅是制定策略和下达命令,更重要的是必须具备执行力。执行力的关键在于通过制度、体系、企业文化等规范及时引导员工的行为。管理者如何培养部属的执行力,是企业总体执行力提升的关键。

⁉️ 即兴思考

怎么看待身边团队的执行力?

二、个人执行力概述

个人执行力整体上表现为"执行并完成任务"的能力,对于企业中不同的人,要完成不同的任务,需要不同的具体能力。它包含战略分解力、标准设定力、时间规划力、岗位行动力、过程控制力与结果评估力,它是一种合力,这 6 种"力"实际上是 6 种职业执行(做事)技能,对于企业中不同位置的个体,所需要的技能需求并不完全一致,见表 3-1。

表 3-1　个人执行力

层级	战略分解力	标准设定力	时间规划力	岗位行动力	过程控制力	结果评估力
高层管理	✓	✓	✓	✓	✓	✓
中层管理		✓	✓	✓	✓	✓
基层管理			✓	✓	✓	✓
普通员工				✓	✓	✓

个人执行力是指个人把上级的命令和想法变成行动,把行动变成结果,从而保质保量完

成任务的能力。

个人执行力是一个人获取结果的行动能力。总裁的个人执行力主要表现为战略决策能力,高层管理人员的个人执行力主要表现为组织管控能力,而中层管理人员的个人执行力则主要表现为工作指标的实现能力。

？ 即兴思考

你能分析出自己在团队中的个人执行力吗?

三、影响个人执行力的核心要素

影响个人执行力的三大核心要素是心态、工具、角色,这三大要素相辅相成,统一于执行之中。

(一) 心态要素

执行力的第一个要素就是心态要素,在执行过程中,心态要素是非常重要的。心态决定行动,行动决定结果。以不同的心态看待同一个事物,可以得到完全不同的结论。心态是影响执行力的内在要素。执行力心态有态度、激情和信念3个层次。它们层层深入,不断加强。

1. 态度

正所谓“态度决定一切”。如果员工工作的态度不端正,让其努力工作便是一种奢望。目前国内部分企业缺乏对员工的职业化训练,在这种情况下,强调态度,对企业来说是非常重要的。

态度其实就是一种职业化精神。以运动员为例,不论是在场上还是场外,不论心中怀有怎样的怨恨或者想法,只要一开始比赛,就应竭尽全力地去争取胜利,这就是职业态度。对于企业的员工来说,不管对企业有什么看法,一旦到了工作岗位上,就要全力以赴。任何职业都需要工作者去维护它的尊严,这是职业本身的需要,这也是一种态度。

2. 激情

所谓激情,就是非常想去做自己想做的事情。态度在某些情况下是一种被动性行为,但是,当态度转换为激情后,就会变成一种主动性行为。激情与态度相比,激情能激发更大的执行力,因为激情是一种发自内心的主动性行为。

世界上没有一件伟大的事情不是由于热情而成功的,成功的人往往都是激情澎湃的人,热情能让个体产生大量的主动性行为。所以,在企业的经营过程中,特别是在企业的执行过程中,培养员工的激情,是管理者需要做好的一项重要工作。要想有效调动人的情绪,一定要善于抓住人的本质,把研究的对象看清楚。

3. 信念

当激情转化为信念的时候,原来主动的情绪就变成了永恒的动力。一个基业长青的企业一定是拥有良性的、普遍认可的信念的企业,没有信念的企业将会是无源之水,无本之木,这可以看作是企业成功的一条最基本的规律。企业有了信念,它的执行行为才能真正贯彻到底,而没有信念的执行行为,则一定会半途而废。

(二) 工具要素

企业要取得成功,除了要有发展的信念,还要找到合适的工具。所谓“工欲善其事,必先利其器"，没有合适的工具，空有一腔热血也是无法成就事业的。

一个优秀的执行者必然具有这样一种素质，即随时随地找到合适的工具。现今社会变化莫测，对企业来说，客户在变，合作商在变，环境也在改变。在这变化的世界里，企业要时刻随着变化更换工具，这样才能不断获得生机。

案例

驴的境遇

一头驴掉进了一个很深的、废弃的陷阱里。主人权衡一下，认为救它上来不划算，走了，只留下孤零零的驴。每天，还有人往陷阱里面倒垃圾，驴很生气：自己真倒霉，掉到了陷阱里，主人不要它了，每天还有那么多垃圾扔在它旁边。

可是有一天，它的思维发生了转变。它决定改变自己的态度，它每天都把垃圾踩到自己的脚下，而不是被垃圾所淹没，并从垃圾中找些残羹来维持自己的体能。终于有一天，垃圾成为它向上攀爬的垫脚石，使它重新回到了地面上。

（三）角色要素

1. 岗位与角色

通常在谈及某个企业为什么缺乏执行力时，常常会说到一个原因：企业对员工的"岗位职责"把握得不好。但是如果拿出这个企业的月度、年度考核表，却发现几乎每个部门所有岗位的职责都能完成。如果落实到个人身上，几乎每个人都能得七八十分，但部门的得分却往往只有三四十分。为什么会出现这样的现象呢？主要是这些企业过于重视对岗位职责的评估，而忽视了个人角色的作用。

所以，岗位与角色是两个不同的概念，它们有不同的范围。岗位是一个点，而角色则是一个区域。对一个部门经理而言，岗位职责是工作表中能够明确的从一至十的"点"，而部门经理这个角色需要发挥的能力则是工作表上没有注明内容的"其他"，这是一个"面"。所谓其他，就是对岗位职责能力的进一步延伸，只要是与其岗位相关联的工作，就都应该是他需要执行的角色。

例如，处在某个岗位上的角色是一个终端执行者，那么，这个角色就要放大，他既有义务为公司创造价值，又应该承担公司终端营销的价值，既要设法吸引客户，又要反映客户的投诉。而当员工能把自己的角色延展到这个程度的时候，他的工作一定会非常出色。

企业要帮助员工做好角色认知，正确的角色认知会激发员工无限的工作热情，从而为企业带来强大的执行力。

2. 执行者的 3 个层次

根据管理者层次的不同，可以把执行者分成如图 3-1 所示的 3 个层次：最高执行者、中层执行者和现场执行者。这 3 个层次的执行者分工不同，各司其职。

图 3-1　执行者的角色扮演

（1）最高执行者。最高管理者首先是一个决策者，所以，从决策这个角度上来看，最高管理者需要做好分析和决断的工作，在这之后还要制定制度和措施。如果从执行这个角度来看，最高管理者还要关注事务的细节，这里的关注不是指具体去负责细节工作，而是必须了解业务的细节，否则很容易被人蒙骗。在关注细节的同时，最高管理者还要做好监督和绩效考核的工作。

实际上，最高管理者是一个三位一体的角色，这"三位"指的就是决策、制度和执行，他要担任决策者和执行者的双重角色。扫码阅读最高执行者应具备的 4 种素质。

知识链接：最高执行者应具备的 4 种素质

（2）中层执行者。中层管理者是公司的中层，而不仅是本部门的领导。中层管理者首先要体现最高执行者的意志，要在具体工作中把最高执行者的意志传达下去。在担任"球员"的同时，也要担任"教练"，即管理好自己所负责层面的员工，将他们训练成优秀的球员。所以，中层是充电器，而不能是耗电器。扫码阅读中层核心团队的 3 个要素。

知识链接：中层核心团队的 3 个要素

（3）现场执行者。现场执行者就是一线员工，他们执行力的强弱对于企业的成败至关重要。不管高层和中层的执行力如何强大，所有具体的工作最后还是要落实到现场执行者的身上，如果他们的执行力出现了问题，结果可想而知。扫码阅读直接执行者应具备的 4 种能力。

知识链接：直接执行者应具备的 4 种能力

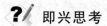 **即兴思考**

你能分析出影响自己个人执行能力的因素吗？具体有哪些？

四、如何提升个人执行力

很多人经常会有这样的困惑，每天工作忙得不可开交，却看不到工作成绩、看不到自己成长，工作没有成就感。事实上，只有成功塑造商业人格、接受商业启蒙，才能有真正的执行力。

（一）商业人格

1. 衡量商业人格重要标准：靠原则做事和用结果交换

（1）靠原则做事。一个合格的职场人士，一定是坚守原则和遵守公司制度的人。原则高于一切，原则就是做事的底线，破坏和践踏底线的人就是破坏企业原则，终将被淘汰。坚持原则的人最终一定会得到组织的信任。

 案例

国庆假期回家探亲

某公司 A 员工趁国庆节放假回家探亲，10 月 8 日假期结束第一天上班的早上，突然致电其公司上级主管 C，告知因买不到返程火车票，只能晚回公司一天。

上级主管C听后非常生气，直接电话回复，回不来就不要回来了，这是公司，不是你家，也不是商场，你想何时来就来，不想来就不来……

主管C放下电话后，到办公室巡查工作，发现公司B员工正在办公桌前忙碌地工作。主管C知道B的老家距离公司比较远，带着疑惑问B，你老家这么远，怎么按时回公司上班的啊？B表示，回去就很难按时回来的，所以这次我根本就没有回家。

主管C陷入了深深的思考中……

后来，公司依照员工手册对A进行了旷工处理，因为他明知"十一黄金周"返程车票紧张，而不采取有效措施，这是对自己职责的一种放纵，这种放纵必然会给团队、客户、公司带来伤害。

（2）用结果交换。员工用工作完成的结果和公司交换，个人的目标和需求就会非常清楚。员工用结果和公司交换，才能获取报酬和发展空间；公司用结果和客户交换，才能生存和发展；商业社会的本质是结果交换，这是商业社会的基本规律。

📚 案例

没有结果，再好的过程都微不足道

小王在B公司成立不久就成为公司的一员。他初入公司时，只是一名普通的营销人员，经过几年的历练，他的业绩及能力已达到讲师的标准。当时他有两个选择：一是晋级成为他一直向往的讲师；二是根据公司需要，做一名团队管理者。当时，一名团队管理者的月薪与讲师的月薪相差非常大。

当时B公司正在发展阶段，团队不断壮大，急需优秀的管理者，大部分管理者都兼做了讲师一职。讲师每次出去演讲都要几个月，随着公司课程越来越多，讲师出去的时间也越来越多，在这种情况下，团队的管理人员开始紧缺。

当集团的领导向小王讲述了公司的现状后，小王毫无犹豫主动承担了行销部的重担。行销部在他的领导下，队伍不断强大，业绩也不断得到突破。

在负责行销部的两年时间里，小王放弃了无数次和家人团聚的机会，把宝贵的时间都投入部门及团队成员的成长中，当队员情绪失落时，会及时得到他的鼓励和关怀；每天晚上，他都要花两三个小时在宿舍与大家沟通，及时解决队员的困难；因为他当时不会打字，每天抄客户名单要抄到凌晨三四点，很多次回到家一躺下就睡着了，但是第二天一早，他依然激情饱满地出现在众人面前。

有人很好奇地问："小王，你怎么每天状态都这么好？从来没看到你有困意啊。"小王笑了笑说："其实状态是可以调整的，目标明确，只要你每天很有激情、很有能量，时间一久，养成习惯，想不激情都很难，你做了别人做不到的，自然就成为了榜样。"

在小王的努力下，行销部从当初的30多人扩张到现在的130多人，向公司输送了大量人才，小王自己也从一名普通的电话行销员一步步成为公司的副总裁。

B公司正是拥有像小王这样愿意为公司付出的一流员工，B公司才能迅速壮大，同时，小王也因优秀的表现，获得了公司的认可，赢得了自身的长足发展。

一流的员工比三流的老板更值得尊敬,因为他们给公司创造的成果是无价的!过程固然重要,但没有结果,再好的过程都微不足道。

如果你取得了比别人更好的成果,你就能比别人得到更多的认可、更多的尊敬以及更多的发展空间和更多的报酬。而如果你不能取得成果,你将一无所有!

2. 商业人格的核心要素

想要成功塑造个人的商业人格,需要具备成年人逻辑和社会人心态两个要素。

(1)成年人逻辑。首先,能够把自己看作是一个独立的个体,懂得不断地反省,进而在反省中追求自我完善。而不是凡事依赖别人或者特别在乎别人的看法,遇到问题就牢骚满腹、怨天尤人,犯了错误就找各种理由和借口应付别人、欺骗自己。

其次,能够履行自己的责任,对自己负责。要求公司对自己负责,自己却不愿对公司负责、对客户负责,这些都是对自己不负责任的表现,是一种儿童心态。

 案例

有没有犯规,只能由裁判来决定

篮球明星姚明刚去 NBA 的时候,正赶上休斯敦火箭队与华盛顿奇才队比赛。

赛场上,华盛顿奇才队的海伍德甩动胳膊肘,砸到姚明的肋骨上。姚明一个踉跄差点摔倒,他甩开手,无奈地看了一眼裁判,裁判毫无反应,姚明只好扭头往球场的另外一端跑过去。

事后,记者说希望姚明在跟裁判表达自己态度的时候能够狠点,姚明却回复说:"有没有犯规,只能由裁判来决定,如果哨子没响就没犯规,我不想多说什么,这些都是裁判的工作。我的工作不是去抱怨,是把精力集中在进球得分、在篮板、在防守上。"

正是年轻的姚明有这样的觉悟,奠定了他未来在 NBA 的发展,也奠定了他在篮球界举足轻重的地位。

(2)社会人心态。具有商业人格的人能够用社会标准看待公平,衡量自己,而不是用公司内部的标准去攀比。

社会人心态意味着,你之所以能来到公司,是因为公司尊重你的选择、欣赏你的才华。你之所以在公司工作,是因为你正在为公司创造价值。

同样,你选择公司,也是由于你认为公司会给你带来机会、成长和价值。

社会人心态还意味着,每一个员工应以社会的公平报酬体系而不是自己的感觉来衡量自己的付出与收获。

比如你原来在这个部门和岗位,能为公司带来很多价值,但是慢慢地,随着公司业务的调整,你的部门没有用处了,此时如果你依然要求非常高的工资,那结果就是公司要么把你辞掉,要么给你调岗,因为你所在的这个部门已经不能再为公司创造高价值了。这个时候你要干什么?只能走出舒适区,到下一个认知周期,重新打造自己的竞争力,以前你的竞争力适合干这个,但是公司已经不需要了,现在你应该打造公司需要的竞争力,这样才能够继续成长。

📚 **案例**

小冯的价值是由谁决定的

小冯是一家私营企业营销推广部的普通职工。一次去财务领工资单时，他无意间看到与他同一年入职的设计部的小李，底薪要比他多出 300 元。这令他极为恼火，因为在他看来，小李的级别、能力都和他相差无几，而自己的工作强度却还要比他大很多，凭什么小李的基本收入要比自己高呢？既然如此，自己又何必每天那么辛苦地工作呢？自己的付出和收获是等值的吗？小冯越想越气，但又不敢去找领导理论，但从此工作的积极性明显下降，后来连他的部门主管都看出小冯有消极怠工的表现，但却不清楚究竟发生了什么事。

通常，一家公司里很多员工都热衷于打听其他员工的工资和奖金，并与自己进行比较，如果感到出现了不公平的现象，就会将自己的情绪表现到工作中。其实这也是一种依赖人格的体现。正确的做法应该是，继续做好自己的工作，同时如果觉得自己获得的待遇不符合自身的价值，可以像商人一样去和公司的相关领导提出来，如果领导不认可，也可以选择离开。但是放弃承担自己相应的工作责任，反映的是商业人格的一种缺失，那是他认为自己只是在为公司做事，而没有用社会心态和标准去看待所谓的公平，长此以往，最后蒙受损失最大的往往是自己，因为他创造的价值和自身应获得的成长性都明显被削弱了。

所以，具有商业人格的个体，要具有社会人心态，做到不能内部攀比，也不能自我感觉良好，要把自己当成社会中的人，你的价值不是由某一家公司决定的，而是由你自己能够创造什么样的价值决定的。应该用社会的标准来评价，而不是自己的感觉评价。

3. 商业人格转化技巧

如何获得正确的商业人格呢？要从以下 6 个方面去转变。

一是从依附型向独立型转变：坚守原则去执行。

二是从服从型向主动型转变：积极主动去执行。

三是从避责型向守责型转变：承担责任去执行。

四是从封闭型向开放型转变：开放心态去执行。

五是从人治型向法制型转变：遵守制度去执行。

六是从个体型向团队型转变：协同一致去执行。

（二）结果管理

经常会听到企业有员工抱怨：为什么任务都完成了，领导还是不满意？为什么每天下班的时候，总感觉一无所获？为什么辛辛苦苦大半年，业绩评估却是一般般？为什么都是同龄人，工资差异那么大？与此同时，也听到企业不断在吐苦水：为什么员工做事毫无结果，借口却一大堆？为什么员工总是在思考，就是没行动？为什么员工有苦劳、有疲劳，就是没有功劳？

1. 结果执行力

执行就是有结果的行动，与结果无关，只是行动。

所谓结果执行力,就是把目标变成结果的能力,执行力与结果对应。结果是可以交换的价值,是可以满足客户需求的价值。公司是以结果做商业交换的平台。

微课：结果执行力

对个人而言,结果是改变个人命运;对企业而言,结果是企业生存的命脉,企业是靠结果生存,不可能靠理由生存,没有结果,企业就不能生存。

（1）态度不等于结果。虽然我们常说没有功劳也有苦劳,但积极的态度,包括拼命、苦劳和加班等都不能代表结果。所以,态度不等于结果,事实和数据才是结果。

 案例

宣传册的印制

公司有一位新来的员工小李,很年轻,工作非常有积极性。最近公司需要制作一份宣传册,小李主动请缨,负责这个宣传册的印制工作。

接下任务后,小李首先找了3家设计公司,进行了询价和比较,最终挑中了一家。接下来的几天,他忙里忙外,不断地在印刷厂、设计公司和公司之间协调各项事务,每天的工作时间都超过12小时,宣传册终于完工了！

交付后发现,宣传册上有关公司的介绍有错误,原来是小李在原始的稿件上的笔误。这时,时间已经非常紧张,只好加班印制宣传册并重新装订,为此公司损失了15000多元。

后来经公司研究决定,小李因个人原因造成公司的损失,处罚小李承担公司损失5000元。

小李非常痛快地接受了处罚,并且没有被这件事情影响,继续积极主动工作,1年后,小李被任命为公司的业务部经理。

大家不禁有疑问,小李这样的工作态度,为什么还会被处罚呢？员工"态度积极"非常好,但更重要的是做出"结果"。公司发展助力我发展,我发展助力公司发展,从而实现公司和个人共赢的局面。

从公司层面,必须树立结果导向的标准,当一个员工没有提供结果,给公司造成损失时不处罚,就会出现下次一个好心的员工犯更大的错误。好心造成企业损失,企业就会死亡,那么作为员工就肯定会失业。

从个人角度,在清晰的事实（损失）面前,只有勇敢承担起自己的责任,才会牢牢记住、吸取教训,才能得到个人的真正成长。

（2）职责不等于结果。职责是对工作范围和边界的抽象概括,没有结果意识,职责就是一纸空文。不仅要对职责负责,还要对职责背后的结果负责。所以说,承担责任的行动才是结果。

 案例

种　树

一个旅行者在公园旁边休息的间歇,发现远处过来一个工人背着铁锹,走到他不远的地方开始挖坑，不到半个小时挖了一个 $1m^3$ 的坑，又往前走了 $3m$ 左右开始挖第二个坑，就这样一个又一个，不一会儿又来了一个人，把这个坑用土填上了，并且还用脚踩了踩，又浇了水。

这个旅行者很纳闷，就问第二个人问："我看了半天，也想了半天，还是不知道你们这是在做什么。"这个人答道："我们在种树啊，我们配合非常好，各司其职，第一个人是挖坑的，我是埋土和浇水的，另外一个人是放树苗的，但是今天种树的哥们家里有事请假了！"

（3）任务不等于结果。任务有三"事"：一是完成差事，领导要求的工作事情都办了；二是例行公事，工作该走的程序都走了；三是应付了事，工作完成得差不多就行了。

完成任务是对程序、形式、过程负责，收获结果却是对价值、目的负责，完成任务不等于拿到结果。所以说，任务不是结果，执行达成目标才是结果。举例来说，招聘是任务，招到合适的人是结果；考核是任务，提高执行力是结果。

 案例

买 火 车 票

公司准备去青岛参加展会。需要托运参展的相关产品。公司刘总安排小张去买三张到青岛的火车票。

小张接到任务后，一早就去排队买票，结果等小张排到柜台的时候，窗口的所有火车票，包括软卧、硬卧、硬座的票都卖完了。小张只好满头大汗地回到公司告诉刘总票卖完了，没有去青岛的火车票了。

刘总非常生气，将小张训斥了一顿，说他真不会办事。小张感到很委屈，心想，我辛苦了一早上，的确是没票了，为什么还要怨我？

展会必须参加，这涉及今年销售任务的完成，所以刘总又安排小王去买票。三个小时后，小王回来向刘总汇报去青岛的火车票确实卖完了。不过小王告诉刘总，有两个预备方案：一是可以通过济南中转，到济南的车票有，济南到青岛的车票也有；二是目前有直达青岛的长途汽车，也可以托运。

如果你是刘总，接下来会重用谁？毫无疑问，会重用小王。虽然小张已尽最大努力按照刘总的要求去做。但是，没有买到车票，无法去青岛，就是没有结果。也就是仅完成了去火车站购票的任务，对程序、对过程负责，却没有对价值和结果负责。所有的执行力最终都需要落实在结果上，只有对结果负责了，才能说有执行力。

2. 结果执行力的三要素

结果执行力包括有价值、可认知和可交换三要素。

（1）有价值。结果不是被某个人主观定义的，而是被客户定义的。这就意味着，员工衡量自己工作的标准，不管是领导、自己，还是同事，都不是最终的标准。所有评价，都必须符合客户价值，客户价值才是最终的唯一的衡量标准。

（2）可认知。客户价值很大程度上是客户的认知价值，特别是对服务业，一个产品一项服务，有没有价值，是由客户的喜好决定的。你说你的产品再好，工作再努力，但客户没有感觉到，对此没有概念，那他就不会为此付钱。

（3）可交换。正如电影的价值最后要通过票房来体现一样，商业的价值，最终要体现在利益的交换上。客户喜欢并不是结果，客户把喜欢变为购买，才是真正的结果。

有句话叫"先开枪，再瞄准"。很多人都不理解，因为在我们的印象中，一直都是要"先瞄准，后开枪"的。但在互联网时代，人们终于懂得了"先开枪，再瞄准"的逻辑，这就是执行逻辑：一个差的结果，也比没有结果强。

📖 **案例**

一 个 苹 果

一个老和尚，他身边有一帮虔诚的弟子。这一天，他嘱咐弟子每人去南山打一担柴回来。弟子们匆匆行至离山不远的河边，人人目瞪口呆。只见洪水从山上奔泻而下，无论如何也休想渡河打柴。

无功而返，弟子们都有些垂头丧气，唯独一个小和尚与师傅坦然相对。师傅问其故，小和尚从怀中掏出一个苹果，递给师傅说，过不了河，打不了柴，见河边有棵苹果树，我就顺手把树上唯一一个苹果摘来了。

后来，这位小和尚成了师傅的衣钵传人。

3. 获得最佳结果的思维模式

为了有效地将任务转化成为结果，首先是思维模式上的改变，有效地做结果的三大思维模式包括外包思维、底线思维和镜子思维。

（1）外包思维。外包思维是职业化的起点，只有工作结果才能换取报酬。

优秀的职业化员工必须建立外包思维，以此帮助自己提升执行力，不断地成长、进步。

所谓"外包思维"，就是跳出自身企业之外，从完全商业交换的角度来看待自己的工作。外包只看结果，不看过程；只有提供令发包人满意的结果，对方才会付费；做事过程中无论多辛苦、多艰难，没有结果，那就是零。

也就是说在你所接受的任何一种工作中，都要把自己当成公司的供应商，这些工作是外包给我的，我是这份工作、事业、部门、责任区的主人。如果你是一个销售人员，在你负责的区域，你就是这个区域里的代理商、老板。当你建立这样的外包思维时，角色进行了转变，结果截然不同。

📖 **案例**

小王送快递文件

林小姐在南京一家公司工作。某天，总经理安排她送一份重要文件给温州的重要客户。

于是林小姐联系了快递公司。因为文件非常重要，快递公司安排小王专程送达。于是小王穿上结婚刚买的西装，从南京坐飞机到温州。

从温州机场前往客户的路上，遭遇堵车。小王想到文件必须按时送达，没办法，只好下车跑步前往客户公司。在跑的过程中，天公不作美，下起大雨来了，把小王从上到下淋湿了，头发也乱七八糟的。

因为林小姐特别交代过，这个客户很重要，必须注意形象。所以，小王只得临时再买一套衣服,并在计时旅馆开了一个房间,准备换衣服、整理发型。小王进了房间,急急忙忙把衣服往床上一放就到洗手间去了。

当小王收拾整齐从洗手间出来时,傻眼了:由于忘了关房门,放在床上的东西不见了!西装、手机、文件都被偷了!当然,这份重要文件也没有送到客户手中。

(2)底线思维。如果最基本的工作都做不到,其他一切都将没有意义。先保证底线结果,再考虑完美。做结果是企业生存的底线。

例如,出差时,一定要带好身份证、手机、车票等;参加面试时,至少要带简历;制作财务报表时,一定要确保数据准确等。

 案例

钓 鱼 比 赛

某企业要组织一场钓鱼比赛,总经理让他的助理准备相关用品。助理在有限的时间里很认真地做了非常充分的准备,包括休息用的凳子、保护手以免受伤的手套、可以挡风遮阳的雨伞、以防下雨淋湿的雨衣、以防有人受伤的药品、领导讲话用的喇叭、做文化宣传的摄像机、合影留念的照相机、鱼饵、鱼篓、演讲稿、润喉糖、午餐、饮料等用品。

总经理助理联系了租车公司、谈好价格约定好出发时间并通知全体员工,第二天大家兴致勃勃地出发了,很顺利地到达了目的地,但是总经理助理却惊讶地发现,没有带鱼竿和鱼钩!

(3)镜子思维。所谓"镜子思维",就是结果提前,自我退后。你是谁不重要,但一定要走出以自我为中心的误区。从结果出发,做事的方式就会改变。

结果提前,就是要凡事检讨和反思自己,有否定自我,敢于和自己较劲的勇气。而不是过分强调自己的个性,执着于自己的标准,不考虑整体的利益。此外,还要学会换位思考,看人之大,时刻归零,学会感恩团队。

 案例

与自己较劲

蒙牛牛根生是这样阐释"与自己较劲"的:发生任何问题,先从自己身上找原因。因为改变自己容易,改变别人难。假使矛盾双方的责任各占50%,那么,你先从改变自己开始。当你主动改变后,你会发现,对方也会跟着改变,而且这种改变不是同比例的,往往你改变10%后,他会改变30%,真所谓"你敬他一尺,他敬你一丈"。万一你改变了50%以后,对方还是一点不变,怎么办呢?你还是要坚持"与自己较劲"。因为95%的情形不是这样的。当你无数次地"与自己较劲"后,回头再看,"大数定律"的效能就显现出来了:你通过改变自己而改变了世界!

"与自己较劲"和"与别人较劲"是两种不同的文化观,前者的着眼点是提升自己,后者的着眼点是遏制对手;一个好的品牌,不是它消灭对手的结果,而是消费者选择的结果。牛根生很推崇一句话:没有任何借口!出了问题,不要怨天尤人,一切原因从自己身上找;两军对垒,不要期望对手失分,要设法使自己立于不败之地;别人打你一巴掌,先不要忙着声讨"打你的手",而要反省"挨打的脸"……"与自己较劲"的理念,让蒙牛甩开膀子,当了一次乳界"阿甘":跑啊跑,专注地跑,不停地跑……结果跑成一个"成长冠军",跑出一个"世界冠军"。

在蒙牛,可以容忍悲壮的失败,却不能容忍体面的放弃。

4. 个人执行力提升方法

(1) 复述承诺法。复述,当接到上级指令时,要进行复述确认,以确保自己要执行的任务与上级的要求一致。承诺,当接到上级指令时,要承诺在多长时间内完成,并达到什么样的结果。如果完不成任务,自己将会采取怎样的自罚方式。

微课:个人执行力提升方法

这样做有两大好处:①确保上下级对结果的理解一致,执行入口正确。②当执行者对任务进行承诺后,本身会有一定的压力促使他完成。当一个人对某件事情进行承诺时,他完成的概率会高出几倍。

(2) 结果分解法。一个大的结果,可以分解成若干个小结果。每个小的结果再设定完成时间,确保每一个时间节点完成相应的结果。小结果保证了,大结果也就相应完成了。

这样做的好处有两个:①每个时间阶段的任务目标清晰明了,易于集中精力完成阶段性目标。②减少大目标给执行者带来更大压力,有利于增强其信心。

(3) 重点聚焦法。每个人工作的时间都是有限的,如何能够在有限的时间内,做出更有价值的事情和结果,唯一的方法就是重点聚焦法。也就是把时间和精力,用在最重要的事情上。

具体方法是,把要完成的工作按照事情的轻重缓急进行分类,重要又紧急的事情先做,紧急不重要的事情次之做,重要不紧急的事情第三做,不紧急不重要的事情最后做。

今天的工作今天做,明天的工作计划做,重要的工作优先做,次要的工作穿插做,困难的工作想法做,所有的工作认真做,别人的工作帮助做,团队的工作抢着做。

这样做也有两个好处:①每天知道自己该做什么,不该做什么,不至于迷茫焦虑。②有利于抓住工作重点,完成工作的价值含量高。

(4) 执行的四十八字真经。成功执行的四十八字真经:结果提前,自我退后;锁定目标,专注重复;认真第一,聪明第二;决心第一,成败第二;速度第一,完美第二;结果第一,理由第二。

即兴思考

你将如何提高自己的个人执行能力?列出详细计划。

同步实训

个人力提升

1. 任务要求

(1) 在教师引导下完成教师预设的执行力案例分析。

(2) 小组内分工协作完成任务。

2. 任务分析

个人执行力的高低直接决定团队目标的完成情况,一个组织的员工拥有什么样的素质就会具有什么样的执行力,也就是说,员工的素质高低反映了组织的执行力强弱。

3. 实施准备

(1) 材料准备:每组各 1 份模拟案例材料及问题。

(2) 场地准备:能分组讨论演练的实训室。

(3) 学生 6 人 1 组,确定组长 1 名,分工协作。

4. 实施步骤

(1) 布置任务:教师向每位学生讲解模拟案例。

割发代首

建安三年夏,四月,曹操出征张绣途中,下了一道命令,各位将士经过麦田时,不得践踏庄稼,否则一律斩首。一日曹操正在骑马行军途中,忽然一只斑鸠从田中飞出,曹操坐骑因此受惊蹿入麦田,踏坏一大片麦子。

曹操立即叫来行军主簿,要求军法处置,主簿十分为难,曹操却说:"我自己下达的禁令,现在自己违反了,如果不处罚,怎能服众呢?"当即抽出随身所佩之剑要自刎,左右随从急忙解救,这时谋士郭嘉急引《春秋》"法不加于尊"为其开脱。

此时曹操便顺水推舟,说一句"既《春秋》有'法不加于尊'之义,吾姑免死",但还是拿起剑割下自己一束头发,掷在地上对部下说:"割发权代首",叫手下将头发传示三军,将士们看后,更加敬畏自己统帅,没有出现不遵守命令的现象。

(2) 学生小组内分组讨论。

问题 1:曹操"割发代首"的故事说明了什么?

问题 2:为什么有些受过良好教育、才华横溢的年轻人在公司里却得不到提升,可能的原因有哪些?

(3) 学生阐述原因、讨论观点,教师点评,穿插引入个人执行力。

5. 效果评价

教师对学生学习过程及完成质量给予评价。小组成绩主要考核团队整体完成情况,个人部分主要考核个人执行情况,具体见表 3-2。

表 3-2　个人力提升训练评价

小组序号:			学生姓名:		学号:
小组成绩(教师评价或小组互评)			个人最终成绩		
任务及标准	满分	得分	项目及标准	满分	得分
个人素质评价	20		个人执行力评价	40	
个人执行力内容讨论	10		代表发言陈述	20	
讨论及合作情况	10		讨论发言	20	
			友好互助	20	
合　　计	40		合　　计	100	
评价者:			评价者:		
评价时间:　　年　　月　　日			评价时间:　　年　　月　　日		

6. 点评交流

采用学做合一的教学模式,学生每次完成学习任务,教师及时组织交流,重点点评,穿插引出相关理论知识及下一步要进行的内容,启发学生积极思考,较好地完成本次学习任务。

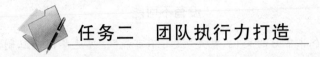

任务二　团队执行力打造

知识目标

- 熟悉团队执行力不佳的原因。
- 理解团队执行型人才的四大标准。
- 掌握团队执行力提升的方法。

技能目标

- 能够分析团队执行力不佳的原因。
- 能够正确判断团队执行型人才。
- 能够结合团队执行力不佳的原因提出针对性的改进建议。

素养目标

- 增强责任担当、大局意识和核心意识。
- 坚定社会主义制度自信、文化自信,肩负起新的历史使命。
- 能够结合社会主义核心价值观来评估和选择团队执行力方法。

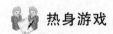 **热身游戏**

吸管运输

活动目标：通过游戏体验加强学生对团队执行力的理解,增强学生的责任感和使命感,帮助学生树立积极健康向上的人生观、价值观、世界观。

形式：全体学生共同参与完成。

时间：15分钟。

场地：教室内。

所需材料：粘贴的便笺纸。

游戏方法：

(1) 每5人组成1个小组。

(2) 每组5个成员按顺序站好。每人嘴里叼一支吸管,第一个人在吸管上放一个钥匙环之类的东西。

(3) 不许用手接触吸管和钥匙环,只能用嘴叼吸管的姿势把钥匙环往下传,直到传到最后一个人嘴叼的吸管上,游戏结束。在中途如果吸管或钥匙环掉下来,则要重新开始。

(4) 每组运输最快的胜出。

讨论：小组如果要在游戏中胜出，除了小组成员协调灵活的动作，还需要哪些条件，为什么？

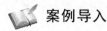 **案例导入**

没有不可能

万达集团有一个非常好的文化，就是"没有不可能"。万达集团一旦制定好目标，一定会完成，甚至还可以提前完成。为什么？因为万达集团的每个目标都有周密的计划，科学的管控。有了这个前提，万达集团的执行力就会发挥巨大的作用。

2009年，万达集团董事会决议投资50亿元在广州打造万达第一座A级旗舰店——白云万达广场。在万达的项目计划表中，白云万达广场建造时间是两年，即2010年年初动工，2012年竣工。然而，因为2010年11月中旬第十六届亚洲运动会将在广州举行，所以，广州市委市政府希望白云万达广场能够在亚运会之前竣工开业。这样，不仅能向国际友人更好地展现广州风貌，也能给万达集团做一个免费的跨国广告，有利无害。然而，盖房子不是想加速就能加速的，万达集团不可能为了赶工期而自砸招牌盖一批烂尾楼。慢工出细活，既想要质量又想要速度，这可能吗？

不可能！但这种不可能在善于创造奇迹的万达集团面前却不攻自破了。

既然已经作出承诺，那么即便是不可能也要创造条件将之变为可能，这是万达集团的企业文化和信念。

为了完成承诺，万达集团内部团队高速运转起来，不断修改工期、预算、人力配置等各项计划，调动一切可以调动的资源，集思广益，想出各种点子。推出丰厚的奖励计划，激励和鼓舞建筑团队，多管齐下。历时11个月，占地数10万平方米的白云万达广场在业界一片惊叹的目光中开业了。这个时候，亚运会还处在倒计时阶段。

白云万达广场的建筑速度开创了业界之最。然而，快工之下，万达集团的"活儿"依旧很"细"。作为广州市的新地标之一，白云万达广场的质量和效益都无可挑剔。广场日客流量达到了惊人的7万之多，广场内的万达影城、万达酒店等各项产业在万达集团内部的排位也一直居高不下。

思考：如何看待万达集团"没有不可能"的企业文化和信念？

一、团队执行力概述

（一）团队执行力

团队执行力是指一个团队把战略决策持续转化成结果的满意度、精确度、速度，它是一项系统工程，表现出来的就是整个团队的战斗力、竞争力和凝聚力。个人执行力取决于其本人是否有良好的工作方式与习惯，是否熟练掌握管人与管事的相关管理工具，是否有正确的工作思路与方法，是否具有执行力的管理风格与性格特质等。团队执行力就是将战略与决策转化为实施结果的能力。

许多成功的企业家也对此做出过自己的定义。通用公司前任总裁韦尔奇先生认为，所谓团队执行力，就是"企业奖惩制度的严格实施"。而中国著名企业家任正非先生认为，"没有执行力,一切都是空谈"!企业的成功,与其说是取决于决策,不如说是取决于执行。战略再正确,方案再完美,计划再细致,没有人去认真执行的话,其价值为零。

综上所述,团队执行力就是当上级下达指令或要求后,迅速做出反应,将其贯彻或者执行下去的能力。

(二)团队执行力的重要性

执行力在团队中的重要性主要体现在以下 3 个方面。

1. 执行力是团队合作的基础

团队是一群不同专业、经验及背景的人,为了达到一个共同的临时性的目标而组合在一起的。每个人都要承担起一定的责任,就像一个机床的各个齿轮,只有每个齿轮都运转起来,整个机床才能良性运转。现代社会组织是靠流程来运作的,个体都是这个流程环节上不可或缺的一个节点,如果某个人没有按照事先定义的流程来做的话,整个流程执行的效果就会大打折扣。

2. 执行力是团队能够打胜仗的保障

"并非穿同样衬衫的人就能形成团队",团队是一群"言必行、行必果"、拉出去就能打胜仗的人,所以团队对每个成员做成事情的能力(即执行力)的要求就显得尤为重要。在跨部门的团队里,各个部门的职能代表就是要在业务上有很强的能力,在意愿上有很强的积极主动性,这样才能在项目开发过程中的各个环节跑好自己的一程,并且顺利把接力棒交给下一个成员,从而向一个又一个的财季目标进行冲刺。

3. 执行力是跨部门团队得以良性运作、持续发展的推动力

在团队里,如果某件事情到了某人手里就会很快地完成,并把结果及时反馈给团队中的其他人,那么该代表流程下游的其他人也多少会受到他的正面影响而去主动处理后面的工作,形成一个良性循环后,整个团队就会树立起一种做事积极、不拖沓的氛围,每个人都会在这个团队里感觉做事很"爽",自然团队也会更加团结、高效、持续发展。

?/ 即兴思考

找一家国内著名企业,分析其团队执行能力如何?

二、团队执行力不佳的原因

有些公司领导经常感到自己的好想法不能实现,此时大部分领导都认为公司执行力差是员工能力和态度的问题。执行力不佳是现象,管理不善才是本质。事实上可以这样认为:个别员工执行力不佳是能力的问题;公司整体执行力不佳就是管理的问题。

团队执行力不佳,往往会有以下 7 方面原因。

1. 团队缺目标,员工做起来很迷茫

团队管理缺乏目标,主要体现在公司政策经常改变,策略反复改,员工很茫然,只好靠惯性和自己的理解去做事,公司战略很难执行出结果。具体体现在管理者本身很迷茫,今天制定的目标,明天醒来又是另一个想法,每天进公司不是检查工作进度,而是先开会改变决策,导致员工按照原本制定的目标做的所有努力全都白费了，最后什么也没有完成。

管理者不能给出确定的目标和执行标准，员工做起事来就很茫然，肯定打造不出一支有利于公司长远发展的执行力团队。

 案例

买复印纸

王老板叫行政人员去买复印纸。不一会儿，行政人员买了3张复印纸回来。老板大叫："3张复印纸，怎么够？我至少要3摞。"接着行政人员又去买了3摞复印纸回来。老板一看，又叫："你怎么买了B5的，我要的是A4的。"第二天，行政人员买了3摞A4的复印纸回来。没想到老板吼道："买个复印纸怎么买两天才买好？"行政人员回答："你又没有说什么时候要。"

买复印纸这么小的事，行政人员跑了3趟，老板气了3次。

老板摇头叹气：员工执行力太差了！

行政人员心里嘀咕：作为领导，连个任务都交代不清楚，只会让下属白忙活。

2. 团队缺计划，员工做起来很忙碌

公司没有明确长远发展的战略规划，没有系统的营销策划，甚至还有一些公司政策反复变，策略反复改，再加上各方面的信息不对等，沟通不顺畅，使员工们非常茫然，只好靠惯性和自己的理解去做事，没有目的性地做事，做出来的成果可想而知，必然是大打折扣。这就是员工的工作重心和公司目标产生脱节，公司的重要工作出现严重偏差，根本没法执行下去或者完成任务。

3. 团队缺培训，员工不知道怎么做

很多大型企业的员工入职以后都要经过系统严格的岗前培训，但部分中小型企业很多没有培训直接上岗，要么培训的内容没有针对性和实操性，员工虽然热血沸腾，但工作怎么做还是不知道；更有甚者只给员工做一些行业趋势、宏观战略的培训，也就是所谓的"画饼"！却没有教给他们任何方法。

即兴思考

在你熟悉的企业中，企业培训模块和内容通常有哪些？

4. 团队缺流程，员工做起来不顺畅

现在很多公司，特别是销售型的公司，往往大部分员工都是最前端的销售，但很多时候却做得不单单是销售的工作，还要做售后服务等其他一些杂事，完全没有合理的分工合作，慢慢员工的热情就被消耗完了，变得不主动，做事拖拖拉拉。没有科学合理的流程，管理者也就失去对各项工作系统性的控制，很多工作会半途而废，严重阻碍了企业的自动运转，企业也就谈不上发展了。

团队管理要强化流程，其最重要的意义是让员工各司其职，把责任真实准确地落到员工的头上，让员工在执行过程中做到"有章可循，有法可依，有流程可走，有表单可用"。另外，在强化流程同时，也是强化员工与员工、部门与部门之间的协作。

5. 团队缺激励，员工做好做坏都一样

如果说企业是一潭平静的湖，那么激励机制就是能激起这潭平静湖水波澜的石子。员工本本分分各司其职，确实很重要，但是企业的发展一定要靠员工的工作主动性来推动。

激励是一种有效的领导方法，它能直接影响员工的价值取向和工作观念，激发员工创造财富和献身事业的热情。

一套科学合理的员工激励方案，能够使员工更加充满斗志、激情，充分发挥员工的创造性，帮助企业更好地发展。好的激励机制，能让不想做事的人，想做事；想做事的人，做成事。反之，员工工作进步了，工作完成了，没有表扬，更不要谈物质和精神激励。做得不好，也没有批评和改进措施。总之，个人利益不受影响，因此工作起来就缺少激情和动力了。

所以，企业要想提高员工的执行力，制定合理的激励机制非常必要。

6. 团队缺方法，员工做起来事倍功半

企业有部分管理者墨守成规，缺少创新，只求过得去，不求过得硬。工作不创新，管理方式落后，必然造成员工执行力大打折扣。要想团队执行力强，工作效率高，管理者需要经常去现场观察、了解，发现管理中的问题，找出更好的解决方法，不断尝试运用新的工作方法。

例如，岳飞靠发明钩镰枪，教给士兵钩马腿而大破金兀术的拐子马。如果没有这个可行的方法，岳家军再勇猛，也未必能取胜。

7. 团队缺检查，执行过程失控

管理者在制订工作计划的同时，要不断检查团队指标的完成情况，发现没在进度内的异常情况，要及时跟进，了解原因并要求改善。只有过程指标完成得好，才会有好的结果。最后，对于完成优秀的人或团队进行激励，完成差的进行处罚。如果没有对过程进行监控检查，等最后结果出来了，即使懊悔，也将于事无补。

例如，公司部门材料费在月中就已经用了定额的 2/3，就应该立刻分析原因，进行管控。否则，等到月底时，想控制也来不及了。

由此可见，员工的执行力不强、不全既是员工的问题，也与很多管理者的管理能力有关。

提升执行力不是一朝一夕的事情，也没有"一招制胜"的法宝，只有找出针对性的原因，在工作中建立一个规范的模式，才能有效提升团队员工的整体执行力。

三、团队执行型人才的四大标准

1. 客户价值

执行型人才的第一个标准叫客户价值，即执行的任何行动都是围绕客户价值进行的，用户价值是执行的底线，没有用户价值的行动，不能被称为执行。

站在客户的角度，为客户提供满意和超值的结果，是执行的方向，满足客户价值需求，超越客户既定的期望。企业生存的底线，是执行的动力和方向。

有一家权威公司做过一项调查：整整一年时间里，许多公司只有 15% 的时间在为客户提供服务，其余 85% 的时间所做工作对顾客根本没有意义。换言之，公司为了维护组织自身平衡稳定，将大量的时间和精力花在了企业内部协调、开会、解决人事问题、处理各种管理纷争上，此时企业组织变成了"为了存在而存在"，而不是"为了顾客而存在"。然而，顾客却必须为 15% 的价值，向公司支付 100% 的货币。显然，这样的组织是没有执行力的，更是没有竞争力的。

📖 案例

巡视米缸，服务到家

台塑企业集团董事长王永庆年轻时，曾在嘉义经营米店，由于有多家同行竞争，如何争取消费者购买"王家碾米厂"的产品，让王永庆颇费脑筋。最后，他想到了"服务"，以最贴心的服务胜出。

他不定时到客户家"巡视米缸"，并估计能够食用的天数，记在小册子上。等到客户用罄日期的前几天，即载着米再度拜访，取得许可后，就把旧米先倒出来将米缸擦拭干净，再将新米倒入缸中，然后把旧米倒在上面。

使用"王家碾米厂"的客户，看到王永庆细心又勤快，服务又好，于是就成为长期客户。王家碾米厂以服务打响知名度，成为嘉义地区业绩最好的米店。

2. 结果导向

结果导向是执行型人才的第二个标准。

玄奘去西域取经，历经十余年艰苦求学游历，他所有的行为只为一个目的，就是将经文带回东土大唐，在中国弘扬佛法。所以，他在印度功成名就之后，最终还是带着佛经返回大唐，用余生翻译佛经。

相信有无数人如玄奘一样有梦想，但只有玄奘去了印度，取回了佛经，这一结果奠定了玄奘的历史地位与价值，用一句话来说，价值是靠结果来交换的。

作为一家企业，必须明白一个道理：客户之所以愿意付钱给你，与你付出多少没有关系，与你多么辛苦也没有关系，只与你付出之后的结果、所创造的价值有关系。提供结果、创造价值是一家企业生存的底线。

作为一个对自己负责任的员工，必须明白一个道理：企业中存在的各种问题，无论是老板懂不懂管理，或同事配不配合你工作；无论是产品质量有没有问题，还是市场景不景气，都不是你不提供结果、不创造价值的理由，你提供结果，创造价值，只与你是否想做一个职业化员工有关。

锁定目标，锁定结果。进入公司，就意味着在你的人生中，你每天都要用结果来交换工资，也要用结果来证明自己的价值。

3. 信守承诺

信守承诺是执行型人才的第三个标准，如果说前两个标准讲的是外在标准，信守承诺与永不言败讲的就是执行型人才的内在人格标准，信守承诺，就是说到做到，拿出结果。信守承诺意味着建立起个人品牌，因而值得人们信任与合作。在信守承诺的应用中，有约束、聚焦、品牌 3 个要素。

知识链接：结果导向应用三要素

在战场上，军队无论是在胜利还是在失败时，战士都必须坚守岗位，这是一名战士的责任所在，不容违反。在商场上，企业无论是在赢利还是在亏损时，都必须诚实守信，这是一家企业基业长青的基石，不容践踏。在生活中，一个人无论是富有还是贫穷，都必须以信取人，这是做人的底线，不容忘记。

所谓承诺,形式上是高管发给老总看的,而本质是高管对基层的一种责任宣示。高管告诉基层:我立了一个军令状,我将承担怎样的责任,承担怎样的处罚。于是手下对高管就会肃然起敬,态度也就会更积极。你扛起了大家的责任,你才是真正的领导者,我们愿意与你一起共同奋斗。

4. 永不言败

永不言败,讲的是对过程的执着,这是执行型人才的第四个标准。团队执行力不仅表现在工作高效上,还表现在是否有坚持的精神。团队在执行任务过程中,难免遇到困难,遭遇挫折。此时,全体团队成员就是一个信念:坚持到底,不言放弃!

"在我没有说放弃之前,决不做放弃的人",这就是执行者应有的心态,失败并不是结束,而是接近成功的一个里程碑。在永不言败的应用中,有 3 个要素:选择、成长、坚持。

执行人才的 4 个标准,其实也是任何一个优秀企业对员工要求的底线,这些永远都是把梦想变为现实的最核心的要素。

?✎ 即兴思考

分析自己是否是一名团队执行型人才？或者找出身边的团队执行型人才,并说明理由。

四、提升团队执行力的方法和工具

(一) 构建和谐的执行文化

文化能改变人的意识,从而改变人的行为。文化是一个团队的灵魂,也是团队竞争力和生命力所在。良好的团队执行文化,能够发挥其文化引领、精神凝聚、激励约束等功能,从而不断提升团队竞争力。

企业的执行文化,就是把"执行"作为所有行为最高准则和终极目标的文化。所有有利于执行的因素都予以充分而科学的利用,所有不利于执行的因素都立即排除。以一种强大的监督措施和奖惩制度,促使每一位员工全心全意地投入自己的工作中,并从骨子里改变自己的行为。最终使团队形成一种注重现实、目标明确、简洁高效、监督有力、团结、紧张、严肃、活泼的执行文化。

1. 营造积极向上的文化氛围

什么行为该倡导,什么做法该鼓励,什么结果要惩罚,都需要明确和规范,并转化为每位员工的人生准则或信条,营造公正、务实、求真、阳光的文化氛围,培养"深、细、实"的工作作风和精益求精的工作态度。

2. 营造家园文化

管理者应该放下尊长意识,去做下级的朋友,了解下级的需求,然后满足他。如为下级提供舒适、安全、愉快的工作环境,当员工碰到困难时,及时帮助他解决,使每位员工感受到关爱、平等,让他们具有主人翁责任感,不断提升归属感和幸福感。

3. 提升团队认同感

大到团队的战略决策,小到营销策略的出台、工作的部署,可以让员工适当参与,共同商讨制度允许下的做法和措施,使他们不仅知其然,而且知其所以然,不断提升他们对团队的认知和认同,最大限度地激发员工的工作热情。

4. 构建学习型团队

通过现场指导、领导者授课、外聘专家讲座、座谈会、交流会、业务竞赛等方法,强化员工之间的相互学习、业务学习、技能学习等,总结执行实践中的经验教训,学习新的知识理念,不断提升全体员工的素质和执行能力。同时在团队内部树立和培养典型人物,总结学习行之有效的工作流程、工作方法,加强团队员工对执行文化的理解和记忆。

(二)发挥管理者的执行示范作用

打造高效执行力团队,管理者的执行示范作用至关重要。如果管理者的执行力强,就会带动团队中的每个人去提升执行力,管理者执行力的不坚定就会导致团队执行力不强。管理者不仅要做团队执行文化的塑造者,更要善于在团队的建设中做好倡导者、组织者、示范者和激励者的角色。

1. 界定主体职责

高、中、基层各有不同的职责。

(1)基层员工的执行职责。一般来说,基层的员工,就是把事做正确,应该具备服从力、行动力、协作力和沟通力,这4项是基层员工基本的、必备的能力。服从力摆在第一位,因为企业的执行力从服从开始,到行动终结。服从是执行的前提,行动是执行的最终落脚点。企业大部分的事务都是通过基层的员工去执行的,那么基层员工必须有强烈的服从意识和正确的服从方法,并且能快速、高效、坚持不懈地付诸行动。

 案例

分析性报告与流水账

一家企业的老板命令秘书就全年的工作写一份总结报告,并强调越详细越好。秘书接到命令,立即加班加点地执行该项任务,不到两周,他就完成了一份几万字的报告。老板看到报告很高兴,但没读几页,脸就沉下来了。原来,他的意思是希望秘书能够就一年的工作写一份分析性报告,但秘书却误解了他的意思,把报告写成了一份事无巨细的流水账。老板无奈之下,只好自己写了一份。

(2)中层干部的执行职责。中层干部在组织的执行力建设中,责任更加重大,重要的是正确地做事。管理大师戴尔蒂说,执行当中的关键人物是中层管理者。此处的中层管理者是一种广义的概念,是指既有上司又有下属的层级,包括班组长、科长、处长、部长、经理、总监这些层级。一个企业,如果中层干部的执行力强大,普通员工的执行力就会很强,中层干部的执行力不强大,只靠高层领导去管,员工的执行力就会很差。所以当务之急,就是要提高中层干部的执行力。中层干部在执行力提升中的职责,具体表现为10项:服从力、计划力、配置力、沟通力、协作力、激励力、监控力、应变力、纠防力和行动力。

(3)高层领导的执行职责。高层管理,重要的是做正确的事。建设执行文化,创造执行环境,让团队拥有自己的愿景。

高层领导在企业执行力建设当中的职责是建设执行文化,创造执行环境。把人的价值观改变过来,这是文化的灵魂,但光改变价值观是不够的,还需要一种环境来做支持,如创新。在海尔,一个员工要是搞创新,公司员工会佩服他,其间如果碰到了困难,公司员工会鼓励他、帮助他;如果创新失败了,大家会安慰他;如果成功了,大家就会祝贺他。

2. 实现管理者角色定位转变

知识链接:领导者和员工在团队工作中需注意的事项

作为团队管理者,应一手抓策略,一手抓执行力。科学的策略是保证做正确的事情,良好的执行力是正确地做事,再好的策略只有成功执行后才能显示出价值。管理者不仅要具备给每位员工灌输思想的能力,还要以身作则,率先垂范,对上级制定的各项规章制度和合规要求,一丝不苟地贯彻执行,发挥管理者前线"指挥员"和"战斗员"的作用,影响并激发员工提升执行力的热情。

3. 充分运用走动式管理模式

管理者主动深入基层与团队成员进行交流,下级汇报情况与领导了解情况并重开展,强化与团队成员之间的沟通,不仅可以密切与成员之间的关系,还可以及时发现问题、解决问题。

4. 培养管理者"不作为就是不合格"的管理理念

明确本岗位的责、权、利,时刻"提醒"和"暗示"自己和员工,牢记自己的职责,知晓当前和今后的工作目标,明确工作进度,强化时间观念和效率意识,弘扬"立即行动、马上就办"的工作理念。

(三)构建良好的激励和监督机制

"利之所趋"是一种普遍心理,满足员工对"利"的需求,激发员工的潜能和工作热情,构建良好的激励机制是基石。在做好激励的同时,监督体制也要健全,让员工养成良好的工作习惯。

1. 充分做好人力资源配置

根据每位员工的性格特性,合理分配工作,为员工选择他所爱的、所期望的,真正做到适才适所。例如,让成就欲较强的职工单独或牵头完成具有一定风险和难度的工作;让依附欲较强的职工,更多地参与群体工作;让权力欲较强的职工,担任一个与之能力相适应的主管职务。

2. 制定切实可行的目标分解体系

首先,建立共同的愿景,使团队员工能为了共同的目标承担责任、一起奋斗。其次,切实可行地对目标进行分解,为每位员工制订清晰的目标计划,明确工作职责,让每位员工在工作中能够找到自己努力的方向。最后,制订合理的执行计划(谁来执行、如何执行),并建立赏罚分明的执行评价制度。

3. 建立完善激励机制

首先,激励政策要明确。对激励政策的描述要简洁易懂,最好能够形象化,能够对完成多少任务,奖励多少金额进行详细的阐述。

其次,激励要有差别性。激励既要有普遍的物质激励,也要有人性面的激励,要将公平和差别待遇体现出来,关键是要把握员工的需求层次,以最有效的激励手段满足他的心理需要。

再次,激励力度要做到市场上有竞争力,员工中有吸引力,公司里有承受力,坚定不移地推行"执行铁律",让员工深切地认识到只要付出就有回报,从而激发员工的尽责意识。

最后,激励兑现一定要到位。激励政策一出,必须不折不扣地对员工的付出进行兑现,不能让激励政策成为"墙上制度",只见其形、不见其质,要真正发挥其扬善作用,充分激发人性积极向好的一面,更要惩恶,遏制人性的懒散。

4. 强化检查监督机制

企业目标一旦确立,应制定相应的监督工具,诸如工作计划月报、工作日志监测、工作月度盘点等,既方便管理者实施监督,也方便执行人员自我检测,合理确定工作进度。同时制定有效的监督措施(谁来监督、如何监督),通过集中或逐个反馈问题、把问题摆在桌面上大家一起讨论等监督反馈方式,共同分析,共同进步,让员工知己知彼,明白个人行动差距,营造"比、学、赶、超"的团队氛围,提高执行效果,做到在执行中不断地完善,在完善中不断地执行。

(四) YCYA 工具的作用与运用

YCYA 是一个实现自我管理的承诺管理系统,是一个指令必达的结果管控工具,是一套执行文化的载体,是一套黑白分明的激励机制,是一套开放环境的公众监督体系,是一套补充制度的第三方管控工具。

YCYA 遵循 5 个"凡是":凡是工作,必有计划;凡是计划,必有结果;凡是结果,必有责任;凡是责任,必有检查;凡是检查,必有奖罚。

(1) Y(yes),执行人(员工),一个对结果负责、信守承诺的人。指接到工作指令后,主动明确地作出承诺。

(2) C(check),第三方(检查人),一个"我不相信、关注节点"的人。指检查人对执行人的过程与结果进行监督检查。

(3) Y(yes),执行人(员工),一个"使命必达、永不放弃"的人。指工作完成后,主动明确地向指令发出人汇报结果完成情况。

(4) A(award),主管(管理者),一个"富有情商、助人成功"的人。指根据检查结果,对结果进行及时奖惩。

YCYA 法事项统计见表 3-3。在这种管理方式下,对领导如何正确地给下属下达指令和对员工本身解决问题的能力都提出了更高的要求。不允许下属采取通过向领导提出问题转移责任的工作方式,也不允许领导被下属利用了还洋洋得意。

表 3-3　YCYA 法事项统计

序号	指令发出人	指令	指令发出时间	承诺人	Y 结果承诺	C 承诺检查时间	Y 完成汇报	A 奖惩兑现	申请延后完成时间	进展情况
1										
2										
3										
4										
5										
6										
7										
8										
9										
10										

?／ 即兴思考

假如你是一家企业团队的负责人,你将如何提升团队执行力? 并说明用到的工具。

◆ 同步实训

团队执行力

1. 任务要求

(1) 在教师引导下完成教师预设的团队执行力游戏。

(2) 完成游戏后进行讨论及理论学习。

(3) 小组内分工协作完成任务。

2. 任务分析

团队执行力是指整个工作群体贯彻执行目标并最终实现战略的能力。一个企业执行力的高低取决于执行团队的整体素质。团队执行力高,表明团队目标清晰、团队成员协作性强、成员的责任感强、团队之间沟通良好并有优秀的领导者。团队成员之间相互协作、执行到位,才会使企业运转高效。

3. 实施准备

(1) 场地准备:能分组讨论演练的实训室。

(2) 团队成员:分成7组,第7组坐在中间(以下称核心小组),其余6组围坐在周围(以下称执行小组)。

(3) 材料准备:5种颜色的七巧板,分发给各执行小组。同时,核心小组和各执行小组都将收到一份任务书。

执行小组任务书

你们组的任务是:

(1) 用5种颜色的图形分别组成图一至图六,每个图形需5种颜色每完成一个图案将得到10分。

(2) 用同种颜色的图形组成图七,完成后将得到20分。

(3) 用3种颜色的7块图形组成一个长方形,完成后将得到30分。

每完成一个图案请通知教师,教师确认后,将登记分数。

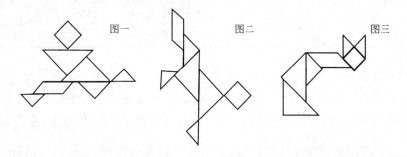

图一　　图二　　图三

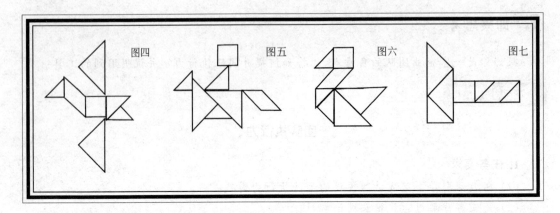

4. 实施步骤

（1）各组在半个小时内按照自己的任务书内容完成工作。每完成一项任务，组织者给完成任务的小组计分，各小组的计分合计形成团队总分，最后按照目标分数和实际分数来衡量是否完成团队绩效目标。

（2）为了完成任务，各组之间可以交换七巧板，但不能站起来传递，可以通过其他小组帮忙传递。

5. 效果评价

教师对学生参与过程及完成情况给予评价。小组成绩主要考核团队整体完成情况，个人部分主要考核个人执行情况，具体见表3-4。

表 3-4　团队执行力训练评价

小组序号：			学生姓名：		学号：
小组成绩（教师评价或小组互评）			个人最终成绩		
任务及标准	满分	得分	项目及标准	满分	得分
游戏完成及讨论	5		小组分解得分	40	
倾听讨论	10		个人角色及执行	20	
个人执行力内容讨论	10		代表发言陈述	10	
团队执行力内容讨论	10		讨论发言	20	
讨论及合作情况	5		友好互助	10	
合　计	40		合　计	100	
评价者：			评价者：		
评价时间：　　年　　月　　日			评价时间：　　年　　月　　日		

6. 点评交流

采用学做合一的教学模式，学生每次完成学习任务，教师及时组织交流，重点点评，穿插引出相关理论知识及下一步要进行的内容，启发学生积极思考，较好地完成本次学习任务。

综合练习

一、单选题

1. 中层干部的执行职责是( )。

A. 做正确的事 　　B. 正确地做事 　　C. 建设执行文化 　　D. 把事做正确

2. 以下不属于影响个人执行力核心要素的是( )。

A. 心态 　　B. 工具 　　C. 角色 　　D. 能力

3. 企业在进行考核时,个人得分都有七八十分,而部门的得分却往往只有三四十分。这样的情况说明( )。

A. 企业过于重视对岗位职责的评估,而忽视了个人角色的作用

B. 企业过于重视个人角色的作用,而忽视了对岗位职责的评估

C. 企业评估方法不科学

D. 以上都不对

4. 团队管理缺乏目标,主要会导致员工工作出现( )偏差。

A. 员工做起来很忙碌 　　　　　　B. 员工不知道怎么做

C. 员工做起来很迷茫 　　　　　　D. 员工做起来不顺畅

5. 当内部客户的标准与外部客户的标准出现争执的时候,( )是唯一的仲裁。

A. 内部客户 　　B. 外部客户 　　C. 管理人员 　　D. 公司老板

二、多选题

1. 个人提高执行力的方法,包括( )。

A. 构建执行文化 　　B. 复述承诺法 　　C. 结果分解法 　　D. 重点聚焦法

2. 以下关于 YCYA 说法正确的是( )。

A. 是一个实现自我管理的承诺管理系统

B. 是一个指令必达的结果管控工具

C. 是一套开放环境的公众监督体系

D. 是一套补充制度的第三方管控工具

3. 团队执行型人才的重要标准,包括( )。

A. 客户价值 　　B. 结果导向 　　C. 信守承诺 　　D. 永不言败

4. 结果执行力的三要素,包括( )。

A. 可交换 　　B. 可认知 　　C. 可激励 　　D. 有价值

5. 在提升团队执行力的过程中,构建良好的激励和监督机制,可以从以下( )着手。

A. 充分做好人力资源配置 　　　　B. 制定切实可行的目标分解体系

B. 建立完善激励机制 　　　　　　D. 强化检查监督机制

三、思考题

A 公司的几名员工约好下班后一起去 KTV 唱歌。离下班还有 1 个小时的时候,他们看到公司老板临时有事出去了。于是几个人在老板走后也偷偷提前离开了公司。不想出门后,老板突然有事情要找公司财务部的小李,于是打电话到公司,却得知小李提前下班了。

第二天,老板当众批评了小李,同时宣布对小李的行为按旷工处理并扣除当月相应的绩

效奖金。小李委屈地表示："昨天早退的又不是我一个人,为什么只处罚我?"

思考:

1. 根据以上描述,公司对小李的处罚是否合适? 如果你是公司老板,你会如何处理?

2. 针对这个案例有什么思考?

四、案例讨论和分析

有家企业发展速度很快,销售额每年以 30% 的增长速度蓬勃发展,但是内部运营系统无法跟上销售的脚步:研发、生产、财务、人力资源系统……企业高管焦头烂额,强调执行力,却效果不佳。

这家企业是一家民营企业,企业家和职业高管对于事业非常执着,工作非常辛苦,常常夜里开会到很晚才回来。他们面临发展快速的企业以及无法跟上的运营系统,感到手忙脚乱,甚至焦头烂额。

当他们听到执行力培训的时候,感觉眼光一亮,仿佛找到了救世良方,立刻组织大范围培训,公司内部大力推行执行力。企业家和职业高管常常大谈执行力,要求各种任务布置下去之后,就应该立即执行;他们感觉运营系统的各种不适应症状应该可以立即消除。

时间过去了几个月,这家企业依然是各种运营系统滞后。销售人员经常遭受质量、交货等方面的投诉,研发、生产、采购、财务人员工作努力积极,依然无法满足销售部门的要求。

讨论:这家企业出现了什么问题,应该怎样解决?

项目四
团队沟通与协调

项目内容

团队沟通和协调是创造和提升团队精神和企业文化,完成共同愿景的主要途径和工具。沟通是维持团队良好的状态,保证团队正常运行的关键过程与行为。当团队的运行或管理出现问题时,部门之间、领导者之间、团队成员之间必须通过良好有效的沟通,才能找准症结,通过分析、讨论、拿出方案,及时将问题解决。本项目以企业案例作为引导,结合团队沟通相关理论知识的分析,让学生在掌握团队沟通理论知识的基础上,能使用团队沟通技巧,及时分析团队产生沟通障碍的原因以及运用排除障碍的方法。

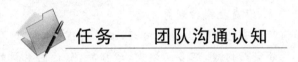

任务一　团队沟通认知

微课:团队沟通
认知

知识目标

- 理解团队沟通含义及作用。
- 掌握团队沟通的过程。

技能目标

- 熟练掌握和应用沟通的原理和技巧,以增强沟通意识和提高各种场合下的沟通技能。
- 能根据企业实际情况,分析并评价团队现有沟通方式。

素养目标

- 通过沟通类职业介绍认识到社会主义核心价值观"敬业"。
- 通过模拟企业的沟通岗位,树立正确的企业观与职业观。
- 认识中华民族优秀传统文化。

热身游戏

背　靠　背

活动目标:通过游戏体验沟通的内涵,导入团队沟通概念。

形式:全体学生共同参与完成。

时间：10 分钟。

场地：教室内。

游戏方法：将团队学生两两配对，背靠背而坐。给其中一个队员一个本子和一支笔，给另一位队员一张画有一个图形的纸。持有图形的队员在不让另一个队员看到图形的前提下，指导他将图形画出来。

规则：持有图形的队员可以使用符号和比喻来形容这个图形，但是不能运用几何术语对图形进行描述。例如，你的图形是一个套着一个圆的正方形，那么你在描述的时候就不能使用"圆"和"正方形"这两个词，但是可以使用箱子或者橘子形状的这类词来描述。到规定时间后，将画出的图形和原始图形进行对比，并展开讨论。

讨论：

（1）画出来的图形与原始图形相比，差别大吗？

（2）为何会得到这个结果？

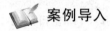 案例导入

沟通的力量

有个秀才去买柴，他对卖柴的说："荷薪者过来！"卖柴的听不懂"荷薪者"（担柴的）3 个字，但是听得懂"过来"两个字，于是把柴担到秀才前。

秀才问他："其价如何？"卖柴的听不太懂这句话，但是听得懂"价"这个字，于是就告诉秀才价钱。秀才接着说："外实而内虚，烟多而焰少，请损之。"（你的木材外表是干的，里头却是湿的，燃烧起来，会浓烟多火焰小，请减些价钱吧。）卖柴的因为听不懂秀才的话，于是担着柴就走了。

思考：秀才买柴没有成功的原因是什么？管理者从该案例中能得到什么启示？

1990 年 1 月 25 日，美国肯尼迪机场与哥伦比亚国航 52 航班的飞行员之间的沟通失效，导致了一场空难事故，机上 73 人遇难！当哥伦比亚国航 52 航班飞行至肯尼迪机场上空时，像往常一样等候机场调度员的降落指令，由于当天天气恶劣，需延时降落，飞行员发出"燃料快用完了"的信息，要求紧急降落，但机场调度员认为哥伦比亚国航 52 航班和其他航班平时都为尽快降落而发出类似请求，因此没有给予重视，结果哥伦比亚国航 52 航班飞机燃油耗尽而坠机。

哥伦比亚国航 52 航班悲剧表明，良好的沟通对于任何群体或组织的工作效率都十分重要。无论是企业的管理者，还是员工，沟通无时无刻不贯穿于工作与生活中。要解决团队沟通的障碍，不仅要提升个人沟通技巧，更重要的是提升和完善团队沟通机制。

一、沟通与团队沟通的含义

1. 沟通的含义

沟通是指两人或群体之间，为了一个设定的目标，将信息、思想和情感进行传递、接收和理解的过程。如果传递、接收、理解成功，则沟通成功，该沟通为有效沟通；如果传递、接收、理解失败，则沟通失败，该沟通为无效沟通。具体而言，沟通的含义包括以下几

个方面。

(1) 沟通是双方或多方的行为,必须有信息的发送者和接收者。其中双方可以是个人,也可以是群体或组织。

(2) 沟通是信息的传递。发送者凭借一定渠道(又称媒介或通道),将信息发送给接收者,其传递的方式可以是口头的,也可以是书面的或通过电子化的方式进行。内容可以是对有关人或事件的描述,也可以是态度或情感的交流。

(3) 沟通是信息的理解。沟通的意义不仅是指信息的发送成功,也指信息所包含的意义被正确理解和接收。"我告诉张三了,所以我跟张三沟通了",这是对沟通错误的理解。告诉"张三",不等于"张三"理解了"我"的意思。"语言"本身不能代表"意思"。

研究表明,人类用大约 70% 的时间(除睡眠时间以外)进行沟通。美国普林斯顿大学曾经对 1 万份人事档案进行分析,发现影响个人成功 75% 的因素与良好的个体之间的沟通有关。1995 年,哈佛大学就业指导小组对 500 名被解雇者的调查结果表明,82% 的被调查对象失去工作与个体之间的沟通不良有密切关系。

2. 团队沟通的含义

团队沟通是指组织中与团队为基础单位进行信息交流和传递的方式,是团队领导与团队个体成员之间,团队个体成员之间,团队个体成员与团队之间,团队与团队之间进行信息交流和传递的过程。

美国著名的人际关系学大师戴尔·卡耐基曾说:"一个人的成功,15% 取决于知识和技术,85% 取决于沟通,即发表自己意见的能力和激发他人热忱的能力。"还有人形象地说:"从字形上看,团队就是一个有口才的人对着一群有耳朵的人说话。"

有关研究表明,团队管理中 70% 的错误是由于不善于沟通造成的。因为团队的工作总是需要大家一起来配合才能完成,只有良好的沟通,才能统一思路和方向。

石油大王洛克菲勒说:"假如人际沟通能力也是同糖或咖啡等商品一样的话,我愿意付出比太阳底下任何东西都珍贵的价格购买这种能力。"由此可见沟通的重要性。

现在很多团队在管理中却都因为沟通障碍导致了团队的低效率,主要表现在团队成员不适当的发问技巧、团队领导的独断行为、沟通渠道不畅、不够坦承、缺乏自我检讨、不能有效地将工作的目标转达给执行人员等,因此采取一些有效的沟通法则来实现提高工作团队的工作效率,能够提升整个团队的执行力。

二、团队沟通的过程

沟通是一个双向、互动的反馈和理解过程,如图 4-1 所示。

沟通的过程包含 5 个要素:沟通主体、沟通客体、沟通介体、沟通环境、沟通渠道。

(1) 沟通主体是指有目的地对沟通客体施加影响的个人和团体(谁在说)。沟通主体可以选择和决定沟通客体、沟通介体、沟通环境和沟通渠道,处于主动地位。

(2) 沟通客体即沟通对象,包括个体沟通对象和团体沟通对象(对谁说)。团体沟通对象又分为正式群体和非正式群体。

(3) 沟通介体即沟通主体用以影响、作用于沟通客体的中介(说什么)。包括沟通内容和沟通方法,使得沟通主体和沟通客体之间建立联系,保证沟通过程的顺利开展。

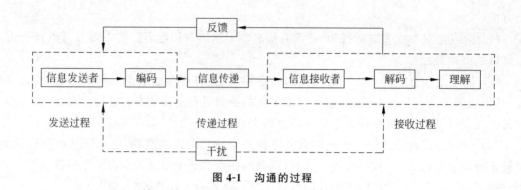

图 4-1　沟通的过程

（4）沟通环境既包括与个体间接联系的社会整体环境（怎么说），如政治制度、经济制度、道德风尚、群体结构等，也包括与个体有直接联系的区域环境，如学习、工作、企业或家庭等。

（5）沟通渠道即沟通介体从沟通主体传达给沟通客体的途径（通过什么途径）。沟通渠道不仅能使正确的沟通信息尽可能完整、准确、快速地传递给沟通客体，而且也能广泛、及时、准确地收集客体的动态和反馈信息。因此，沟通渠道是实施沟通过程的重要环节，沟通渠道的选择也尤为重要。日常中的沟通渠道有很多，如电话、邮件、媒体等。

三、团队沟通的主体

1. 团队管理者

在各种类型的企业团队中，团队管理者主要包括团队上层的高级管理人员和直接管理团队的管理人员。同时，这两个群体还要和其他一些团队的管理者相互沟通，例如，团队客户所在的团队管理者、为团队提供产品和服务的其他组织的管理者、团队外部相关社会关系的管理者。团队管理者固然需要非常优秀的专业知识技能，沟通能力也非常重要。

2. 团队内个体成员

团队目标和任务的完成依赖于团队成员，团队成员在完成目标的过程中是相互合作、相互辅助的。一般情况下，团队成员需要接触团队主管、团队内其他成员、其他团队主管、合作团队的团队成员、团队服务的客户、为团队提供产品和服务的其他组织。作为团队成员，如果不具备一定的沟通技能，将影响团队任务的完成，甚至对团队工作造成破坏性的影响。

四、团队沟通的作用

团队工作方式已经成为企业和其他组织生存发展的一种必要的手段，高效率的团队在企业经营管理活动中显示了强大的生命力。团队的高效运作，在很大的程度上依赖于团队内部成员之间的构成和其沟通的有效性。

1. 及时交流信息，提高团队工作效率

团队中员工之间，员工与领导之间为了实现一定的目标，在完成各种工作的时候，需要经常交流，统一思想。有效的信息沟通能使团队成员了解和明确自己的工作任务，把抽象的

团队目标转化为具体的行动方案,可使团队成员凝聚在一起,保证目标的实现。

2. 激励员工绩效,塑造规范行为,改善人际关系

团队沟通是团队管理者激励下属,建立良好的人际关系和团队工作氛围,是作为团队绩效管理的重要手段。良好的团队沟通不仅可以让团队管理者及时了解团队成员的需求,并在管理中考虑到成员的要求,提高工作的热情。同时,团队管理者的表扬,认可或者满意能够通过各种渠道及时传递给成员,也会形成对其工作的激励。再者,团队内部良好的人际关系的构建更需要沟通。通过沟通交流来增进彼此之间的了解,消除误解,取得谅解。俗话说,"没有规矩,不成方圆"。一个团队想要达到预期的目标,就需要对团队成员的行为进行有目的的规范和约束。制度建立后,则需要通过沟通让团队成员真正理解制度规范并在工作中履行。如果没有有效的沟通,则容易使成员产生被控制、不被尊重的感觉。

即兴思考

现代信息社会中,人们对沟通有哪些要求?

同步实训

团队沟通的重要性

1. 任务要求

(1) 在教师引导下完成教师预设的案例阅读。

(2) 完成案例分析后进行讨论及理论学习。

(3) 小组内分工协作完成任务。

2. 任务分析

团队沟通是团队管理过程中的重要内容之一,它对团队目标效率的提升,激励团队成员,促进团队成员参与管理带来创意与新路径都起着重要的作用。

3. 实施准备

(1) 学生提前阅读团队沟通的相关文献,了解本次实训的理论知识。

(2) 学生 6 人 1 组,确定组长 1 名,分工协作。

4. 实施步骤

(1) 各组对下面案例进行讨论分析。

案例

研发部梁经理进公司不到一年,工作表现颇受主管赞赏,不管是专业能力,还是管理绩效,都获得大家肯定。在他的缜密规划之下,研发部一些延宕已久的项目,都在积极推行当中。

部门主管李副总发现,梁经理到研发部以来,几乎每天加班。他在第 2 天经常看到梁经理的电子邮件的发送时间是前一天晚上 10 点多,接着又看到当天早上 7 点多梁经理发送的另一封邮件。这个部门中,梁经理总是最晚下班,第一个上班。即使在工作量吃紧时,其他员工似乎都准时下班,很少跟着梁经理一起留下来。平常也难得见到梁经理和他的部属或是同级主管进行沟通。

李副总对梁经理怎么和其他同事沟通工作感到好奇,开始观察他的沟通方式。原来,梁经理都是以电子邮件交代属下工作。他的属下除非必要,也都是以电子邮件回复工作进度及提出问题。很少找他当面报告或讨论。对其他同事也是如此,电子邮件似乎被梁经理当作和同事们合作的最佳沟通工具。

但是,大家最近似乎对梁经理这样的沟通方式反应不佳。李副总发觉,梁经理的部属对部门没有向心力,除了不配合加班,也只是执行交办的工作,不太主动提出企划或问题。而其他各级主管,也不会像梁经理刚到研发部时,主动到他房间聊聊,大家见了面,只是客气地点个头。开会时的讨论,也都是公事公办的味道居多。

李副总在楼梯间碰到另一部门陈经理时,以闲聊的方式问及这个问题,陈经理说梁经理工作相当认真,可能对工作以外的事就没有多花心思。李副总也就没再多问。

这天,李副总刚好经过梁经理房间门口,听到他打电话,讨论内容似乎和陈经理业务范围有关。他到陈经理那里,刚好陈经理也在打电话。李副总听到谈话内容,确定是两位经理在谈话。之后,他找到了陈经理,问他是怎么一回事。明明两个主管的办公房间就在隔壁,为什么不直接走过去说?竟然是用电话谈。

陈经理笑答,这个电话是梁经理打来的,梁经理似乎比较希望用电话讨论工作,而不是当面沟通。陈经理曾试着在梁经理房间谈,而不是电话沟通。梁经理不是在最短的时间内结束谈话,就是眼睛一直盯着计算机屏幕,让他不得不赶紧离开。陈经理说,几次以后,他也宁愿用电话的方式沟通,免得让别人觉得自己过于热情。

了解这些情形后,李副总找了梁经理聊天。梁经理觉得,效率应该是最需要追求的目标。所以,他希望用最节省时间的方式,达到工作要求。李副总以过来人的经验告诉梁经理,工作效率重要,但良好的沟通绝对会让工作进行顺畅许多。

(2)填写实训表,见表4-1。

表 4-1　团队沟通的重要性实训

小组序号:	学生姓名:		学号:	成绩:
(1)从上述案例中可以看出梁经理的做法有哪些优点和缺点?				
(2)通过对梁经理的沟通方式分析,有哪些启示?				
(3)对于目前研发部的现状,你对梁经理能提出哪些建议?				

(3)小组讨论,并推荐一名代表发言。

(4)教师对各小组成员的观点进行点评分析,并总结团队沟通的重要性。

5. 效果评价

教师对学生学习过程及完成质量给予评价。小组成绩主要考核团队整体完成情况,个人部分主要考核个人执行情况,具体见表4-2。

表 4-2　团队沟通的重要性训练评价

小组序号：			学生姓名：		学号：
小组成绩(教师评价或小组互评)			个人最终成绩		
任务及标准	满分	得分	项目及标准	满分	得分
小组讨论	20		小组分解得分	40	
团队成员间相互了解程序评价	10		个人角色及执行	20	
讨论及合作情况	20		代表发言陈述	10	
			讨论发言	20	
			友好互助	10	
合　　计	50		合　　计	100	
评价者：			评价者：		
评价时间：　年　月　日			评价时间：　年　月　日		

6. 点评交流

采用学做合一的教学模式,学生每次完成学习任务,教师及时组织交流,重点点评,穿插引出相关理论知识及下一步要进行的内容,启发学生积极思考,较好地完成本次学习任务。

任务二　团队沟通方式和障碍

知识目标

- 掌握团队沟通方式。
- 理解团队沟通产生障碍的原因以及排除障碍的方法。

技能目标

- 能够分析团队沟通障碍产生的因素并了解其排除方法。
- 能够采取适当的沟通方式进行团队沟通,提升沟通效率。

素养目标

- 通过克服沟通障碍内容学习,认识领会抗挫折精神。

 热身游戏

沟通穿越障碍

活动目标:通过游戏让团队成员了解语言沟通方式与技巧,知道如何有效沟通。

形式:全体学生共同参与完成。

时间:15分钟。

场地：教室内。

所需材料：每个小组 3 个塑料杯、几张白纸、1 块硬纸板、1 只眼罩。

游戏方法：

(1) 每 5～7 人组成 1 个小组，每组设置 1 位指挥员，在"雷区"另一边指导同组其他组员跨越"雷区"。

(2) 教室中有两个过道，在过道中用透明胶布和白纸设置障碍，作为地雷。过道终点放一张桌子，桌子上放 3 个杯子，形成一个杯塔。底部的杯子正放，第二个杯子倒放，第三个杯子盛水放在第二个杯子上。

(3) 每个小组除指挥员外，其他组员都必须蒙上眼睛，每次只能由一名组员通过"雷区"。

(4) 每个小组最后一名组员通过"雷区"后，将硬纸板放在杯塔上，如果杯塔不倒，则视为任务成功。

(5) 踏中"雷区"的组员则被视为"死亡"，应退出游戏。

(6) 通过"雷区"的组员可以摘下眼罩，参与指导其他组员。

(7) 在规定时间内，小组成员通过"雷区"者最多的即为获胜小组，若人数相同，则用时少的团队获胜。

讨论：

(1) 在穿越"雷区"时，指挥员的指导能清楚接收吗？如不能清楚地接收，是什么原因？

(2) 如果换一种沟通方式，会比语言沟通更加有效吗？为什么？

 案例导入

此时有声胜无声

一位医学院主任带领学生到附属医院上临床实习课程，来到一个病房前，主任说："等一下进去，大家看一看这个患者的症状，知道患者是什么病的就点点头，不知道的就摇摇头。不要多说话，免得惊吓到病人，了解了吗？"众实习生连忙点点头。

病房中的病人本身只有轻微的肺积水，他躺在床上，看到一大群穿着白大褂的"医生"走了进来，心中不免有几分紧张。

实习生甲看了病人一会儿，咬着笔杆想了想，无奈地摇了摇头。

实习生乙把病人看来看去，用乞怜的眼光看着主任，想到自己可能要面临重修的悲惨命运，眼角含着泪水，也无可奈何地摇了摇头。

接下来，轮到实习生丙，他看了看病人，只是叹了一口气，一副垂头丧气的样子，摇了摇头就走了出去。

当实习生丁开始看病人的时候，只见病人冲下床来，满脸泪水地说："医生啊，请你救救我吧……我还不想死啊……呜呜呜……"

思考：怎么看待病人产生的这个误会？

美国保德信人寿保险公司总裁罗伯特·贝克曾说过："良好的沟通能力是构成事业基础的一个要项。能简明、有效地交代自己的思想，又能清楚地了解别人的用意，就拥有最好的机会。"据学者们的研究表明：一个正常人每天花 60%～80% 的时间在听、说、读、写等沟通活动上。良好的团队沟通是促进团队和谐发展的重要手段。

一、团队沟通的方式

1. 会议沟通

会议沟通是一种成本较高的沟通方式,沟通的时间一般比较长,常用于解决较重大、较复杂的问题。下面几种情境宜采用会议沟通的方式进行。

(1) 需要统一思想或行动时(如项目建设思路的讨论、项目计划的讨论等)。

(2) 需要当事人清楚、认可和接受时(如项目考核制度发布前的讨论、项目考勤制度发布前的讨论等)。

(3) 传达重要信息时(如项目里程碑总结活动、项目总结活动等)。

(4) 澄清谣传信息,而这些谣传信息将对团队产生较大影响时。

(5) 讨论复杂问题的解决方案时(如针对复杂的技术问题,讨论已收集的解决方案等)。

2. 个别谈话

沟通没有固定的模式,要依据不同的对象来制定,而且要适应不同的沟通渠道。团队成员之间的个别谈话既是彼此关心、建设感情的渠道,也是探讨和研究问题的重要方式。个别谈话基本都是建立在相互信任的基础上,表露出真实思想,提出不便在公众场合提出的问题,运用好个别谈话,不仅可以了解情况、沟通思想、交换意见、提高认识、解决问题,还可以畅通言路、集思广益、凝聚人心、增进友谊。更能帮助团队管理者掌握团队成员的思想动态,统一思想,认清目标。

3. 开放式讨论

开放式讨论是在团队里以无特定结构、以对话形态、以大家熟悉的方式进行的谈话,不指定具体谁是负责人,可以对主题进行多角度的自由讨论,是目前团队思考最常用的方法。这种方式不仅能够交流信息,也可以实现信息的互补。不仅能够提高团队成员面对问题、解决问题的能力,还能够观察成员的组织协调能力、口头表达能力、说服能力,以及自信程度、进取心、情绪稳定性、反应灵活等个性特点,同时还能促进团队形成良好的氛围。

即兴思考

如何有效利用网络来增进团队沟通的效果?

二、团队沟通的障碍及解决方法

日常生活的沟通当中,常常会因为一些原因而使沟通出现障碍,甚至可能会出现相反的效果。这说明在沟通过程中,有一些因素影响了信息的有效传递。

(一)团队沟通障碍

在工作团队的沟通过程中,导致沟通障碍的原因主要有以下几点。

1. 个人因素

(1) 不同类型的人对于事物不同的态度、观点和信念是造成沟通障碍

微课:团队沟通
的障碍

的重要原因。例如,人们在接受信息时往往非常关注,符合自己利益需要或者与自己切身利益有关的内容,而容易忽略没有影响或者可能损害自己利益的信息。所以在沟通技巧上,尽量中性与平静,较少带有感情和个人倾向色彩的内容沟通较为顺利。

(2)团队中每个人的个性差异可能会引起沟通的障碍。在组织内部的信息沟通中,个人的性格、气质、态度、情绪、兴趣等差别,都可能造成在沟通内容中的关注点的不同。有沟通技巧的人会很注意这一点。

(3)在一个团队中,员工常常来自不同的背景,有着不同的说话方式和风格,对于相同的沟通内容,可能会有不一样的理解,甚至有些言语是被人所忌讳的,这些都会造成沟通障碍。

2. 人际关系因素

人际关系因素主要包括沟通双方的相互信任程度和相似程度。

沟通是传递者与接收者之间交流的过程,不是单方面,而是双方的事情,因此,沟通双方的诚意和相互信任至关重要。在组织沟通中,当面对来源不同的同一信息时,员工往往会选择相信他们最值得信任或者关系最好的那个来源的信息。如果上下级之间互相猜疑,只会增加抵触情绪,沟通当中的积极信息往往会被这种情绪忽略掉。沟通的准确性与沟通双方之间的相似性也有着直接的关系。在沟通技巧上,双方的特征(如性别、年龄、智力、种族、社会地位、兴趣、价值观、能力等)相似性越大,信息的传递就会更加顺利,效果也会越好。

3. 团队结构因素

信息传递者在组织中的地位、信息传递链、团体规模等团队结构因素也是影响沟通的原因。许多研究表明,地位的高低对沟通的方向和频率有很大的影响。人们一般愿意与地位较高的人沟通。而信息的传递也趋向于从地位高的流向地位低的。信息传递环节越多,到达接收者的时间也越长,信息失真率则越大,越不利于沟通。因此,组织机构庞大,层次太多,会影响信息沟通的及时性和真实性。影响团队沟通的主要因素见表 4-3。

表 4-3　影响团队沟通的主要因素

个体障碍	在相关主题方面的信誉	组织障碍	语言分歧
	冲突的或不一致的信号		地位或权力差异
	不愿意沟通		不同的知觉
	缺乏良好的倾听习惯		噪声
	先入为主		过载
			原因差异

(二)团队沟通障碍的解决方法

1. 运用反馈

很多沟通问题是由于误解或理解不准确造成的。如果管理者在沟通中能运用反馈回路,则会减少这些问题的发生。为了核实信息是否按原有意图接受,管理者可以询问有关该信息的一系列问题。最好的办法是让接收者用自己的话复述信息。当然,反馈不必一定以言语的方式表达,行动其实比言语更为明确。

2. 缩短信息传递链,拓宽沟通渠道

缩短信息传递链,拓宽沟通渠道,从而可以保证信息的畅通无阻和完整性。信息链过长,则减慢了传递速度并造成失真。减少组织结构重叠和过多的层次,必将大幅度提高沟通的效率和提升效果。此外,在充分利用正式沟通渠道的同时,要开辟非正式沟通渠道,以便信息的传递。

3. 运用通俗、准确的语言

由于语言也可能成为沟通障碍,因此团队沟通过程中应该选择合适的措辞并组织信息,使信息清楚明确,易于理解。团队管理者还要考虑信息所指向的听众,使用的语言要适合于接收者,所以,发出信息所用的语言也要因人而异,尽量使用对方最容易懂得的语言;容易含糊和误解的词语要加以重复、强调和解释,以便对方正确地理解。在这里,反复的沟通是必要的。

4. 控制情绪

情绪能使信息的传递严重受阻或失真。当团队管理者或是成员对某件事十分愤怒时,很可能对所接收的信息发生误解,并在表述自己信息时不够清晰、准确。因此,此时应该暂停进一步的沟通,直至恢复平静。

5. 积极倾听

倾听是对信息进行积极主动的搜寻,而单纯的听则是被动的。在倾听时,接收者和发送者双方都在思考,这能够使双方获得信息完整的意义。

沟通联络中的障碍是难免的,但由于这些障碍几乎都是人为的,所以只要方式和方法能对症下药,就能有效控制障碍的发生。表 4-4 通过个人技术和组织技术两个层面来寻求克服沟通障碍的方法。

表 4-4　克服沟通障碍的方法

	培养良好的倾听技能
	鼓励双向交流
个人技术	注意语言和意义
	保持自己的信誉
	注意接收者的立场
	注意发布者的立场
	跟进
组织技术	管理信息流
	管理媒介的丰富性

 **同步实训**

团队沟通的障碍及排除

1. 任务要求

(1) 在教师引导下完成教师预设的模拟游戏。

（2）完成沟通障碍因素相关问题的讨论及理论学习。

（3）小组内分工协作完成任务。

2. 任务分析

本次任务以激励方法运用模拟案例、学生通过参与游戏自主分析解决问题为主线，教师协助辅导、点评中引出相关理论知识，从而了解沟通障碍的发生和解除。

3. 实施准备

（1）材料准备：无。

（2）场地准备：能分组讨论演练的实训室。

（3）学生 10 人 1 组，确定组长 1 名，分工协作。

4. 实施步骤

（1）每队成员排成一列。

（2）教师给每一列的第一位成员展示要传递的话，例如，"两点是冰，三点是清，四点是点，两点是冷，三点是沉，四点是蒸，这样的字知多少。"要求默记。

（3）随后，在规定的时间里要求每一列通过"交头接耳"的方式从第一个人传达至最后一个人，然后由最后一个人将他所听到的内容说出来，最后公布结果。

（4）以每个团队所完成的正确字数来确定胜负。

5. 效果评价

由团队管理者组织团员进行讨论，分析在整个信息传递过程中存在的问题或取得的经验，以及在完成任务的整个过程中，存在哪些沟通障碍，这些障碍产生的原因是什么，在以后的活动中将如何排除这些障碍。教师对学生的学习过程及学习效果给予综合评价，具体见表 4-5。

表 4-5　团队沟通的障碍及排除训练评价

小组序号：			学生姓名：		学号：
小组成绩（教师评价或小组互评）			个人最终成绩		
任务及标准	满分	得分	项目及标准	满分	得分
游戏完成情况	10		小组分解得分	20	
小组讨论情况	10		个人角色及执行	10	
成果展示情况	15		演练创意	10	
团队合作情况	15		代表发言陈述	10	
合　计	50		合　计	50	
评价者：			评价者：		
评价时间：　　年　　月　　日			评价时间：　　年　　月　　日		

6. 点评交流

学生每次完成模拟游戏，展示分析解决办法后，教师及时组织学生交流，并结合学生的分析及解决方案，穿插引出相关理论知识及引申问题。本次课堂以模拟游戏激发学生兴趣，学生积极参与分析讨论，教师以案例问题为载体，启发、讲解相关理论知识，学生通过模拟训练,掌握识别冲突、解决冲突的专业技能。

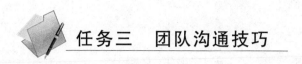 任务三　团队沟通技巧

微课:团队沟通
技巧

知识目标

- 掌握团队沟通技巧。

技能目标

- 能分析和评价团队沟通障碍所产生的原因。
- 能运用所学的团队沟通技巧解决团队中的实际问题。

素养目标

- 通过模拟企业的沟通岗位,使企业文化与社会主义核心价值观相联系,树立正确的职业观。
- 通过团队协作讲解合作精神,树立社会主义核心价值观"诚信、友善"。
- 认识中华民族优秀传统文化。

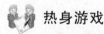 **热身游戏**

"巨人"游戏

活动目标:通过游戏让团队成员了解团队沟通方式与技巧,并知道如何有效地进行沟通。

形式:全体学生共同参与完成。

时间:15 分钟。

场地:教室内。

所需材料:每个小组几张白纸、1 只气球。

游戏方法:

(1) 每 6~8 人为一个团队,由团队成员共同讨论,确定团队的旗帜和口号。

(2) 按设计要求制作真实的旗帜。

(3) 在团队中选择合适的人组成一个"巨人"。"巨人"由 5 个人组成:成员 A 不能用手和腿,只能用嘴来吹气球;成员 B 和 C 只能各用一只手做成员 A 的左右手;成员 D 和 E 只能做成员 A 的两条腿和脚,把他(她)抬起来走;"巨人"举起团队旗帜,喊出口号,然后由成员 A 吹大气球,成员 B 和 C 把气球扎紧,经由成员 D 和 E 一起将成员 A 送到目的地后,成员 B 和 C 用手将气球放在成员 D 和 E 的脚上,由成员 A 将气球坐爆,再按原来的方式回到起点。

讨论:

(1) 分析在整个比赛过程中在的问题和取得的经验?

（2）在比赛过程中，团队成员采用了何种沟通方式？这种沟通方式有哪些优点和缺点？

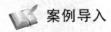 **案例导入**

史上"最牛"女秘书

一天晚上，EMC 大中华区总裁陆纯初回办公室取东西，到门口才发现自己没带钥匙。此时他的高级私人秘书瑞贝卡已经下班。陆纯初试着联系瑞贝卡，但一直没联系上。数小时后，陆纯初还是难抑怒火，于是在凌晨 1 时 13 分通过内部电子邮件系统给瑞贝卡发了一封措辞严厉且语气生硬的"谴责信"。这封电子邮件最终成为整个事件的导火索。

陆纯初在这封邮件中说："瑞贝卡，在星期二我曾告诉过你，想东西、做事情不要想当然！结果今天晚上你就把我锁在门外，我要取的东西都还在办公室里。问题在于你自以为是地认为我随身带了钥匙。从现在起，无论是午餐时段还是晚上下班后，你要跟你服务的每一名经理都确认无事后才能离开办公室，明白了吗？"陆纯初在发送这封邮件的同时发送给了公司几位高管。

两天后，瑞贝卡在邮件中回复说："第一，我做这件事是完全正确的，我锁门是从安全角度上考虑的，如果一旦丢了东西，我无法承担这个责任。第二，您有钥匙，您自己忘了带，还要说别人不对。造成这件事的主要原因都是您自己，不要把自己的错误转移到别人的身上。第三，您无权干涉和控制我的私人时间，我一天就 8 小时的工作时间，请您记住中午和晚上下班的时间都是我的私人时间。第四，从到 EMC 的第一天到现在为止，我工作尽职尽责，也加过很多次班，我也没有任何怨言，但如果你们要求我加班是为了工作以外的事情，我无法做到。第五，虽然咱们是上下级关系，也请您注意一下说话的语气，这是做人最基本的礼貌问题。第六，我要在这强调一下，我并没有猜想或者假定什么，因为我没有这个时间也没有这个必要。"她回信的对象选择了 EMC（北京）、EMC（成都）、EMC（广州）、EMC（上海）。这样一来，EMC 中国公司的所有人都收到了这封邮件。

资料链接：吴淡如.史上最牛女秘书[J].青年博览，2009(15)：26.

思考：

（1）EMC 大中华区总裁陆纯初与女秘书之间矛盾的导火索是什么？

（2）什么原因导致他们二人矛盾的进一步激化？

（3）换成你是瑞贝卡，你会怎么做？

在竞争激烈的商业环境中，组织一般都以团队形式解决复杂问题。当问题难度较大时，会要求团队成员之间信息共享，进行各个方向的自由沟通。

对一个团队来讲，沟通不畅是很多问题产生的根源，良好的沟通是团队解决问题的前提，团队管理者和成员应不断提高自身沟通能力，以提高团队整体沟通能力和技巧。

一、提高团队沟通能力

提高团队沟通能力可以从以下 3 个方面入手。

1. 倾听

在倾听的过程中能够获取更多的信息，给倾诉者留下一个谦虚的印象，认真聆听能够更准确地理解对方的意图。

2. 表达

在沟通的过程中,要对事不对人,坦诚表达自己的真实感受和立场,客观巧妙地使用语言,让倾听者更容易理解自己的意思。

3. 反馈

倾听、表达过后,能否实现有效沟通的最后一个环节就是反馈。针对不同的情况和不同的人员,可以采取正面认知、修正性反馈、负面反馈和没有反馈等方式。

二、掌握团队沟通技巧

(一) 认真做好团队沟通前的准备工作

进行团队沟通之前,分析沟通对象的特征,包括利益特征、性格特征、价值特征、人际关系特征等,并把握其可能的态度;认真准备团队沟通要表达的信息,尽可能做到条理清晰、简明扼要、用语通俗易懂,并拟写沟通内容提纲;选择恰当的沟通方式,即使是面对面沟通,也要事前确定具体的沟通方法,是直接沟通还是婉言暗示,是证明陈述还是比喻说明,都要事先进行选择和设计;事先告知沟通的主题内容,让沟通对象也为沟通做好准备;在与沟通对象交换意见的基础上,共同确定沟通的时间、时限和地点。准备工作做得充分,才能为有效的沟通打好基础。

(二) 营造良好的团队沟通环境

一个令人愉快的团队沟通环境是高效率工作的基础。沟通环境是指沟通时周围的环境和条件,既包括与个体间接联系的社会整体环境(政治制度、经济制度、道德风尚等),又包括与个体直接联系的区域环境(学习、工作、家庭等)。

根据团队沟通方式,选择合适的沟通环境。首先,要选择合适的地点、时间进行沟通。沟通的场所大小要适宜。其次,沟通时要有必要的辅助工具,使沟通更加形象和具体。最后,沟通时要善于把握精神环境,要在兴趣、价值、需求和目标等方面强调双方所共有的事务,形成和谐的气氛,以达到沟通的效果。

(三) 善用艺术的表达方式

沟通不是简单地用逻辑分析来说服对方,而是要用沟通对象提供的事实,以及对方不能否认的事实,与对方个人的利益建立起直接的联系,使对方认同自己。同时,要绝对避免的是把自己的观点以雄辩的方式强加给对方使对方有压迫感。沟通的一个主要作用就是向沟通对方传达自己的想法和情感,这就决定了表达是沟通最重要的环节。因而表达方式的选择极为重要,没有艺术的表达方式,则很难达到良好的沟通效果。

艺术的表达方式有很多,例如可以从对方感兴趣的话题入手;以双方都认同的话开场;多提问,引导出对方的想法和态度;以求教、征求对方意见的方式来提出自己的建议;注意力集中,尽可能多地与对方进行目光接触;适当运用肢体语言来辅助传达信息;避免过多使用专业术语等。

？／ 即兴思考

生活中,"无恶意的小谎言"真的不会伤害任何人吗? 谈谈你的看法。

(四) 用心聆听,推动沟通内容

所谓倾听就是要充分给沟通对象阐述自己意见和想法的机会,并设身处地依照沟通对象表达的思路来思考,厘清对方说话的逻辑,收集自己所不知道的信息,并把沟通对象引导至所要沟通和讨论的议题上来,使沟通对象感受到自身的价值和所受到的尊重。因此,学会倾听、善于倾听有利于解决团队中的问题。

1. 提高倾听技巧

减少团队沟通中的障碍,团队成员可以通过以下几方面提高倾听技能。

(1) 使用目光接触。保持与沟通对方眼神接触,但要避免长时间地盯着对方,否则会使对方感到不安。

(2) 使用赞许性的点头和恰当的面部表情。面对沟通对象,在对方讲话时,可不时地做一些笔记。

(3) 避免使用分心的举动或手势。不要东张西望或若有所思。避免出现跷二郎腿、双手抱胸、双目仰视天花板或者斜视等容易被对方误以为不耐烦、抗拒或高傲的行为举止。

(4) 要提出意见,显示自己不仅在充分聆听,而且在思考。

(5) 偶尔复述,用自己的话重复对方所说的内容,或者用鼓励、请求的语言激发对方。例如:"您说的话非常有价值。""很好。""请接着讲。""您能讲得详细一点吗?"一方面使沟通对象感觉到被重视,另一方面又可以让对方把话说得透彻。

(6) 要有耐心,不要随意插话。即使沟通对方所说的话伤害了你,也不要立即在脸色和语气上表现出来,至少要让对方把话说完。

(7) 不要妄加批评和争论。要有听取不同意见的准备。

(8) 使听者与说者的角色实现顺利转换。

总体而言,要善于运用倾听的四种回应方式:鼓励,促进对方表达意见;询问,以探索的方式获得对方更多的信息资料;反应,告诉对方你在听,同时确定已完全了解对方的意思;复述,重复对方的话,用于讨论结束时,确定没有误解对方的意思。

2. 沟通内容推动的技巧

推动技巧主要用来影响他人的行为,使其逐渐符合推动者想要沟通的议题。有效运用推动技巧的关键,在于以明白具体的积极态度,让对方在毫不怀疑的情况下接受你的意见,并觉得受到激励,进而主动完成工作或解决问题。推动技巧主要有以下 4 个方面。

(1) 回馈。让对方了解你对其讲话或行为的感受,这些回馈对人们改变行为或维持适当行为是相当重要的,尤其是提供回馈时,要以清晰具体而非侵犯的态度提出。

(2) 提议。将自己的意见具体明确地表达出来,让对方能了解自己的沟通方向与目的。

(3) 推论。使讨论具有进展,整理谈话内容,并以此为基础进行延伸。

(4) 增强。通过增强对方出现的正向行为(符合沟通意图的行为)来影响他人,激励他人做你想要他们做的事情。

（五）积极反馈，形成有效沟通

反馈就是在沟通过程中对沟通对象所表述的观念、想法和要求给予回应，让对方明白自己的态度和想法。在现实生活中，有些人强行把自己的观点、想法灌输给对方，让对方无条件接受，也往往不寻求对方的反馈来调整自己的想法和思路，最终结果是费时费力，没有效果，总是"沟而不通"。因此，团队进行沟通反馈时要注意以下几点。

（1）避免在对方情绪激动时反馈意见。

（2）避免全盘否定性的评价，或者向沟通对方泼冷水。

（3）使用描述性而不是评价性的语言进行反馈，尤其是要强调对事不对人。

（4）向沟通对方明确自己将会考虑如何采取行动，让对方感受到这种沟通立竿见影的效果，以取得对方的信任。

（5）站在沟通对方的立场上，针对沟通对方所需要的信息进行反馈。

（6）反馈要明确、具体，若有不同的议案，要提供实例说明，避免发生正面冲突。

（7）要把反馈的重点放在最重要的问题上，以确保沟通对方接受和理解。

（六）建立有效的团队沟通机制

（1）缩短信息传递链，保证信息的及时传递。这样可以在很大程度上避免传递信息的失真现象。

（2）增加沟通渠道，应由团队管理者、团队成员自下而上地沟通。例如，领导者要经常走出办公室与团队成员进行面对面的沟通。坦诚、开放、面对面的沟通会使员工觉得领导者理解自己的需要，使沟通取得事半功倍的效果。

 同步实训

团队沟通技巧

1. 任务要求

（1）在教师引导下完成教师预设的有效沟通技巧的案例分析。

（2）完成案例分析后进行讨论及理论学习。

（3）小组内分工协作完成任务。

2. 任务分析

有效的团队沟通技巧的应用能够帮助团队化解团队冲突，塑造团队精神，培养团队成员之间的情感，更能帮助团队实施有效的决策。因此，寻找恰当的沟通方式，是本次学习任务的重点。

3. 实施准备

（1）材料准备：每组各1份案例模拟演练材料。

（2）场地准备：能分组讨论演练的实训室。

（3）学生约6人1组，确定组长1名，分工协作。

4. 实施步骤

案例一

Era是一家日资企业中的日籍雇员，在制造部门担任经理。Era发现现场的数据很难及时反馈上来，于是决定从生产报表上开始改造。借鉴日本母公司的样表，设计了一份非常

完美的生产报表,从报表中可以看出生产中的任何一个细节。每天早上,所有的生产数据都会及时地放在 Era 的桌子上。Era 很高兴,认为他拿到了生产的第一手数据。没过几天,出现了一次大的质量事故,但报表上根本就没有反映出来,Era 这才知道,报表的数据都是随意填写上去的。为了这件事情,Era 多次找工人开会,强调认真填写报表的重要性,但每次开会,在开始几天可以起到一定的效果。但过不了几天,又返回原来的状态。Era 怎么也想不通。

问题:Era 为什么多次开会却收效不好?分析原因,并给出可行的建议。

学生阐述原因,讲述解决办法。教师点评,穿插讲解理论知识。

案例二

施女士年初被提升,做了她非常喜欢的工作。她的上级钱先生是一位良师益友,对她的工作给予了很大的支持,她上级的上级梁先生对她也很认同,所以施女士在工作上如鱼得水。但是,上个月,她的上级钱先生因故离开了公司。经钱先生推荐,公司从外面引进了李先生,作为施女士新的上司。李先生的到来使施女士的情况完全改变了。用施女士的话来说:"简直要崩溃了。"事情是这样的:李先生到来后,总是对施女士的决定做事后诸葛亮。有时候,他甚至将施女士做过的工作再按自己的方式重新做一次。最不能让施女士容忍的是,李先生不止一次在施女士的下属面前对施女士的工作方法表示怀疑。施女士很苦恼,她想跳过李先生,和李先生的上级梁先生反映情况,但是又觉得可能会把问题搞僵,想同李先生谈谈,又担心控制不住情绪,反而更糟;想和老上级钱先生沟通,又担心让钱先生为难。

问题:分析施女士所遇到的沟通障碍。施女士该如何处理这种情况?

学生阐述原因,讲述解决办法。教师点评,穿插讲解理论知识。

5. 效果评价

教师对学生参与过程及完成情况给予评价。小组成绩主要考核团队整体完成情况,个人部分主要考核个人执行情况,具体见表 4-6。

表 4-6　团队沟通技巧训练评价

小组序号:			学生姓名:　　　　　　　　　学号:		
小组成绩(教师评价或小组互评)			个人最终成绩		
任务及标准	满分	得分	项目及标准	满分	得分
案例一完成及讨论	10		小组分解得分	20	
案例二完成及讨论	10		个人角色及执行	10	
成果展示情况	15		演练创意	10	
团队合作情况	15		代表发言陈述	10	
合　　计	50		合　　计	50	
评价者:			评价者:		
评价时间:　　年　　月　　日			评价时间:　　年　　月　　日		

6. 点评交流

学生每次完成模拟游戏,展示分析解决办法后,教师及时组织学生交流,并结合学生的分析及解决方案,穿插引出相关理论知识及引申问题。本次课堂以模拟案例激发学生兴趣,学生积极参与分析讨论,教师以问题为载体,启发、讲解相关理论知识,学生通过模拟演练,锻炼沟通技巧。

综合练习

一、单选题

1. 以下对于沟通表述正确的是(　　)。
   A. 沟通虽然是双方或是多方的行为,但不需要有信息的接收者
   B. 信息只要传递出去了,即使接收者没有收到信息,沟通也已经发生
   C. 沟通过程可以没有信息的内容
   D. 沟通是指两个人或者两个主体之间对某种信息的传递、接收和理解的过程

2. (　　)是指在沟通过程中,信息发送者与接收者之间的地位保持不变,一方主动发送信息,另一方主动接收信息。
   A. 双向沟通　　　　　B. 单向沟通　　　　　C. 上行沟通　　　　　D. 斜向沟通

3. 下列表述正确的是(　　)。
   A. 书面沟通耗时,缺乏反馈,但有形、持久、缜密、逻辑性强
   B. 口头沟通条理清楚,信息准确度高
   C. 单项沟通的准确性高,但易使接收者产生抵触情绪,沟通效果较差
   D. 双向沟通需要双方反复交流磋商,不利于建立良好的人际关系

4. "小张,我一点也不同意这种观点,但是,我能理解你,我们的意见出现分歧是有原因的。"小李的这段话并没有得到小张的任何回应,根据这种情况,小李和小张之间的交流过程是(　　)。
   A. 双向的　　　　　B. 有效的　　　　　C. 无效的　　　　　D. 完整的

5. 为了保障有效的沟通,对于失言后的处理,不应包括(　　)。
   A. 向对方坦诚道歉　　　　　　　　B. 要称"下不为例"
   C. 想办法掩饰问题　　　　　　　　D. 正视问题,不回避

二、多选题

1. 沟通过程包括(　　)等要素。
   A. 沟通主体　　　　　B. 沟通客体　　　　　C. 沟通介体
   D. 沟通环境　　　　　E. 沟通渠道

2. 沟通的基本条件包括(　　)。
   A. 有信息的发送者　　　　　　　　B. 有信息的接收者
   C. 有信息的内容　　　　　　　　　D. 有传递的渠道和方法
   E. 有信息的收集

3. 群体的典型沟通网络包括(　　)。
   A. 链式沟通　　　　　B. Y式沟通　　　　　C. 轮式沟通
   D. 环式沟通　　　　　E. 全通道式沟通　　　　　F. 直线式沟通

4. 基本的沟通方式有(　　)。
   A. 电话沟通　　　　　B. 当面沟通　　　　　C. 书信沟通　　　　　D. 公文沟通

5. 选择沟通方式应注意(　　)。
   A. 场合　　　　　　　　　　　　　　B. 沟通内容的性质

　　C. 沟通数量　　　　　　　　　　　D. 消除可能产生的障碍

三、思考题

1. 结合实际工作,淡淡团队沟通的作用。

2. 举例说明,在实际工作中,团队沟通有哪些障碍,如何克服这些障碍?

3. 如何运用有效的团队沟通技巧?

四、案例讨论和分析

　　"我不想听你的任何借口,你要做的就是把那些飞机送上天!"赵总冲着他手下的经理大吼道。身为航空公司派驻当地的运营官,赵总对当地员工所表现出来的态度十分不满。3个月前赵总调至当地,他很不适应当地人的工作风格。"我对这些人太苛刻了吗? 你一定以为我是这样。但我说的话他们从来不听。他们觉得现在这样做就很好,而且对我所建议的每一个变化进行抵制。他们根本不认为遵守时刻表十分重要。"赵总是否对他的当地员工太苛刻了,员工的回答是一致的。他们普遍不喜欢他。这里有一些他们对于老板的匿名意见:"他对我们的需求无动于衷。""他以为他这么吼来吼去,事情就会有所改观,但我们并不这么认为。""我在这里工作了 4 年。他来之前,这里是很好的工作场所。现在再也不是了。我总是担心自己会受到严厉指责。我常常十分焦虑,甚至在家里也一样。我的先生已开始抱怨了。"赵总之所以被调到这里,主要是为了加强当地的管理工作。在他的工作目标中位列前茅的是:改善当地工作准时的记录;提高生产率;改善顾客服务。当问到赵总与员工之间沟通有什么困难时,他回答:"是的。我们似乎根本就没有过什么交流。"

　　讨论:赵总存在沟通问题吗? 请解释理由。

项目 **五**

团队领导力

项目内容

　　本项目以企业案例作为引导,结合团队领导力相关理论知识的分析,让学生在理解团队领导力知识的基础上,掌握基本领导方式和艺术,同时以学生团队作为活动单位,通过实训将本项目内容进一步深化和提升。

任务一　团队领导概述

微课:团队领导力
概述

知识目标

- 理解领导和领导者内涵。
- 熟悉领导者素质。
- 掌握领导原则。

技能目标

- 能够运用所学知识提升自身的影响力。
- 能根据自身情况提升自我的领导力。

素养目标

- 学会"从群众中来,到群众中去"。

 热身游戏

解手链游戏

活动目标:通过游戏体验团队领导的作用。

形式:全体学生共同参与完成。

时间:10分钟。

场地:教室内。

游戏方法:

(1) 每组成员围成圈,站成一个向心圆。

(2) 先举起你的右手,握住对面那个人的手;再举起你的左手,握住另外一个人的手;现在你们面对一个错综复杂的问题,在不松开的情况下,想办法把这张乱网解开。

（3）告诉大家一定可以解开,但答案会有两种:一种是一个大圈,另一种是两个套着的环。

（4）如果过程中实在解不开,可允许队员决定相邻两只手断开一次,但再次进行时,必须马上封闭。

讨论:为什么有的组能迅速解开?

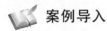 案例导入

四 块 糖

著名教育家陶行知在任校长时,一次在校园里偶然看到王友同学用小石块砸别人,便当即制止了他,并令他放学后,到校长室谈话。

放学后,王友来到校长室准备挨骂。

可一见面,陶行知却掏出一块糖给他说:"这奖给你,因为你按时到这里来,而我却迟到了。"王友犹豫间接过糖,陶行知又掏出一块糖放到他手里说:"这块糖又是奖给你的,因为我教训你不要砸人时,你马上不砸了。"王友吃惊地瞪大眼睛,陶行知又掏出第三块糖给王友:"我调查过了,你用小石块砸那个同学,是因为他不守游戏规则,欺负女同学。"王友立即感动地流着泪说自己不该砸同学。陶行知满意地笑了,掏出第四块糖递过去说:"为你正确认识自己错误,再奖励你一块! 我的糖发完了。"

思考:陶行知校长的做法高明在哪里? 为什么?

一、领导的内涵

（一）领导的定义

关于领导（leadership）的定义,不同角度有着不同的解释。综合分析,领导可表述如下:在一定条件下,指引和影响个人或组织,实现某种目标的行动过程。其中,把实施指引和影响的人称为领导者,把接受指引和影响的人称为被领导者,一定的条件是指所处的环境因素。领导的本质是人与人之间的一种互动过程。

（二）领导的功能

领导的功能是领导者在领导过程中必须发挥的作用,即领导者在带领、引导和鼓舞下属为实现组织目标而努力的过程中,要实施组织、激励和控制功能。

1. 组织功能

组织功能是指领导者为实现组织目标,合理地配置组织中的人、财、物,使组织的三要素构成一个有机整体的功能。组织功能是领导的首要功能,没有领导者的组织过程,一个组织中的人、财、物只可能是独立的、分散的要素,难以形成有效的生产力,通过领导者的组织活动,人、财、物之间的合理配置,构成一个有机整体,才能去实现组织目标。

2. 激励功能

激励功能是指领导者在领导过程中,通过激励方法调动下级和职工的积极性,使之能积

极努力地实现组织目标的功能。实现组织的目标是领导者的根本任务,但完成这个任务,不能仅靠领导者一个人去动手亲自干,应在组织的基础上,通过激励功能的作用,将全体员工的积极性调动起来,共同努力,"众人拾柴火焰高",领导的激励功能,形象地说就是要使众人都积极地去拾柴。

3. 控制功能

控制功能是指在领导过程中,领导者对下级,以及整个组织活动的驾驭和支配的功能。在实现组织的目标过程中,"偏差"是不可避免的。这种"偏差"的发生可能源自不可预见的外部因素的影响,也可能源自内部不合理的组织结构、规章制度、不合格管理人员的影响,纠正"偏差",消除导致"偏差"的各种因素是领导的基本功能。

二、领导者的内涵

(一)领导者定义

所谓领导者(leader),是居于某一领导职位、拥有一定领导职权、承担一定领导责任、实施一定领导职能的人。在职权、责任、职能三者之中,职权是履行职责、行使职能的一种手段和条件,履行职责、行使职能是领导者的实质和核心。领导者要想有效地行使领导职能,仅靠制度化、法定的权力是远远不够的,必须拥有令人信服和遵从的高度权威性,才能对下属产生巨大的号召力、磁石般的吸引力和潜移默化的影响力。

(二)领导者角色

一般来说,凡是有许多人进行协作的劳动,其过程的连续性和统一性必然表现在一个指挥的意志上。领导者就是在社会组织和工作团体中身居高位、肩负重担、总揽全局、运筹帷幄的特殊成员。从领导者的工作性质和担负任务的角度观察,领导者在社会组织中的指挥职能,使领导者成为政策的制定者、规划的决定者、工作的控制者、任务的分派者、冲突的仲裁者、赏罚的实施者、关系的协调者、集体的代表者、价值的规范者、信念的依据者。从领导者所处位置和发挥作用的角度观察,领导者在工作团体中的指挥职能,常使领导者成为群众的首领、组织的代表、集体的替身、行动的榜样、团体的象征、责任的化身、权力的体现、奖惩的对象。

(三)领导者素质

领导者素质,是在先天禀赋生理和心理基础上,经过后天学习和实践锻炼而形成的,是在领导工作中经常起作用的基础条件和内在要素的总和。那么,一个领导者到底要具备什么样的素质才能够成为好的领导呢?最著名的研究是20世纪70年代美国哈佛大学约翰·科特教授关于领导者素质的研究,在对多家企业的经理进行调查之后,他认为一个领导者应该具备以下6个方面的素质。

1. 行业知识和企业知识

行业知识主要包括市场情况、竞争情况、产品情况和技术状况。企业知识主要包括领导者是谁、他们成功的主要原因是什么、公司的文化渊源、公司的历史和现在的制度。

2. 在公司和行业中的人际关系

人际关系广泛,在企业活动涉及的各个领域拥有广泛的人际关系,越广越好。同时,必须是稳定的,长期的,不是一次性的而是可以反复合作的。

3. 职业信誉和工作记录

一个好的领导者必须具有良好的职业信誉和工作记录。因此,在探讨职业经理人的从业风险时,投资家会说,我把资金交给职业经理人,那么他干得不好,我的投资就没有了,所以,我承担的风险很大。但是,理论家们说,职业经理人所承担的风险其实更大,因为作为投资家,这笔投资失败了,还可以去进行其他投资,在这里损失了,在别处可以找回来。但作为职业经理人,如果他把这个公司做垮了,这项事业做失败了,那么他的信誉就会受到影响,这个很差的工作记录永远无法抹去,这对他以后整个事业道路和人生发展都会产生不良影响,所以,投资商是拿着自己财产中的一部分来冒可逆的风险,而职业经理人是拿着自己的整个职业生涯和自己的人生发展来做赌注。

4. 基本技能

领导者需要具备的基本技能包括社会技能、概念技能和专业技能。社会技能包括:与他人交往的行为,如接受权威、谈话技巧、合作行为;与自我有关的行为,如情感表达、道德行为、对自我的积极态度;与任务有关的行为,如参与行为、任务的完成、遵循指导等。概念技能主要指分析判断全局的能力和进行战略规划的能力,要求有敏捷的思路、强大的抽象思维做支撑。专业技能是指个体所具备的专业技术水平及能力,一般指从事某一职业的专业能力。

5. 拥有个人价值观

价值观最基本的两条:一是要有积极的行为准则;二是要保持客观公正的评价态度。

6. 拥有进取精神

进取精神是建立在自信基础上的成就和权力动机,并且保持充沛的精力,能够全身心地投入工作。

(四) 领导者影响力

影响力是一个人在人际交往过程中影响他人思想和行为的能力。人与人之间的影响力在速度、强度、持久性等方面存在着个体差异。领导者的影响力构成是多方面的,主要包括以下几方面。

1. 权力因素

权力因素包括传统因素(人们对领导传统的观念)、职位因素、资历因素。

2. 非权力因素

非权力因素包括品格、能力、知识、情感等因素。

(1)品格。品格是非权力性感召力的重要前提。品格是反映在人的一切言行中的道德、品行、人格、作风等的总和,是非权力性感召力的本质要素。优良的品格会给领导者带来巨大的感召力,使群体成员对其产生敬爱感。一个适应社会的好的品格,常被人们作为典范来效仿。品格优良、作风正派的领导,必然带出一大批正直的下属。袁采说:"己之性行为人所重,乃可诲人以操履之祥。"一个领导应该懂得,无论他(她)的职位有多高,倘若在品格上出了问题,其政治威望(感召力或亲和力)就会荡然无存。

(2)能力。能力是非权力性感召力产生的重要内容。能力是能够胜任某项工作的主观条件,是非权力性感召力的实践性要素。人的能力是多方面的,如一个领导能够在安排下属的工作中,避其所短,扬其所长,这就是领导者识人、用人的本领和能力。古人曰:"有才者不难,能善用其才则难。"说的就是这样的道理。

(3)知识。知识是非权力性感召力产生的重要依据。知识是人们在改造客观世界的实践活动中所获得的直接经验和间接经验的总和,是非权力性感召力的科学性要素。知识是一个人的宝贵财富,是领导者领导群体成员实现群体目标的重要依据。丰富的知识会给领导者带来良好的感召力,会使下属对其产生依赖感。领导者如果具有某种专业知识,那么,必然会对他人产生影响,具备这种素质的领导要比不具备这种素质的领导,在行使权力上顺利得多。

(4)情感。情感是非权力性感召力产生的重要纽带。情感是人对客观事物(包括人)主观态度的一种反映,是非权力性感召力的精神性要素。领导人深入基层,平易近人,时时体贴关心下属,和下属同甘共苦,建立良好的情感,就容易使下属对其产生亲切感,下属的意见也容易反映到领导处,从而在领导做决策时可以根据群众的工作情况和思想状况做出更科学、合理的决策。

即兴思考

领导者应该如何用情感进行管理?

案例

领导的艺术

一位教授招了4名研究生,他们分别来自A国、B国、C国和D国。教授出了一道题:一只杯子里有非常贵重的液体,但杯壁上出现了一个漏洞,请问用什么办法使液体不流出来?A国学生说用激光枪进行焊补;B国学生说可以利用吸引力的原理发明一种吸嘴,吸上去也很牢靠;C国学生说只要把杯子斜放一下,液体就不会流出来;D国学生说,我没有去想办法,但我愿出50美元购买他们的点子。D国同学看似没办法,但实际上是一种最好的方法。

三、领导的基本原则

领导要遵循的基本原则如下。

1. 懂得沟通

作为一个领导,最重要的是要懂得沟通,包括语言的沟通、心与心之间的沟通。沟通能让队员更好地理解领导的想法,了解该想法的目的,以及该想法对工作的积极作用,让队员更好地理解后按照对应的思路去做事。而心与心之间的沟通显得更为重要,它可以拉近与队员之间的距离,这样才能与队员更好地协作处理工作。心与心的沟通还可以化解一些尴尬或矛盾,心与心的沟通表现在心平气和,将心比心地去交流,多站在对方的立场去想想,多关心队员平时生活之类的事。

2. 愿景比管控更重要

缺乏理想与愿景指引的企业或团队会在风险和挑战面前畏缩不前,他们对自己所从事的事业不可能拥有坚定的、持久的信心，也不可能在复杂的情况下，从大局、从长远出发，果断决策，从容应对。

一些人错误地认为，管理者的工作就是将100％的精力放在对企业组织结构、运营和人员的管理和控制上。这种依赖于自上而下的指挥、组织和监管的模式虽然可以在某些时候起到一定效果，但它会极大地限制队员和企业的创造力，并容易使企业丧失前进的目标，使队员对企业未来的认同感大幅降低。相比之下，为企业制定一个明确的、振奋人心的、可实现的愿景，对于一家企业的长远发展来说，其重要性更为显著。处于成长和发展阶段的小企业可能会将更多精力放在求生存、抓运营等方面，但即便如此，管理者也不能轻视愿景对于凝聚人心和指引方向的重要性。对于已经发展、壮大的成功企业而言，是否拥有一个美好的愿景，就成为该企业能否从优秀迈向卓越的重中之重。

3. 信念比指标更重要

每一个企业的领导者都应当把坚持正确的信念，恪守以诚信为本的价值观放在所有工作的第一位，不能只片面地追求某些数字上的指标或成绩，或一切决策都从短期利益出发，而放弃了最基本的企业行为准则。相比之下，正确的信念可以带给企业可持续发展的机会；反之，如果把全部精力放在追求短期指标上，虽然有机会获得一时的成绩，却可能导致企业发展方向的偏差，使企业很快丧失继续发展的动力。

4. 团队比个人更重要

在任何一家成功的企业中，团队利益总要高过个人利益。企业中的任何一级管理者都应当将全公司的利益放在第一位，部门利益次之，个人利益放在最后。

道理说起来非常明白，但在实际工作中，就不那么好把握了。例如，许多部门管理者总是习惯性地把自己和自己的团队作为优先考虑的对象，在不知不觉中忽视了公司的整体战略方向和整体利益。这种做法是非常错误的，因为如果公司无法在整体战略方向上取得成功，那么公司内部的任何一个部门、团队就无法获得真正的成功，而团队不成功，团队中的任何个人也不可能取得成功。

好的管理者善于根据公司目标的优先级顺序决定自己和自己部门的工作目标以及目标的优先级。例如，出于部门利益的考虑，也许某个产品的研发无法在短期内获得足够的市场收益，部门管理者应该果断放弃对该产品研发的投入，否则，部门在该年度的绩效数据（如果仅以市场收益衡量）就有可能不出色。但是，如果从公司整体的角度出发，假设该产品是帮助公司在未来两到三年内赢得潜在市场的关键因素，或者该产品的推广对于提高公司的企业形象有重要的帮助，那么，对于该产品的投入是符合公司整体利益的，部门对于该产品研发目标及其优先级的设定就应该符合公司的整体安排。

团队利益高于个人利益。作为管理者，还应该勇于做出一些有利于公司整体利益的抉择，就算对自己的部门甚至对自己来说是一种损失。

5. 授权比命令更重要

如果团队过分依赖管理者，整个团队对于外部变化的应对能力和应对效率大幅降低，因为所有决策和命令都需要由管理者做出，员工在感知到变化时，只会习惯性地汇报给领导。

因此，"授权"比"命令"更重要也更有效。但是，团队领导该如何做好授权呢？这其中最重要的就是权力和责任的统一。在向队员授权时，既定义好相关工作的权限范围，给予队员足够的信息和支持,也定义好它的责任范围,让被授权的队员能够在拥有权限的同时,可以独立负责和彼此负责,这样才不会出现管理上的混乱。也就是说,被授权的队员既有义务主动地、有创造性地处理好自己的工作,并为自己的工作结果负责,也有义务在看到其他团队或个人存在问题时主动指出,帮助对方改进工作。

为了做好授权,可以预先设定好工作的目标和框架,但不要做过于细致的限制,以免影响队员的发挥。领导的工作是设定目标,而不是事无巨细地控制、管理、指挥和命令。

6. 平等比权威更重要

在企业管理的过程中,尽管分工不同,但团队领导和队员应该处于平等的地位,只有这样才能营造出积极向上、同心协力的工作氛围。平等的第一个要求是重视和鼓励队员的参与,与队员共同制定团队的工作目标。这里所说的共同制定目标,是指在制定目标的过程中,让队员尽量多地参与进来,允许他们提出不同的意见和建议,但最终仍然由管理者做出选择和决定。

这种鼓励队员参与的做法可以让队员对团队的事务更加支持和投入,对管理者也更加信任。虽然不代表每一位队员的意见都会被采纳,但当他们亲身参与到决策过程中,当他们的想法被聆听和讨论时,即使意见最终没有被采纳,他们也会有强烈的参与感和认同感,会因为被尊重而拥有更多的责任心。

平等的第二个要求是管理者要真心地聆听队员的意见。作为团队管理者,不要认为自己高人一等,事事都认为自己是对的。应该认真听取队员的想法和意见。在复杂情况面前,管理者要在综合权衡的基础上果断地做出正确的决定。

同步实训

新 棋 武 士

1. 任务要求

(1) 在教师引导下完成教师预设的团队领导力游戏。

(2) 完成游戏后进行讨论及理论学习。

(3) 小组内分工协作完成任务。

2. 任务分析

领导力是团队管理的重要职能,所谓领导就是在一定条件下,指引和影响个人或组织,实现某种目标的行动过程。其中,把实施指引和影响的人称为领导者,把接受指引和影响的人称为被领导者,一定的条件是指所处的环境因素。领导的本质是人与人之间的一种互动过程。

3. 实施准备

(1) 确定活动场地。

(2) 根据场地状况制作好标准棋盘。

(3) 一卷包装袋、两卷透明胶布。

(4) 根据学生人数制作好标示牌,车、马、炮等共 32 张。

4. 实施步骤

(1) 概念与活动说明:在游戏中通过组建两个精英团队的竞争活动了解团队组建的过程及特点。

(2) 将学生分成两个精英团队(可以采取报数、抽号等方式)。

(3) 明确团队的目标(SMART 原则的运用)。

(4) 将学生领到游戏场地,教师宣布两组成员开始作战(教师不作其他的提示)。

(5) 根据活动情境,教师提示要使团队成员开始协作必须有团队的协调人(领导者),双方选出各自的协调人(领导者)。

(6) 在有了各自的领导者之后,双方开始作战,教师观察两组团队领导、团队资源分配(角色分工)、信任与沟通、信息与流通、决策、创新等情形(教师不作其他提示)。

(7) 根据双方作战的进展情况,教师视时机推出标示牌,目的在于让所有学生随时看到成员在棋盘中的位置(进展状况)。

(8) 在第(7)条基础上重新开始,直到胜负分晓(教师观察全过程,了解胜方制胜的关键点)。

(9) 活动分享。分享胜利者在团队组建方面的心得;团队资源、团队成员特长的发挥等;失败者在团队组建方面的心得。

5. 效果评价

教师对学生的学习过程及学习效果给予综合评价。小组成绩主要考核团队整体完成情况,个人部分主要考核个人执行情况,具体见表 5-1。

表 5-1　新棋武士训练评价

小组序号:			学生姓名:		学号:
小组成绩(教师评价或小组互评)			个人最终成绩		
任务及标准	满分	得分	项目及标准	满分	得分
团队目标讨论	20		团队目标陈述	50	
团队成员协作讨论	15		团队成员协作陈述	50	
讨论及合作情况	5				
合　计	40		合　计	100	
评价者:			评价者:		
评价时间:　年　月　日			评价时间:　年　月　日		

6. 点评交流

采用学做合一的教学模式,学生每次完成学习任务,教师及时组织交流,重点点评,穿插引出相关理论知识及下一步要进行的内容,启发学生积极思考,较好地完成本次学习任务。

任务二　团队领导力构建

微课:团队领导力
构建

知识目标

• 理解有效的领导艺术。

• 掌握如何构建领导力。

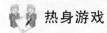

技能目标

- 能够运用不同的领导方式。
- 能够提升团队领导力。

素养目标

- 学会站在下属的角度为团队成员或者企业着想。

热身游戏

搜　　寻

活动目标：通过游戏体验领导的意义；加强学生之间的情感了解和团队融入。

形式：全体学生共同参与完成。

时间：15分钟。

场地：教室内。

所需材料：将要找的物品列在一张表上，并在培训前24小时发给各组。

游戏方法：

(1) 每5～7人组成1个小组。

(2) 教师告知每个参与者一起去参加搜寻活动，获胜的小组将得到奖励。

(3) 将"寻猎"列表交给各小组，告诉他们利用自己的智慧尽可能多地获得表中所列物品。

(4) 时间到，每个队都要回来集合，比一比得分。

讨论：你的小组与任务完成好的小组有多少差距？分析获胜队的获胜原因；你的小组里是否有人明显比其他人更出色？有人领导你的小组吗？是谁，为什么他能领导？

案例导入

营销经理成长的关键

张先生是某跨国医疗器械企业的大客户经理，主要负责华南区10家大医院的大型医疗设备的销售。张先生在这个岗位上可谓是得心应手，号称从来没有打过败仗。老板很器重他，也有心提拔他到更高的职位。于是，老板决定先调张先生到其他几个岗位上轮岗，然后择机提升到销售总监的位置。

首先，张先生被调到放射产品事业部，任地区经理。这个部门是该企业的核心部门之一，其营业额占全公司营业额的40%。张先生手下管理着3个项目经理和近20名销售人员，对应着所负责地区的200多家二级以上医院。经过短暂的培训，张先生走马上任。随着工作的开展，张先生感觉到苦恼。很多事情需要协调，原来没有的杂务需要处理，和客户的关系也没有原来那样亲近。老板也感到苦恼，同时也很疑惑，他本来期待着张先生能在这个新的岗位做出更好的成绩，结果3个月下来，这个部门的业绩不仅没有提高，反而比上一年同期下降了20%，和其他部门和地区相比，也乏善可陈。

思考：张先生的苦恼怎样才能解决？

一、领导力的内涵及构成

（一）领导力的内涵

领导力可以被形容为一系列行为的组合，而这些行为将会激励人们跟随领导去要去的地方，而不是简单的服从。所谓领导力，就是一种特殊的人际影响力，组织中的每一个人都会影响他人，也要受他人的影响，因此每个员工都具有潜大的和现实的领导力。根据领导力的定义，发现它存在于我们周围，在管理层、在课堂、在球场、在政府、在军队、在公司直到一个小家庭，可以在各个层次、各个领域看到领导力，它是我们做好每一件事的核心。

领导力的实现通常有强制性服从、内化和个人认同3个阶段。所谓强制性服从，是指领导者通过实现一种奖励或者惩罚的手段来达到对被领导者影响的目的。内化是指被领导者不仅屈从于领导的强制性命令，而且在内心也认同领导者的想法或价值观，是由内而外地愿意服从领导的命令。个人认同则是在内化的基础上进一步积极与领导者保持一致，是一种更高程度的"内化"，心悦诚服地接受领导的指挥和批评。至此，领导力发挥出最高效力。

即兴思考

领导力是否等于权力，为什么？

（二）领导力的构成

从宏观方面来看，领导力由权力影响力和非权力影响力构成。权力影响力又可以称为强制性影响力，之所以冠以权力影响力（强制性影响力），是因为其影响力来自领导者的职务、权力、地位等，是通过它们来使人服从，最终实现其目的，具有一定的强制性。

1. 权力性影响力的基础

权力性影响力的基础通常有3个方面。

（1）强制性。由于领导者具有"法定"的对下属的控制权，并有能力惩罚下属，使他们遭受痛苦和损失。下属为了避免惩罚而被迫服从领导者的意愿，接受领导者的管理。

（2）奖赏权。也是由于"法定"的权力，领导者可以奖励下属，只要下属满足领导者的要求，合乎领导者的意愿，就可能获得奖励。因此，下属为了获得奖励，而选择愿意接受领导者的管理。

（3）法定权。法定权源自人们的传统观念和社会规范。人们往往认为领导者被授予了合法的权力，那么他们就应该服从领导者的管理，接受其指挥。

通常情况是一个领导者在组织中的地位越高，拥有的权力也就越大，则他所具有的权力性影响力也就越明显。

2. 权力影响力的构成

权力影响力大体上可分为规划力、决策力、组织力、激励和应变力。

（1）规划力。规划就是个人或组织对未来整体性、长期性、基本性问题的思考和考量，并据此来制订比较全面、长远的发展计划。规划力就是关于这方面的能力。作为领导者，能够对事情,特别是对重大事情进行规划,以保证事情朝着自己预想的方向发展。

（2）决策力。决策力就是对所要处理的事情的一种判断、处理的能力。它可能是一种经过思考后的理性行为,也可能是一种条件反射、习惯反应或本能反应等非理性的行为。对于一个现代领导者来说,面对变幻多端的市场环境和复杂多变的经济形势,是否可以对问题进行准确合理的决断,关系到组织的生存和发展。因此,科学正确的决策力是现代领导者必须拥有的能力。

（3）组织力。简单来说,组织力就是设计组织结构和配置组织资源的能力。组织力是团队的灵魂,有效地组织团队能够让团队利益最大化。领导者要具备较强的组织力,能够合理设计组织结构,科学配置组织资源,带领组织成员实现组织目标。具备好的组织力可以让领导者获得下属追随的能力,领导者能够使追随者心甘情愿地集合在自己身边,并引导他们自觉地沿着一定方向前进。

（4）激励。激励是指激发人的动机和内在动力,使其心理过程始终保持在激奋的状态中,让人朝着所希望的方向前进。

激励是组织领导过程中必不可少的环节,是领导力的重要组成要素。领导者适当的激励能够促使下属更加有效地去完成工作任务,积极朝着组织目标前进。

（5）应变力。应变力就是随机应变的能力。应变力可以体现领导者思维的能力,因为社会发展日新月异,没有一种规章制度能适应所有的情况。面对变化多端的形势和环境,领导者要具备强大的应变力,及时调整、改进制度,使其适应新情况和新变化。

领导者要调整、改进的不仅是制度,还需要对人、财、物做出及时的调整,以改善组织存在的不足,努力使组织在变化中求得生存和发展。

3. 非权力影响力

非权力影响力又称自然影响力,它不是通过领导者职务、身份、地位等对被领导者产生的影响,而是通过领导者自身的思想、品质、修养等对被领导者产生的影响。非权力影响力通常是深远而持久的。非权力影响力主要包括思想力、个人魅力等。

（1）思想力。思想的力量无比强大,"谋先事后者胜,事先谋后者败","思想改变行动,行动改变命运","世界上有两种东西最有力量,一是宝剑,二是思想,而思想比宝剑更有力量"。这些都是强大的思想力。

领导者的思想力是领导者秉持的价值观以及对事情见解的体现。领导者应具有正确独特的见解和科学完善的价值观,并能把自己的价值观变成组织内外部的价值观,使组织更具有凝聚力,吸引他人追随。

（2）个人魅力。个人魅力是个人人格力量以及个人阅历、聪明才智所衍生出来的一种影响力。超强的人格魅力会像魔法棒一样具有吸引人的力量,会深深吸引住他人。它不会因个人权利变化而变化,也不会因位置的转移而消失,而是作为独立的个体而长期存在。

知识链接：领导力
21法则

个人魅力对于人际关系有着非常大的影响。领导者若具备令人心仪的个人魅力,其一言一行都可能会对他人产生影响,产生一种吸引力,从而有助于人际关系的拓展。

二、团队领导风格

1. 领导风格的定义

领导风格是领导者的行为模式。领导者在影响别人时,会采用不同的行为模式达到目的。企业领导风格就是习惯化的领导方式所表现出的种种特点。习惯化的领导方式是在长期的个人经历、领导实践中逐步形成的,并在领导实践中自觉或不自觉地起稳定作用,具有较强的个性化色彩。每一位领导者都有与其工作环境、经历和个性相联系的并与其他领导者相区别的风格。

2. 领导风格的组成

领导风格有时偏重于监督和控制,有时偏重于表现信任和放权,有时偏重于劝服和解释,有时偏重于鼓励和建立亲和关系。这些行为模式是可观察的,也是可以由被领导者"感受"得到的。领导风格由工作行为和关系行为两种领导行为构成。

(1) 工作行为。工作行为是领导者清楚地说明个人或组织的责任的程度。这种行为包括告诉对方"你是谁"(角色定位)、该做什么、什么时间做、在哪里做以及如何做。从领导者到被领导者的单向沟通是工作行为的典型特征。你做血液化验的情形就是一个存在大量工作行为的例子。在进行抽血化验时,化验员可能一直在命令你。他对你的不安毫不理会,命令你挽起衣袖,伸直胳膊;告诉你在抽血的时候要握紧拳头。抽完血以后,他又会给你棉球要求你压住刚才抽血的地方。在抽血的过程中,你可能会感到有点恐惧,但化验员还是会按部就班地把工作做完。有趣的是,化验员的命令语气,不会让你感到不满,相反,还能够帮助你增加信心,克服恐惧感。命令并不意味着言辞粗鲁或脾气暴躁。化验员对你的态度可能是非常友好的,但他的命令式的行动和语言都是为了完成工作。

(2) 关系行为。关系行为是领导者满足被领导者心理需求的领导行为。包括倾听、鼓励、表彰、表现信任、提升参与感、建立亲和关系和归属感等。领导者与被领导者进行双向或者多向沟通,是关系行为的主要特征。假设一个员工连续加班,产生了严重的焦虑感,同时工作中开始频繁出现失误。那么,他的上级首先应将注意力放在失误上还是放在体贴关怀上,对于这位员工迅速恢复状态的影响是不一样的。假如上司找时间与这位员工聊天,倾听他当下的感受,并且对他工作中的闪光点多给予肯定和认可,而暂时不去谈论他的失误,这就表现出了"领导者的关系行为",相信会更加有利于这位员工保持工作热情,提升对于工作质量的承诺度。

3. 不同的领导风格

团队领导者的领导方式会影响该团队所执行任务的成败。管理方格理论指出,领导者的管理工作主要考虑两方面的因素,即所面临的工作与完成这项工作的团队成员之间的关系,对这两方面因素的不同态度与倾向形成 4 种不同类型的领导风格。

(1) 委托型。不注重工作任务本身也不注重人际关系。这种风格的领导者对工作任务和与成员间的关系都不甚关心。他们相信团队成员有解决问题的能力,因此只指出大致方向和目标。这给团队成员留有宽松的选择余地,由他们自主决定如何完成目标。

(2) 激励型。不注重工作任务本身而注重人际关系。这种风格的领导者会花大量的时间和心血构筑与团队成员之间的关系。对他们来说,组织中人的因素居于实现目标的各项因素之首。他们通常只提出大致的工作目标,而致力于细致入微地做人的思想动员工作。他们认为只要能调动起团队成员的工作劲头,就能完成工作任务。

(3)指挥型。注重工作任务本身也注重人际关系。领导者认为,团队成员没有足够的能力和动机完成任务,因此,领导者事必躬亲,详尽地监督指挥团队成员采取行动,并且控制团队成员如何行动甚至如何思考。

(4)教练型。注重工作任务本身而不注重人际关系。这种风格的领导者相信团队成员有完成任务的动机,但缺乏必要的能力。他们不断地教团队成员如何去做某项具体的工作,而不太考虑错综复杂的人际关系。

领导者的领导方式通常是上述4种类型的领导风格的混合,但很多领导者会使用最为便利的一种,从而使他们所偏好的工作风格与工作任务的价值及对人际关系的态度倾向相协调。团队领导究竟采用哪种领导模式与团队成员的人性假设相关。管理学界有"经济人假设""社会人假设""自我实现人假设""复杂人假设"等不同假设,不能武断地说哪一种人性假设理论比另外一种更好。上述4种团队领导模式分别基于特定的人性假设。指挥型和教练型领导模式往往认为下属缺乏积极性、主动性和创造性,不愿或不敢承担责任,需要领导为其提供相应的方法指导;激励型和委托型领导模式往往认为下属具有非常强烈的创造欲和成就欲,勇于或敢于承担责任,并能接受有挑战性的任务。特别是进入21世纪以来,组织结构的扁平化和知识更新的加速化倾向日益明显,激励型和委托型领导应当成为优选模式,这样可以培养下属,鼓励和支持下属承担更为艰巨的任务。

 案例

雷军的授权式管理

雷军是一个做事非常认真的人,进入金山公司后,他以骁勇善战的劲头闻名IT界,成为中关村有名的劳模。但是,在各大软件公司的夹击下,金山公司的生存空间变小了。2002年,雷军特意去上海拜访陈天桥,第二年,金山公司就推出了自己的游戏,但始终未能占据市场重要地位。他还看好电子商务,金山和联想投资的卓越网后来卖给了亚马逊。总之,金山公司尝试过互联网的很多方向,但总是差那么一步。眼见一些等不到公司上市的高管离开,雷军感慨万分。在公司内部的一次活动中,雷军说自己这些年很苦,金山公司很不容易。说着说着,他的眼圈就红了。

金山公司上市后,雷军说:"过去金山的事,鲜有我没掺和的,22岁的金山公司没有大成,有我一份不可推卸的责任。"雷军说过去3年自己每天都在反思。"一日梦醒才明白:要想大成,光靠勤奋和努力是远远不够的。"

对于当下的事业,雷军说:操盘小米公司,我有一个观点就是我们一定要开开心心的,顺势而为。作为一名团队领导者,你的任务就是管理下属,完成从遇到问题自己想办法解决,到引导、激励下属解决问题的角色转变,而完成这个转变的前提,就是必须学会授权。

三、团队领导艺术

所谓领导艺术,是指领导者在一定的知识、经验、才能和气质等因素的基础上逐步形成的、创造性地运用各种领导策略、资源、方法和原则,以有效实现组织目标的技能和技巧。其中,领导的知识、经验、智慧、才能等因素是领导艺术得以发挥的前提;对领导原则、条件、资源、方法等纯熟巧妙地运用并富有创造性,是领导艺术的核心;而领导风格和领导者创造性的实践所塑造的"美"的形象,是二者结合的结果,是领导艺术的外在表现。因此,领导艺术是非规范化、非程序化、非模式化的领导行为,是领导者把握领导规律、履行领导职能的最高境界。从含义中我们不难看出,领导艺术首先与领导个人素质密切相关,在此基础上,还需要大胆实践,并且领导艺术源于创造性,常常表现为非常态化,其主要内容是解决领导带领团队中遇到的各种复杂矛盾。

案例

领 导 威 信

刘备三顾茅庐请诸葛亮出山相助,诸葛亮在第一次指挥抗击曹军时,关羽和张飞均不服气。后来,因诸葛亮的神机妙算接连打了几个胜仗,关、张二人才口服心服。从此,诸葛亮树立了自己的威信。要想当好领导者,树立威信十分重要,因为这是有效开展工作的前提。但威信不是上级授予的,更不是自封的,而是靠自己真本事树立起来的。

领导艺术的特征具体表现在以下 5 个方面。

1. 经验性与科学性的统一

领导艺术具有很强的实践性,以一定的科学知识为基础,反过来又以自己的经验总结丰富和发展领导科学知识。因此,领导艺术具有科学性,更彰显其经验性。

案例

农夫的一天

有一个农夫一早起来,告诉妻子说要去耕田,当他走到 40 号田时,却发现耕耘机没有油了;原本打算立刻要去加油的,突然想到家里的三四口猪还没有喂,于是转回家去;经过仓库时,望见旁边有几条马铃薯,他想起马铃薯可能正在发芽,于是又走到马铃薯田去;路途中经过木材堆,又记起家中需要一些柴火;正当要去砍柴的时候,看见了一只生病的鸡躺在地上。这样来来回回跑了几趟,这个农夫从早上一直到太阳落山,油也没加,猪也没喂,田也没耕。很显然,最后他什么事也没有做好。

2. 原则性与灵活性的统一

原则是行事的根本遵循,也是领导者处理各种问题的指导思想。当前我国领导工作的根本原则包括:坚持党的基本路线,以人为本,依法领导,严格遵循党的方针、政策,全心全意为人民服务等。领导在处理问题时并不是一成不变的,而是坚持具体问题具体分析,对领导原则加以灵活运用,将原则的普遍性应用于解决各种问题的特殊性。

3. 共性与个性的统一

领导者在实践活动中总是要运用一定的知识和经验,而这些知识和经验是无数人通过实践证明具有普遍指导价值的原则和方法,体现为领导艺术的共同基础、共性特征。但是,由于个人的素质、阅历、知识结构等各不相同,领导者运用这些原则和方法便会表现出不同的风格、不同的技能技巧,体现为领导艺术的个性内容、个性特征。

?✎ 即兴思考

共性和个性本是一对反义词,如何在领导中实现共性和个性的统一?

4. 规范性与创造性的统一

领导工作既要求创新,又要求稳定。领导艺术不是对已有方法的机械的、简单的运用,而是在坚持规范性原则的基础上体现一种层出不穷、丰富多彩、构思新颖、风格独特的技艺。正因为这种创造性,才使得领导方法不断更新、丰富和发展,领导效能才会越来越显著。

5. 明晰性与模糊性的统一

模糊性是指对事物之间的关系难以用定量的方法描述或单纯用定型的方法分析,处于"模糊区间"。艺术的魅力就在于它的模糊性,领导艺术也不例外。但领导艺术的模糊性不是糊涂性,它仅是对于不需要清楚的不苛求清楚,不必须量化的不苛求定量而已,但模糊的背后仍然蕴含着客观规律的科学性和条理性,绝非无原则、无规矩地任意妄为。

知识链接:杰克·韦尔奇的八个领导守则

📄 同步实训

团队领导力

1. 任务要求

(1) 在教师引导下完成教师预设的团队领导力的模拟案例。

(2) 完成案例分析后进行讨论及理论学习。

(3) 完成后面的案例分析及实训练习。

(4) 小组内分工协作完成任务。

2. 任务分析

通过实训及案例讲解,让学生体会领导风格都有哪些及团队领导应该具备什么样的素质,从而快速提升自己的领导力。

3. 实施准备

(1) 材料准备:每组各1份模拟案例材料。

(2) 场地准备:能分组讨论演练的实训室。

(3) 学生约6人1组,确定组长1名,分工协作。

4. 实施步骤

(1) 各组对下面案例进行讨论分析。

德国"铁娘子"安吉拉·默克尔领导的执政联盟党于2013年9月22日以压倒性优势赢得联邦议院选举,得票率为41.5%,获630个议席中的311席,创20年来最好成绩。这意味着默克尔将三任德国总理。

安吉拉·默克尔是化学研究博士,是德国历史上首位女总理,并且是最年轻的总理(51岁),甚至超越了撒切尔夫人的影响力和任期,被称为力挽狂澜的欧盟"铁娘子"。

低调沉着的默克尔在欧债危机下,仍将德国失业率维持在20年来最低,使她成为第二次世界大战后最受欢迎的总理之一,个人民望一度高达70%。此外,默克尔的政治本能、灵活运用战略战术的技巧以及出色的适应能力,都使她成为德国乃至欧洲当前最重要的政治家之一。

"科学家式"的政治决策让她的风格独树一帜

出于性情,默克尔总是努力将政治进程放缓,将问题独立分解,并在采取下一步行动之前分别观察并测试每一种解决方案,像一个科学家。她在每一次解决欧元危机的布鲁塞尔峰会上都这样做。在全世界看来,这是一个"教条"的普鲁士人逼迫其他人遵守纪律,而在德国人看来,则是他们的总理对危机国家和法国一次次做出谨慎且最小可能的让步。德国的纳税人们感到默克尔在保护他们,即使他们知道德国可能即将作出更多妥协。拉尔夫·伯尔曼将这种让德国人逐渐适应新现实,并知道要准备迎接更多现实的能力,看作默克尔独特的天分。

默克尔的温和姿态背后隐藏着十分精明的头脑,她的生存能力极强

有分析精辟地指出,默克尔在威胁变成现实之前就能嗅出其气味,如果抵挡不住威胁,她会展现罕见的灵活性,甚至把自己以前坚持的信念抛之脑后。例如,在日本福岛核危机后,默克尔下令关闭德国的反应堆、宣布"能源转型计划",这也被认为是一种180°的政策转向。此前,默克尔刚通过延长这些反应堆的运行寿命取悦了公用事业企业,发展核能也曾经是基民盟价值信仰的核心。

她不愿作出承诺,时刻准备抛弃不合时宜的政策,甚至在有些反对人士看来,她过于"机会主义"

她利用自己手中的权力去促成很多纲领性的改变,以保证基民盟继续占据政治舞台的中心地位。对外她同样能把德国人的原则与务实发挥得淋漓尽致,例如在中欧因光伏问题逼近贸易大战时,她会一边悄悄地做欧盟的工作,一边安抚中国,使德国企业避免遭受中国制裁,并在化解中德贸易战的同时,让德国利益实现最大化。

她总是将自己塑造成一个温和派,做折中的选择

默克尔有一个深交多年、值得信任的咨询辅助班子,她总是邀请各方人士,共同探讨每一种方法、每一个论点和每一个选择。"鲁莽"一词与她彻底绝缘。她更喜欢调停者的角色——在持各种意识形态和观点的专家当中。

务实、审慎、真诚——她具有的日耳曼人优秀品质

纵观默克尔的政治生涯,可以发现,她身上集中了日耳曼人的优秀品质:务实、认真、坚持、低调、周全审慎的思考,以及诚实、真诚、直接的沟通方式。不像那些高调、富有煽动性并喜欢操控政治气候的政治家。安格拉·默克尔以她简约、坚定和实干的作风逐渐赢得了党内的多数支持。她提出的口号——"我愿为德国效力"显得真诚而响亮,博得了许多人的好感。

问题1:默克尔的领导风格体现在哪些方面?

问题2:默克尔身上体现了哪些团队领导必备的素质?

问题3:结合自身谈谈如何提升领导力?

(2)学生分析案例并作相应阐述,教师点评,穿插讲解理论知识及提升领导力的关键

要素。

5. 效果评价

教师对学生的学习过程及学习效果给予综合评价。小组成绩主要考核团队整体完成情况,个人部分主要考核个人执行情况,具有见表 5-2。

表 5-2　团队领导力训练评价

小组序号：			学生姓名：		学号：
小组成绩(教师评价或小组互评)			个人最终成绩		
任务及标准	满分	得分	项目及标准	满分	得分
团队问题讨论	20		团队问题陈述	50	
团队成员协作讨论	15		团队成员协作陈述	50	
讨论及合作情况	5				
合　计	40		合　计	100	
评价者：			评价者：		
评价时间：　年　月　日			评价时间：　年　月　日		

6. 点评交流

学生每次完成模拟游戏,展示分析解决办法后,教师及时组织学生交流,教师结合学生的分析及解决方案,穿插引出相关理论知识及引申问题。本次课堂以模拟游戏激发学生兴趣,学生积极参与分析讨论,教师以案例问题为载体,启发、讲解相关理论知识,学生通过模拟来训练识别冲突、解决冲突的专业技能。

综合练习

一、单选题

1. 某企业多年来任务完成得都比较好,职工经济收入也很高,但领导和职工的关系很差。该领导很可能是管理方格中所说的(　　)。

　　A. 贫乏型　　　　　B. 任务型　　　　　C. 中间型　　　　　D. 俱乐部型

2. 一位员工最近陪同来自不同国家的学员参加一个高级研修班,她负责录像、记录和事务性工作,一周下来,疲劳不说,常常要承受客户的冷言冷语。再加上客户都是海外的大老板,对比起来差距很大。研修班结业的最后一天,领导给她打了一个电话。领导只说了三句话,第一是问候,第二让她先回家休息,第三向她询问另一项工作的完成情况。另一项工作由她负责,而且到了最后期限。该领导很可能是管理方格中所说的(　　)。

　　A. 贫乏型　　　　　B. 任务型　　　　　C. 中间型　　　　　D. 俱乐部型

3. 一家纺织厂,它的 CEO 是作风强硬派,依靠个人奋斗有了自己的工厂。有一次,CEO 当着众人的面,就一些小失误,对一位重要的管理人员进行了严厉、尖刻的批评。最令人吃惊的是在场所有人,竟无一人感到尴尬。他们认为这种事是"家常便饭"。几年后,这个公司因处于破产边缘被人接管。这位 CEO 违反了领导原则中的哪一条(　　)。

　　A. 懂得沟通　　　　　　　　　　B. 愿景比管控更重要

　　C. 平等比权威更重要　　　　　　D. 授权比命令更重要

4. 注重工作任务本身也注重人际关系的领导风格属于(　　　)。

　　A. 委托型　　　　　B. 激励型　　　　　C. 指挥型　　　　　D. 教练型

5. 注重工作任务本身而不注重人际关系的领导风格属于(　　　)。

　　A. 委托型　　　　　B. 激励型　　　　　C. 指挥型　　　　　D. 教练型

二、多选题

1. 下列属于员工内在动机的是(　　　)。

　　A. 报酬　　　　　B. 兴趣　　　　　C. 满足感　　　　　D. 成就感

2. 根据赫茨伯格的双因素理论,下列因素中,属于保健因素的是(　　　)。

　　A. 小陈觉得公司坐落在市中心,交通便利

　　B. 小王决定在学校工作,因为她认为学校氛围轻松简单

　　C. 今年小李所在的公司修改了绩效奖励,从 2% 上升到 5%

　　D. 季氏科技公司今年下发了新的制度:新的发明专利可以研发人的名字命名

3. 斯金纳认为,无论是人还是动物,为了达到某种目的,都会采取一定的行为,这种行为将作用于环境,当行为的结果对他或它有利时,这种行为就会重复出现,当行为的结果不利时,这种行为就会减弱或消失,这就是环境强化的结果。下列符合强化理论的是(　　　)。

　　A. 发放三好学生奖励　　　　　　　　B. 杀鸡儆猴

　　C. 无为而治　　　　　　　　　　　　D. 上班迟到罚款 100 元

4. 下面有关激励的说法正确的是(　　　)。

　　A. 激励有利于调动人的积极性和创造性

　　B. 激励有利于挖掘员工的潜力,提高工作效率

　　C. 激励有利于增强团队凝聚力

　　D. 激励有利于管理者控制员工

5. 领导艺术的特征具体表现是(　　　)。

　　A. 经验性与科学性的统一　　　　　　B. 原则性与灵活性的统一

　　C. 共性与个性的统一　　　　　　　　D. 规范性与创造性的统一

　　E. 明晰性与模糊性的统一

三、思考题

有一只两头鸟,名叫"共命",这鸟的两个头"相依为命"。遇事向来两个"头"都会讨论一番,才会采取一致的行动,例如,到哪里去找食物,在哪儿筑巢栖息等。

有一天,一个"头"不知为何对另一个"头"发生了很大误会,造成谁也不理谁的仇视局面。

其中有一个"头",想尽办法和好,希望还和从前一样快乐地相处。另一个"头"则不理不睬,根本没有要和好的意思。

如今,这两个"头"为了食物开始争执,那善良的"头"建议多吃健康的食物,以增进体力;但另一个"头"则坚持吃"毒草",以便毒死对方,才可消除心中怒气! 和谈无法继续,于是只有各吃各的。最后,那只两头鸟终因吃了过多的有毒的食物而死去了。

思考: 这个案例带给我们什么启示?

四、案例讨论和分析

罗辑思维创始人罗振宇,曾分享他们团队的工作心法:"做一件事,它到底靠不靠谱,你坐在家里想是没用的。我们的风格就是,不管三七二十一,主意出来大体觉得靠谱,先干起来。"

该团队曾推出新书《薛兆丰经济学讲义》,在商量新书发布会地点时,团队成员潘达半开玩笑地说:"我觉得菜市场接地气,哈哈!"原本是为了活跃气氛,没想到大家全都当真了。同事们纷纷表示,这个想法太棒了。于是谁提出的谁干,潘达莫名其妙地接下了一项几乎不可能完成的任务,一个月内找到合适的菜市场,举办"菜市场遇见经济学"艺术展。换做一般人,第一反应也许是:这怎么可能?而潘达虽然还不清楚怎么做这件事,但马上就开始着手做必须做的事,比如找菜市场负责人聊合作的可能性,找艺术家聊这次展览的创意。最后的结果出乎意料,她谈下了享誉盛名的北京三源里菜市场,并请到八位当代艺术家现场做展。不仅如此,她还说服摊主们进行角色扮演,一位卖牛肉的大姐扮演了亚当·斯密,一位卖蔬菜的大叔扮演了李嘉图。

当然这中间有许多的挫折、失败,但回过头看,这件事最终能取得成功,最大的功劳无疑来自团队的工作习惯:先行动,边做边瞄准,边做边完善。

讨论:这个案例说明了什么? 怎么理解执行力? 在团队中,应该怎样提升执行力?

项目六

团队激励

项目内容

本项目以企业案例作为引导,结合激励理论相关知识分析,让学生在理解激励理论知识的基础上,掌握团队激励基本技能,同时以学生团队作为活动单位,通过实训将本项目内容进一步加以深化和提升。

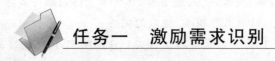 ## 任务一　激励需求识别

微课:激励需求
识别

知识目标

- 理解激励的作用及激励的过程模式。
- 熟悉人性假设理论及内容激励理论。
- 掌握马斯洛的需要层次理论。

技能目标

- 能正确认识团队中的生理需要、安全需要、爱与归属需要、尊重需要和自我实现需要。
- 能根据企业实际情况,分析并评价企业现有的保健因素和激励因素。

素养目标

- 能去关心、了解团队中其他人的需求,并努力让团队需求和谐。
- 学会站在对方角度为团队成员或者企业着想。

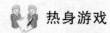 **热身游戏**

你为什么而工作

活动目标:通过游戏体验激励的内涵,导入激励理论。

形式:全体学生共同参与完成。

时间:10分钟。

场地：教室内。

游戏方法：

(1) 教师将下列题目展示在课件上。

问题：你想从工作中得到什么？

选项如下。

① 一件有趣的工作。

② 一位好领导。

③ 对我工作的认可和赏识。

④ 发展机会。

⑤ 满意的个人生活。

⑥ 有比较高的社会评价和社会地位。

⑦ 工作责任。

⑧ 良好的工作环境。

⑨ 合理的公司规则、规章、程序和政策。

⑩ 通过学习新东西得到发展的机会。

⑪ 一项我可以做好并获得成功的工作。

⑫ 工作稳定。

(2) 学生根据自己的情况，给上述 12 个因素打分。最低分 1 分：不想得到；最高分 10 分：非常想得到。

(3) 计算得分：因素 2、5、6、8、9、12 累计；因素 1、3、4、7、10、11 累计。

讨论：

(1) 你的哪一类因素得分比较高？为什么？

(2) 因素 2、5、6、8、9、12 之间有什么相同之处？因素 1、3、4、7、10、11 有什么相同之处？

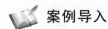 **案例导入**

百度员工福利

2018 年二季度百度营收 260 亿元，同比增长 32%，净利润 64 亿元，同比增长 45%。百度金融拆分完毕，爱奇艺成功上市，方向更加坚定，推动 AI 技术在百度全系产品（信息流、地图、输入法、翻译、百科、贴吧）落地，百度正在大踏步向前。加之谷歌透露要杀回中国大陆市场，百度终于火力全开，在 2018 年的百度 Summer Party 上，李彦宏宣布了几件事。

现场豪发 600 万美元，激励小团队创新与精进

百度的 Summer Party，已经举办了 8 届，形式、内容、意义、目的差不多可以类比阿里日。这场活动既是企业文化的落地体现，也是公司内部员工关怀和嘉奖人才的好机会，同时也是展现公司最新产品的新舞台。在各类展台前，除了各种高科技新产品的展示，"厂长"李彦宏例行颁布了百度年度最高奖项，共有 6 支团队，各获得 100 万美元奖励，也就是一口气颁发了 600 万美元豪奖。值得注意的是，"百度最高奖"只针对公司总监级别以下的、对公司作出卓越贡献的基层员工，要获得该奖必须符合三项标准：项目足够重要、结果远超预期、团队不超过 10 人且不能有总监。这种鼓励"小团队做出大事业"的企业文化，百度确实做得很赞!

早餐夜宵免费＋"青松计划"，心疼你的胃，更爱护你的家人

除了李彦宏一口气发掉 600 万美元大奖，还有另外两个福利全面公布，真正意义上普及每一位员工。在从前，百度只有周一的早餐免费，而从 2018 年 8 月 13 日开始，员工每天的早餐加夜宵都免费！胃是人类最接近心房的地方之一。百度此举，在温暖员工胃的同时，一并温暖到了员工心底。

除了早餐加夜宵全员免费，2018 年 10 月，百度推出"青松计划"，为工作两年以上百度员工的父母提供全国范围的医疗保险，并且不限父母年龄、身体健康状况、有无社保。也就是说，只要员工在百度工作两年以上，一旦父母需要住院治疗，都能享受百度提供的医疗保险。无论年龄多大！无论有没有社保！无论健康状况！无论身在何地！自费药也管！"青松计划"顾名思义，青为"青春"的"青"，松为"不老松"的"松"。我们在外打拼，无非是想让家人一起过上富裕的好日子，父母的身体健康，是做子女最大的心愿。这一次，百度让外界感受到了真正的温暖，这两个面向百度员工的福利，受到外界广泛的关注和赞许。

李彦宏深情告白员工，厂长没有你们是不行的

李彦宏在颁奖时，深情告白员工："有一句话说得好，陪伴是最长情的告白。今天，我们的告白语是什么？是在一起，了不起！"李彦宏还在演讲中讲起了段子："今天来了很多百度人，刚才跟大家握手的时候，我感受到有很多不同类型的人，有运动型的，有居家型的，有沉稳型的，也有 party animal，总之！可甜可咸，个个都非常棒！那么，你们的厂长是什么型的？是没有你们绝对不行的！"如此深情告白的李厂长，让人印象深刻。同时，百度人力资源高级副总裁 Lee 在现场也发言说："我一直都在思考，在你们为了使命勇往直前、披星戴月的时候，公司还能为你们做些什么，让你们的成长更加心无旁骛、更加无后顾之忧呢？"

如此关心员工的成长与收获，是百度所倡导的"陪伴文化"的体现，大家并不只是在一起工作，而是发自内心的长久相伴。真心付出，彼此体谅，用共同的信念，勇敢地面对未知，一次又一次突破极限，为对方着想，这才是了不起的在一起！

思考：怎么看待百度员工福利制度？

激励是团队管理的一项重要职能，是满足团队成员需求的过程，科学有效的激励机制能够让员工发挥出最佳的潜能。

一、激励概述

1. 激励的含义

激励通常是指管理者运用各种管理手段，利用人需要的客观性和满足需要的规律性，刺激被管理者的需要，激发其动机，调动人的积极性和创造性，促使满足需要的行为朝着实现组织目标的方向运动。个体能力与个体需要的满足是激发激励的基础。管理者可以通过设计适当的外部酬劳形式和工作环境，以一定的行为规范和惩罚性措施，借助信息沟通，来激发、引导、保持和规划被管理者的行为，以有效实现组织及其成员个人的目标。

激励在本质上就是激发、鼓励和努力调动人的积极性的过程。激励手段的运用，赋予了管理活动以主动性的特征。因为激励是激发人的内在动力，使人的行为建立在人的希望、愿望的基础上。这样一来，人的行为就不再是一种外在的强制，而是一种自觉自愿的行为。

即兴思考

本地普通高等院校对大学生创业实行了哪些激励措施?

案例

激励≠威胁

一位出差在外的妈妈打电话给女儿,问其最近在学校是否表现良好,是不是又获得代表优秀的小红花。在得到女儿否定的答复后,这位母亲"激励"女儿说,下个星期可一定要得小红花,否则妈妈就不给你打电话了。

与其说这是一种激励的表现,还不如说这是一种威胁的表达。尽管威胁作为负激励的一种形式,在一定的环境中也能发挥激励作用,但是,如果使用不当,则很容易产生不良后果。这位母亲的激励行为,很容易会被女儿误认为妈妈更喜欢成绩和良好的表现,而并不是真正喜欢自己。

2. 激励的作用

(1) 激励有利于调动人的积极性和创造性。激励作为一种管理手段,其最显著的特点就是内在驱动性与自觉自愿性。它的主要作用是通过动机的激发,调动被管理者工作的积极性、主动性和创造性,自觉自愿地为实现组织目标而努力。因此,激励不仅可以提高人们对自身工作的认识,还能激发人们的工作热情和兴趣,使成员对本职工作产生强烈的积极的情感,并以此为动力,以自己全部精力为达到预定的目标而努力,并使这种积极创造性保持和发挥下去。

(2) 激励有利于挖掘员工的潜力,提高工作效率。行为学家通过大量的调查发现,绝大多数组织在激发工作人员动机方面都具有很大的潜力。部门员工一般仅需发挥出20%～30%的个人能力,就足以保住饭碗而不被解雇;如果受到充分的激励,其工作能力能发挥出80%～90%,其中50%～60%的差距是激励的作用所致。每当团队任务不能很好地完成时,团队领导者总是习惯于考虑引进人才、环境的改进等,殊不知,团队成员身上还有如此大的潜力未被开发,如果领导者把注意力集中在运用激励手段鼓舞成员士气上,很多看似不可逾越的困难和障碍很可能会迎刃而解。

 案例

罗森塔尔期望效应的威力

1968年,美国的罗森塔尔(Rosenthal)和雅各布森(Jacobson)两位心理学家来到旧金山的一所小学,从一到六年级中各选三个班级,对18个班级的学生"认真"地进行发展潜力预测之后,将"有优异发展可能"的学生名单通知了老师。有的学生在老师的意料之中,有的却不然。对此,罗森塔尔解释说:"请注意,我讲的是他们的发展,而不是现在的基础。"并叮嘱老师不要把名单外传。

8个月后,他们对这18个班进行了跟踪调查。结果是,名单中的学生成绩比其他同学增长得更快,特别是原来被老师不看好的学生,不仅令老师和家长感到意外,就连他们自己也感到莫名其妙地进步了很多。

其实,这只是一项心理学试验,罗森塔尔提供的名单纯粹是随机抽取的。但是他们通过自己"权威性的谎言"暗示教师,坚定了教师对名单上学生的期望和信心,同时,教师也不由自主地暗示了名单中学生,偷偷地告诉他们——教授说他们如何潜力无限、前途光明。接受了暗示的教师用友善和鼓励代替了过去的批评与惩罚,而这些学生也更加自尊、自信、自爱、自强,有了出人意料的发展。这就是著名的教育心理学上的"罗森塔尔效应",也叫期望效应。

(3) 激励有利于增强团队凝聚力。团队是由若干员工个体、工作群体组成的,为保证团队作为一个整体协调运行,除用严密的组织结构和严格的规章制度进行规范外,还需运用激励方法,满足员工的多种心理需求,调动工作积极性,协调人际关系,进而促进内部各组成部分的协调统一,增强团队的凝聚力和向心力。

3. 激励的过程

员工的各种行为,都有一定的动机,而动机又产生于员工本身内在的、强烈要求满足的需要。如何满足需要、激发动机、鼓励行为、形成动力,这就是激励管理所要履行的职责。激励管理的一项重要工作,就是运用激励手段,促使员工的动机更加强烈,释放潜在的内在驱动力,为实现组织目标和个人目标而努力。

构成激励的主要要素包括需要、动机、外部刺激和行为。其中,激励的核心要素就是动机,需要是激励的起点和基础,外部刺激是激励的条件,而行为则是激励的目的。这4个要素相互组合与作用,构成了对人的激励。当人的需要未得到满足时,会产生一种紧张不安的心理状态,在遇到能够满足需要的目标时,这种紧张不安的心理就转化为动机,并在动机的推动下,向目标前进,目标达到后,需要得到满足。紧张不安的心理状态就会消除。随后,又会产生新的需要,引起新的动机和行为。由此可见,行为的基本心理过程就是一个激励过程,通过有意识地设置需要,使被激励的人产生动机,进而引起行为,满足需要,实现目标。当一种需要得到满足后,人们会随之产生新的需要,作为未被满足的需要,又开始了新的激励过程。这一过程模式如图6-1所示。

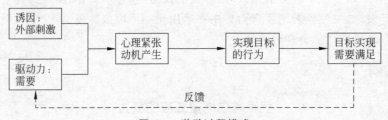

图6-1　激励过程模式

二、人性假设理论

对团队成员的不同认识,将直接影响团队领导者的激励方式。不同的人性假设,将导致不同的激励手段和策略,人性假设理论是研究团队激励必不可少的一部分。

1. 麦格雷戈的 X-Y 理论

关于如何认识人的本性问题,最有代表性的是美国工业心理学家道格拉斯·麦格雷戈在他的《企业的人性面》(1960 年)一书中提出的 X 理论和 Y 理论。

X 理论的基本观点:①多数人天生是懒惰的,他们都厌恶劳动,尽可能逃避工作;②多数人都没有雄心大志,不愿负任何责任,而心甘情愿受别人的指导;③多数人的个人目标都是与组织目标相矛盾的,必须用强制、惩罚的办法,才能迫使他们为达到组织的目标而工作;④多数人干工作都是为满足基本的生理和安全需要,因此,只有金钱和地位才能鼓励他们努力工作。

Y 理论的基本观点:①工作中的体力消耗和脑力消耗就像游戏和休息一样自然,厌恶工作并不是普通人的本性;②外来的控制和处罚的威胁不是促使人们努力达到组织目标的唯一手段,人们更加愿意实行自我管理和自我控制;③目标的实现是与报酬联系在一起的,最大的报酬是通过实现组织目标而获得个人自我满足和自我实现的需求;④一般人在适当条件下,不仅表现为接受责任,而是主动寻求责任;⑤大多数人在解决组织问题时都能发挥较高想象力、聪明才智和创造性;⑥在现代工业化社会条件下,一般员工的智能潜力只得到了部分的发挥。

2. 超 Y 理论

在麦格雷戈提出 X-Y 理论后,1970 年美国的管理心理学家乔伊·洛尔施和约翰·莫尔斯对此理论进行了试验,发现采用 X 理论的单位和 Y 理论的单位都有效率高的和效率低的情况,可见 X 理论和 Y 理论并没有绝对的优劣之分,于是他们提出了超 Y 理论。

超 Y 理论认为,管理方式主要由工作性质、成员素质等来决定。其主要观点有:①人的需要是多种多样的,并不断发生变化;②人在同一时间的需要和动机形成复杂的动机模式;③随条件变化会产生新的需要和动机;④人在不同单位和不同部门工作,会产生不同的需要;⑤没有适合于任何组织、时间和个人的统一的管理方式。

3. 谢恩的 4 种人性假设

美国心理学家和行为科学家谢恩于 1965 年在《组织心理学》一书中对人性提出了 4 种假设:经济人假设、社会人假设、自我实现人假设和复杂人假设。

(1) 经济人假设。这种理论产生于早期科学管理时期,其理论来源是英国古典经济学家亚当·斯密(Adam Smith)的劳动交换的经济理论,即认为人性是懒惰的,干工作只是为了获取经济报酬,满足自己的私利。与此相适应,激励的主要手段是"胡萝卜加大棒",即一方面用金钱刺激员工的积极性,另一方面对消极怠工的员工采取严厉的惩罚措施。通过这种方法来激发员工产生领导者和组织所要求的行为。X 理论和泰勒制是经济人假设的典型代表。

(2) 社会人假设。这种理论是美国心理学家梅奥在霍桑试验的基础上提出来的,它认为人的行为出自其社会、心理的需要,人在社会主流中追求人际关系的和谐,注重心理和情感的满足,并为此付出个人的努力。这种假设的结论是,人的社会性需求的满足往往比经济报酬更能激励人,所以,团队应该注意员工的需求,重视发展与员工之间的关系,培养和形成员工的归属感和认同感,提倡集体奖励制度。与此同时,提出"参与管理"的新型激励方式,即让员工不同程度地参与团队决策的研究和讨论。

（3）自我实现人假设。这种理论最早是由美国著名社会心理学家亚伯拉罕·马斯洛提出来的，马斯洛认为，人类需要的最高层次就是自我实现，只有发挥自己的潜力，表现自己的才能，人才会感到最大的满足。这种假设的结论是，团队激励应该要尽可能地为员工创造条件，创造机会，挖掘潜力，排除障碍，鼓励发展，帮助引导，使员工更好地为实现组织目标和个人目标而努力。

（4）复杂人假设。这种理论是在超 Y 理论和权变理论的基础上提出来的。该理论认为，上述假设虽然有一定的合理性，但是并不适用于每一个人，因为就个体人而言，其需要和潜力会随着年龄的增长、知识的增加、地位的改变、环境的改变以及人与人之间关系的改变而各不相同；就群体人而言，人与人是有差异的。因此，作为团队的领导者，应该根据具体的人，灵活采用不同的激励措施。

综上所述，4 种人性假设及对应的管理理论对比如表 6-1 所示。

表 6-1　4 种人性假设及对应的管理理论对比

经济人	社会人	自我实现人	复杂人
泰勒制 X 理论	人际关系学说	Y 理论	超 Y 理论 权变理论

三、内容型激励理论

没有需求的人是不能引导管理的，想要成功实施激励，就必须了解什么东西能够使一个人产生某种行为。

内容型激励理论便是研究如何从需求入手，通过满足需求来激励、调动人的积极性。内容型激励理论包括马斯洛需求层次理论、赫兹伯格的双因素理论和麦克利兰的成就动机理论等。

（一）马斯洛需求层次理论

1943 年，美国社会心理学家亚伯拉罕·马斯洛在《人类动机理论》一书中首次提出了需求层次理论，并在 1954 年所著的《动机与个性》中做了进一步的阐述。

马斯洛将人的需求按其重要性和发生的先后顺序划分为 5 个层次，即生理需要、安全需要、社交需要、尊重需要和自我实现需要，如图 6-2 所示。

1. 生理需要

生理需要是人为了维持其生命最基本的需要，也是其他层级需要的基础，如衣、食、住、行等，包括工资、工作环境、各种福利等。如果这些需要得不到满足，也就谈不上其他需要。所以，在经济欠发达地区，必须首先研究并满足这方面的需要。

2. 安全需要

安全需要是指人们希望避免人身危险，保护自己免受身体和情感伤害，不受丧失职业、财务等威胁的需要。现代企业员工的安全需要表现为渴望

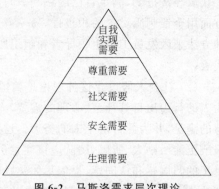

图 6-2　马斯洛需求层次理论

一种安全而稳定的职业,如职业保障,防止意外事故的发生,有医疗保险、工作稳定、避免失业,保证退休以后享受应有的福利待遇等。

3. 社交需要

社交需要也称爱与归属需要,是指希望与别人交往,避免孤独,与同事和睦相处、关系融洽的欲望。社交需要包括亲情、友情、爱情、归属及接纳方面的需要,这主要产生于人的社会性。人们希望在社会生活中得到别人的注意、接纳、关心、友爱和同情,在感情上有所归属,如良好的人际关系、组织的认同等。

4. 尊重需要

尊重需要分为内部尊重和外部尊重。内部尊重因素包括自尊、自主和成就感,是指自己在工作中取得一定的成功时产生的自豪感,它是驱使人们奋发向上的推动力;外部尊重因素包括地位、认可和关注或者说受人尊重,是指当自己作出贡献时,能得到他人的肯定,如地位、权力、荣誉等。

 案例

唐骏对员工的尊重

有一次,前微软中国总裁唐骏走进电梯,一个基层销售人员 David 和他的女朋友也一同进来了。唐骏问:David,工行那个项目进展得怎么样了? David 特别惊讶,结结巴巴地回答了几句,然后等他准备走出电梯的时候,唐骏轻轻拍了拍他的肩膀,说道:加油,David,好好干。David 根本没想到唐骏会记得他的名字,更没想到唐骏会在自己的女朋友面前这样鼓励他。从此,他更加努力工作了。

这是一个很经典的马斯洛需求理论的尊重需求激励方式。

资料来源:https://zhuanlan.zhihu.com/p/29055930.

5. 自我实现需要

自我实现需要是一种最高层次的需要。它是指人能最大限度地发挥潜能,实现自我理想和抱负的欲望,这是一种追求个人能力极限的内驱力。他们工作的乐趣在于成果和成功,他们需要知道自己工作的结果,成功后的喜悦要远比其他任何报酬都重要。自我实现需要还包括对理想的不断追求,这一层次的需要是无止境的,其目标是自我完善,如能发挥个体特长的环境、具有挑战性的工作等。

这五大层次的需要被归为两类。其中,生理需要和安全需要被归为低级需要;社交需要、尊重需要、自我实现需要被归为高级需要。只有高级需要,才是具有持久激励效果的。

马斯洛还指出,每个需要层次必须得到实质的满足后,才会激活下一个层次。一旦某个层次的需要得到满足后,它就不再具有激励作用了。换句话说,当一种需要得到满足后,下一个层次的需要就会成为主导需要。

马斯洛需求层次理论归纳起来主要有以下观点。

(1) 人是有需要的,这种需要取决于他已经得到的东西。只有尚未满足的需要,才能激发人的动机,引起人的行为。

（2）人的需要按其重要性，有等级、层次和先后顺序。一旦某种需要得到满足，另一种更高层次的需要又会出现，希望得到满足，从而激励人们为了满足需要而不断努力。

（3）同一个时期，一个人可能同时存在几种需要，任何一种需要都不会因为更高层次的需要的发展而消失。但每一时期总有一种需要占支配地位，对行为起决定作用。这种占支配地位的需要称为优势需要或主导需要。

在团队建设与领导过程中，我们应该正确认识被管理者需要的多层次性，找出受时代、环境及个人条件差异影响的优势需要，有针对性地进行激励。

?/ 即兴思考

按照马斯洛需求层次理论，思考在学习与生活中怎么做，可以使需要得到满足或部分满足？在表 6-2 中记下发生的事情。

表 6-2　马斯洛需求层次理论练习

需　要	在学习与生活中如何满足或部分满足需要
生理需要	
安全需要	
社交需要	
尊重需要	
自我实现需要	

企业案例：星巴克
满足员工不同的需
求来激励员工

知识链接：奥尔德弗
的 ERG 理论

（二）赫茨伯格的双因素理论

1. 双因素理论的内容

双因素理论又称激励保健理论，是美国著名心理学家赫茨伯格在 1959 年出版的《工作的激励因素》中提出来的。20 世纪 50 年代末期，赫茨伯格和他的助手们在美国匹兹堡地区对 200 名工程师、会计师进行了调查访问。结果发现，职工感到满意的都是属于工作本身或工作内容方面的；职工感到不满的，都是属于工作环境或工作关系方面的。他把前者叫作激励因素，后者叫作保健因素。

传统理论认为，满意的对立面是不满意，而根据双因素理论，满意的对立面是没有满意，不满意的对立面是没有不满意。保健因素和激励因素彼此独立，并且以不同的方式影响人们的工作行为。

（1）保健因素。保健因素包括公司政策、管理措施、监督、人际关系、物质工作条件、工资、福利等。当这些因素恶化到人们认为可以接受的水平以下时,就会产生对工作的不满意。但是,当人们认为这些因素很好时,它只是消除了不满意,并不会导致积极的态度,这就形成了某种既不是满意,又不是不满意的中性状态。

(2)激励因素。工作富有成就感和挑战性、工作成绩得到认可、在职业上能得到发展等,这类因素的改善,能够激励员工的工作热情,从而提高生产率。

保健因素和激励因素对比如表 6-3 所示。

表 6-3 保健因素和激励因素对比

类　型	具 体 内 容
保健因素	当不具备时——会引起不满 当具备时——不会产生很大的激励作用 来自:工作以外(工作环境) 包括:薪金、管理方式、地位、安全、工作环境、政策与行政管理、人际关系等
激励因素	当不具备时——不会引起不满 当具备时——产生很大的激励作用 来自:工作本身(工作内容) 包括:工作本身、赏识、进步、成长的可能性、责任、成就等

双因素理论与马斯洛需求层次理论是吻合的,马斯洛需要层次理论中的低层次需要,相当于保健因素,而高层次需要则与激励因素相似。

双因素理论值得借鉴,但必须结合我国特殊的国情。双因素理论诞生在温饱问题已经解决的美国。当前,我国的一些地区经济仍然落后,因此工资和奖金并不仅是保健因素,如果运用得当,也能表现出显著的激励作用,关键在于工资和奖金的发放方法。如果发放不当(如搞大锅饭),那么工资奖金顶多是一种保健因素。

2. 双因素理论对团队管理的启示

(1)善于区分团队管理实践中存在的两类因素,保健因素是必需的,没有它会导致不满,但是一旦使不满意中和以后,就不能产生更积极的效果,只有激励因素,才能使人们有更好的工作绩效。

(2)随着温饱问题的解决,内在激励的重要性越来越明显。团队管理者要调动人的积极性,不仅要注意物质利益和工作条件等外部因素,更重要的是,要注意工作的安排、个人成长与能力提升等,注意对人进行精神鼓励,给予表扬和认可,注意给人以成长、发展、晋升的机会。管理者需要思考:如何增强工作本身的吸引力?如何使员工在工作中感受到无穷的乐趣?如何使工作更有挑战性,工作胜任后有更大的成就感等?

(3)在不同国家、不同地区、不同时期、不同阶层、不同组织,乃至每个人,最敏感的激励因素是各不相同的,应灵活地加以应用。

3. 双因素理论和需要层次理论的关系

支持派认为:双因素论是需求层次论的发展,它将人的需求发展到了人的工作与环境中,并指出,激励因素来自工作本身,而保健因素来自工作环境。

反对派认为:保健因素与激励因素的划分不科学。因为某种因素在某些人看来是保健因素,但对另外一些人而言,却可能成为激励因素。

本书认为：赫兹伯格的双因素理论和马斯洛的层次需要论是兼容并蓄的，双因素论是需求层次论的发展，又是它的特例。马斯洛的理论是针对需要和动机而言的，而赫兹伯格的理论是针对满足这些需要的目标和诱因而言的。一般认为，马斯洛需要层次理论中的生理、安全、社交以及自尊需要中的地位需要为保健因素，而自尊中的晋升、褒奖和自我实现需要为激励因素。

📖 案例

厌倦工作的老员工

小李在一家企业做客户专员，这份工作她已经干了5年。一开始，小李对待这份工作兢兢业业，一丝不苟，她在工作业绩上取得了不错的成绩，企业老板也给了她不少的提成，这让小李非常开心。

但是随着时间的不断流逝，小李发现在这家企业虽然可以拿到丰厚的薪酬，凭借自己的能力也经常能获得加薪，但是工作这么多年，却一直没有获得职位晋升，这让小李感到很迷茫。

过了3年，小李已经开始对工作表现出厌倦的状态，做事没有前面几年那么拼了，工作上只接待一些老客户，也不怎么开发新客户。有朋友劝小李跳槽找份新的工作，可是她觉得这里薪水很不错，而且去别的公司也是一样打工，没什么意思，可是自己要是出来创业，似乎还没有准备好。因此，小李目前就一直"赖"在这家公司，处于纠结和矛盾之中。

资料来源：HR案例网. 老员工厌倦工作该如何激励.

（三）麦克利兰的成就动机理论

成就动机理论是美国哈佛大学教授戴维·麦克利兰通过对人的需求和动机进行研究，于20世纪50年代在一系列文章中提出的。麦克利兰把人的高层次需求归纳为对成就、权力和亲和的需求。他对这3种需求，特别是成就需求做了深入的研究。

1. 成就需求（need for achievement）：争取成功希望做得最好的需求

麦克利兰认为，具有强烈的成就需求的人渴望将事情做得更完美，提高工作效率，获得更大的成功，他们追求的是在争取成功的过程中克服困难、解决难题、努力奋斗的乐趣，以及成功之后的个人的成就感，并不看重成功所带来的物质奖励。个体的成就需求与他们所处的经济、文化、社会、政府的发展程度有关，社会风气也制约着人们的成就需求。

麦克利兰发现高成就需求者有3个主要特点。

（1）高成就需求者喜欢设立具有适度挑战性的目标，不喜欢凭运气获得的成功，不喜欢接受那些在他们看来特别容易或特别困难的工作任务。他们不满足于漫无目的地随波逐流和随遇而安，而总是想有所作为。他们总是精心选择自己的目标，因此，他们很少自动地接受别人（包括上司）为其选定的目标。除请教能提供所需技术的专家外，他们不喜欢寻求别人的帮助或忠告。他们要是赢了，会要求应得的荣誉；要是输了，也勇于承担责任。例如，有两件事让你选，掷骰子（获胜机会是1/3）和研究一个问题（解决问题的机会也是1/3），你会选择那一样？高成就需求者会选择研究问题，尽管获胜的概率相同，而掷骰子则容易得多。高成就需求者喜欢研究、解决问题，而不愿意依靠机会或他人取得成果。

（2）高成就需求者在选择目标时会回避过分的难度。他们喜欢中等难度的目标，既不是唾手可得没有一点成就感，也不是难得只能凭运气。他们会揣摩可能办到的程度，再选定一个难度力所能及的目标，也就是会选择能够取胜的最艰巨的挑战。对他们而言，当成败可能性均等时，才是一种能从自身的奋斗中体验成功的喜悦与满足的最佳机会。

（3）高成就需求者喜欢多少能立即给予反馈的任务。目标对于他们非常重要，所以他们希望得到有关工作绩效的及时明确的反馈信息，从而了解自己是否有所进步。这就是高成就需求者往往选择专业性职业，或从事销售，或者参与经营活动的原因之一。

麦克利兰指出，金钱刺激对高成就需求者的影响很复杂。一方面，高成就需求者往往对自己的贡献评价甚高，自抬身价。他们有自信心，因为他们了解自己的长处，也了解自己的短处，所以在选择特定工作时有信心。如果他们在组织工作出色而薪酬很低，他们是不会在这个组织呆很长时间的。另一方面，金钱刺激究竟能够对提高他们的绩效起多大作用很难说清，他们一般总以自己的最高效率工作，所以金钱固然是成就和能力的鲜明标志，但是由于他们觉得这配不上他们的贡献，所以可能引起不满。

具有成就需求的人，对工作的胜任感和成功有强烈的要求，同样也担心失败；他们乐意，甚至热衷于接受挑战，往往为自己树立有一定难度而又不是高不可攀的目标；他们敢于冒风险，又能以显示的态度对待冒险，绝不会以迷信和侥幸心理对待未来，而是要通过认真的分析和估计；他们愿意承担所做的工作的个人责任，并希望得到所从事工作的明确而又迅速的反馈。这类人一般不常休息，喜欢长时间、全身心的工作，并从工作的完成中得到很大的满足，即使真正出现失败，也不会过分沮丧。一般来说，他们喜欢表现自己。麦克利兰认为，一个公司如果有很多具有成就需求的人，那么，公司就会发展很快；一个国家如果有很多这样的公司，整个国家的经济发展速度就会高于世界平均水平。但是，在不同国家、不同文化背景下，成就需求的特征和表现也就不尽相同，对此，麦克利兰未做充分表述。

企业案例："打工皇后"吴士宏

2. 权力需求（need for power）：影响或控制他人且不受他人控制的需求

权力需求是指影响和控制别人的一种愿望或驱动力。不同人对权力的渴望程度也有所不同。权力需求较高的人对影响和控制别人表现出很大的兴趣，喜欢对别人"发号施令"，注重争取地位和影响力。他们常常表现出喜欢争辩、健谈、直率和头脑冷静；善于提出问题和要求；喜欢教训别人并乐于演讲。他们喜欢具有竞争性和能体现较高地位的场合或情境，他们也会追求出色的成绩，但他们这样做，并不像高成就需求的人那样是为了个人的成就感，而是为了获得地位和权力，或与自己已具有的权力和地位相称。权力需求是管理成功的基本要素之一。

麦克利兰还将组织中管理者的权力分为两种：一是个人权力。追求个人权力的人表现出来的特征是围绕个人需求行使权力，在工作中需要及时地反馈和倾向于自己亲自操作。麦克利兰提出，一个管理者，若把他的权力形式建立在个人需求的基础上，不利于他人来续位。二是职位性权力。职位性权力要求管理者与组织共同发展，自觉地接受约束，从体验行使权力的过程中得到一种满足。

3. 亲和需求（need for affiliation）：建立友好亲密的人际关系的需求

亲和需求就是寻求被他人喜爱和接纳的一种愿望。高亲和动机的人更倾向于与他人进行交往，至少是为他人着想，这种交往会给他带来愉快。高亲和需求者渴望亲和，喜欢合作而不是竞争的工作环境，希望彼此之间的沟通与理解，他们对环境中的人际关系更为敏感。有时，亲和需求也表现为对失去某些亲密关系的恐惧和对人际冲突的回避。亲和需求是保持社会交往和人际关系和谐的重要条件。

麦克利兰的亲和需求与马斯洛的感情上的需求、奥尔德弗的关系需求基本相同。麦克利兰指出，注重亲和需求的管理者容易因为讲究交情和义气而违背或不重视管理工作原则，从而会导致组织效率下降。

在大量的研究基础上，麦克利兰对成就需求与工作绩效的关系进行了十分有说服力的推断。

首先，高成就需求者喜欢能独立负责、可以获得信息反馈和中度冒险的工作环境。他们会从这种环境中获得高度的激励。麦克利兰发现，在小企业的经理人员和在企业中独立负责一个部门的管理者中，高成就需求者往往会取得成功。

其次，在大型企业或其他组织中，高成就需求者并不一定就是一个优秀的管理者，其原因是高成就需求者往往只对自己的工作绩效感兴趣，并不关心如何影响别人去做好工作。

再次，亲和需求与权力需求和管理的成功密切相关。麦克利兰发现，最优秀的管理者往往是权力需求很高而亲和需求很低的人。如果一个大企业的经理的权力需求与责任感和自我控制相结合，那么他就很有可能成功。

最后，可以对员工进行训练来激发他们的成就需求。如果某项工作要求高成就需求者，那么，管理者可以通过直接选拔的方式找到一名高成就需求者，或者通过培训的方式培养自己原有的下属。

麦克利兰的成就动机理论在团队管理中很有应用价值。首先，在人员的选拔和安置上，通过测量和评价一个人动机体系的特征对于如何分派工作和安排职位有重要的意义。其次，由于具有不同需求的人需求不同的激励方式，了解员工的需求与动机有利于合理建立激励机制。最后，麦克利兰认为，动机是可以训练和激发的，因此可以训练和提高员工的成就动机，以提高生产率。

📚 同步实训

激励需求识别

1. 任务要求

（1）在教师引导下完成教师预设的激励游戏。

（2）完成游戏后进行讨论及理论学习。

（3）小组内分工协作完成任务。

2. 任务分析

激励是团队管理的重要职能，所谓激励就是指通过一定的手段使员工的需要和动机得到满足,以调动他们工作积极性,使其发挥主观能动性,激发潜能,从而实现组织目标的过程。领导者要对下属进行有效激励,首先必须正确地认识和对待下属,清楚识别下属的激励需求。

3. 实施准备

(1) 材料准备:魔鬼信函、魔鬼信函解析表、魔鬼面具、管理模拟游戏材料等。

(2) 场地准备:能分组讨论演练的实训室。

(3) 学生约 6 人 1 组,确定组长 1 名,分工协作。

4. 实施步骤

(1) 布置任务:教师说明游戏规则和程序。

① 选择 x 位成员扮演魔鬼(根据学员人数确定),并戴上魔鬼面具,在面具里藏一封或几封教师准备好的关于团队的魔鬼信函。

② 魔鬼在成员中出没(来回走动),尽量抓住其中的 1/x 的成员,使全体成员分成 x 组。

③ 小组成员去摘下魔鬼面具,取出魔鬼信函。

④ 各小组成员分别对魔鬼信函所示情境进行分析解剖。

⑤ 小组成员说明魔鬼信函的内容,并共同将团队中非理性想法改成团队中的理性想法。

⑥ 各小组将魔鬼信函的解析与转换与全体学员分享,成员是否了解什么是团队中非理性的想法及其影响。

材料 1:魔鬼信函解析与转换表。

情境事件是什么?

对此事件的想法是什么? 有哪些非理性的想法?

所引起的情绪结果是什么?

理性的想法是什么?

材料 2:魔鬼信函(例 1)。

我总希望我的人际关系很好,我让所有人都喜欢我,我应该得到每个人的喜爱和赞美。但昨天总经理说我的桌子太乱,我觉得一切都白费了,我根本就不受喜爱,他一定不喜欢我。

魔鬼信函(例 2)。

我是一名主管。我必须很能干、很完美,并且在各个方面都有很好的成就。可是,上一次开会的时候,我太累了,做结论时,讲错了一句话,他们在底下嘲笑我。哎! 身为主管竟然犯下这样的错误,真是太丢脸、太失身份了。讲话都讲不好的人,一定不会得到尊重,我真没用。

(2) 学生讨论并进行讨论结果分享,教师简单点评。

(3) 学生在前面讨论分享的基础上继续讨论、总结。

问题 1:这个游戏给你什么感受?

问题 2:团队成员常有的非理性想法有哪些? 如何能做到理性想法?

(4) 教师针对学生讨论结果进行点评,引出相关理论知识进行讲解。

5. 效果评价

教师对学生学习过程及完成质量给予评价。小组成绩主要考核团队整体完成情况,个人部分主要考核个人执行情况,具体见表 6-4。

表 6-4　激励需求识别训练评价

小组序号：			学生姓名：		学号：
小组成绩（教师评价或小组互评）			个人最终成绩		
任务及标准	满分	得分	项目及标准	满分	得分
魔鬼信函游戏讨论	5		小组分解得分	40	
员工动机讨论	10		个人角色及执行	20	
激励措施讨论	10		代表发言陈述	10	
设计新的激励措施	10		讨论发言	20	
讨论及合作情况	5		友好互助	10	
合　　计	40		合　　计	100	
评价者：			评价者：		
评价时间：　　年　　月　　日			评价时间：　　年　　月　　日		

6. 点评交流

采用学做合一的教学模式，学生每次完成学习任务，教师及时组织交流，重点点评，穿插引出相关理论知识及下一步要进行的内容，启发学生积极思考，较好地完成本次学习任务。

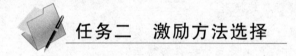

任务二　激励方法选择

微课：激励方法
选择

知识目标

- 了解建立科学激励机制的关键要素。
- 理解激励方法应遵循的原则。
- 掌握团队激励的几种常用方法。

技能目标

- 能够运用物质和精神激励、内激励和外激励、正激励和负激励。
- 能够运用目标激励、情感激励等激励方法。
- 能够评估团队激励现状，并选择合适的激励方法。

素养目标

- 能够结合社会主义核心价值观来评估和选择团队激励方法。

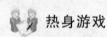 **热身游戏**

回　想　故　事

活动目标：通过游戏体验激励的意义和原因，加强学生之间的情感了解和团队融入。

形式：全体学生共同参与完成。

时间：15分钟。

场地：教室内。

所需材料：粘贴的便签纸。

游戏方法：

(1) 每5～7人组成1个小组。

(2) 所有成员回想自己曾做过的,或者发生在自己身上的,令自己感到最自豪的事(如拿了全年级第一名、自己挣了来年的学费和生活费)。

(3) 其中一个人开始分享自己最自豪的事,发言人左边的同学要仔细聆听讲话内容,然后要向小组进行简短的复述、解释;发言人右边的同学不能发表任何口头言论,而要在一张便签纸上,写下对发言同学的真诚赞扬,赞扬他取得的成就,并把便笺纸贴在发言同学的衣服上。

(4) 其他同学轮流发言,并按照步骤(3)重复,直到所有同学讲完。

讨论：

(1) 别人赞许你的时候,你高兴吗? 你最认可哪一位同学对你的赞许,为什么?

(2) 有一个专心投入的听众,你的感受如何?

 案例导入

索尼公司的内部招聘制度

一天晚上,索尼董事长盛田昭夫按照惯例走进职工餐厅与职工一起就餐、聊天。他多年来一直保持着这个习惯,以培养员工的合作意识和与他们的良好关系。这天,盛田昭夫忽然发现一位年轻职工郁郁寡欢,满腹心事,闷头吃饭,谁也不理。于是,盛田昭夫就主动坐在这名员工对面,与他攀谈。几杯酒下肚,这个员工终于开口了:"我毕业于东京大学,有一份待遇十分优厚的工作。但是,进入索尼之前,对索尼公司崇拜得发狂。当时,我认为我进入索尼,是我一生的最佳选择。但是,现在才发现,我不是在为索尼工作,而是为课长干活。坦率地说,我们这位科长是个无能之辈,更可悲的是,我所有的行动与建议都得科长批准。我自己的一些小发明与改进,科长不仅不支持、不解释,还挖苦我癞蛤蟆想吃天鹅肉,有野心。对我来说,这名课长就是索尼。我十分泄气,心灰意冷。这就是索尼? 这就是我的索尼? 我居然放弃了那份待遇优厚的工作来到这种地方!"

这番话令盛田昭夫十分震惊! 他想,类似问题在公司内部员工中恐怕不少,管理者应该关心他们的苦恼,了解他们的处境,不能堵塞他们的上进之路,于是产生了改革人事管理制度的想法。之后,索尼公司开始每周出版一次内部小报,刊登公司各部门的"求人广告",员工可以自由而秘密地前去应聘,他们的上级无权阻止。另外,索尼原则上每隔两年就让员工调换一次工作,特别是对于那些精力旺盛,干劲十足的人才,不是让他们被动地等待工作,而是主动地给他们施展才能的机会。在索尼公司实行内部招聘制度以后,有能力的人才大多能找到自己较满意的岗位,而且人力资源部门可以发现那些"流出"人才的上级所存在的问题。公司业绩获得了大幅的上升。

盛田昭夫的内部招聘制度无疑取得了巨大成功,而其成功的关键在于他充分了解并把握了员工的需要,继而采取了相应的激励政策——成就激励。

资料来源:腾讯新闻.激励员工的有效方式有且只有一种.

思考:怎么看待索尼公司的内部招聘制?

激励是一种力量,给人以行为的动力,使人的行为指向特定的方向,激励的目标是使团队中的成员充分发挥出其潜能。因此,团队管理者应该在激励理论的指导下,掌握正确的激励方法与技巧,才能使团队成员热情高涨地去为实现团队目标而奋斗。

一个企业是否拥有合理健全的激励机制,决定着一个企业的盛衰。虽然现在绝大部分企业都建有自己的一套激励机制体系,这个体系是复杂和庞大的,除管理制度之外,还包括诸如建议奖、质量奖、小指标奖等,覆盖的范围是多方面的,执行起来也是面面俱到的,但是,这么多的激励制度却并不总是能给企业带来发展和壮大,只有建立在科学基础上的激励机制,才能够调动员工的积极性。实际上,没有一个企业的激励机制是一成不变的,它必须随着企业的发展而发展。

一、建立科学激励机制的关键要素

激励机制是指通过一套理性化的制度来反映激励主体与激励客体相互作用的方式,激励机制的内涵非常丰富,而在激励过程中,一些关键要素对激励的效果有直接和显著的影响,主要是激励时机、频率、程度、方向等因素,认识和了解这些激励的关键因素对建立科学的激励机制是大有益处的。

1. 激励时机

激励时机是指为取得最佳的激励效果而进行激励的时间,它是激励机制的一个重要因素。激励在不同时间进行,其作用与效果是有很大差别的。超前的激励可能会使工作人员感到无足轻重;迟来的激励可能会让工作人员觉得多此一举,使激励失去意义。

激励如同化学实验中的催化剂,何时该用、何时不该用,都要根据具体情况进行具体分析。根据时间上快慢的差异,激励时机可分为及时激励与延时激励;根据时间间隔,激励时机可分为规则激励与不规则激励;根据工作的周期,激励时机又可分为期前激励、期中激励和期末激励。激励时机既然存在多种形式,就不能机械地强调一种而忽视其他,团队领导者应根据具体客观条件,灵活地选择激励的时机,或采用综合激励的形式,以有效地发挥激励的作用。

2. 激励频率

激励频率是指在一定时间里进行激励的次数,它一般是以一个工作周期作为时间单位的。激励频率的高低是由一个工作周期里激励次数的多少所决定的。激励频率与激励效果之间并不完全是简单的正比关系。在某些特殊条件下,二者成一定的反比关系。所以,只有区别不同情况,采取相应的激励频率,才能有效地发挥激励的作用。

激励频率的选择受多种客观因素的制约,这些客观因素包括工作的内容和性质、任务目标的明确程度、激励对象的素质情况、劳动条件和人事环境等。一般来说,包括以下几种情况。

(1) 对于工作复杂性强,比较难以完成的任务,激励频率应当高。对于工作比较简单、容易完成的任务,激励频率就应该低。

(2) 对于任务目标不明确、较长时期才可见成果的工作,激励频率应该低。对于任务目标明确、短期可见成果的工作,激励频率应该高。

(3) 对于各方面素质较差的工作人员,激励频率应该高。对于各方面素质较好的工作人员,激励频率应该低。

(4) 在劳动条件和人事环境较差的部门,激励频率应该高。在劳动条件和人事环境较好的部门,激励频率应该低。

但是,上述几种情况并不能机械划分、绝对判断,应该实现有机结合,因人、因事、因地制宜地确定适合的激励频率。

3. 激励程度

激励程度是指激励量的大小,即奖赏或惩罚标准的高低,它是激励机制的重要因素之一,与激励效果有着极为密切的联系。能否恰当地掌握激励程度,直接影响激励作用的发挥。

超量激励和不足量激励不但起不到激励的真正作用,有时甚至还会起反作用,对工作热情造成严重挫伤。例如,过分优厚的奖赏,会使人感到得来轻而易举,丧失了发挥潜力的积极性;过分苛刻的惩罚,可能会导致人破罐子破摔的心理,挫伤下属改善工作的信心;过于微薄的奖赏,会使人感到得不偿失,提不起工作干劲;过于轻微的惩罚,可能导致人的无所谓心理,不但改不掉毛病,反而会变本加厉。因此从量上把握激励,一定要做到恰如其分,激励程度不能过高,也不能过低。

4. 激励方向

激励方向是指激励的针对性,即针对什么样的内容来实施激励,它对激励效果也有显著影响。马斯洛需求层次理论有力地表明,激励方向的选择与激励作用的发挥有着非常密切的关系。当某一层次的优势需要基本上得到满足时,应该调整激励方向,将其转移到满足更高层次的优先需要,这样才能更有效地达到激励的目的。例如,对一个具有强烈自我表现欲望的员工来说,如果要对他所取得的成绩予以奖励,奖给他奖金和实物,不如为他创造一次能充分表现自己才能的机会,使他从中得到更大的鼓励。还有一点需要指出的是,激励方向的选择是以优先需要的发现为前提条件的,所以及时发现下属的优先需要是经理人实施正确激励的关键。

二、有效激励的基本原则

每个公司由于实际情况不同,都会有不同的激励机制。激励机制与公司的其他制度不同,激励机制相比较而言有更大的风险性,如果它不能给公司带来正面的影响,就很可能带来负面的影响,所以团队领导者在实施激励机制时一定要谨慎。如果在制定和实施激励机制时能够注意一些必要原则,则有助于提高激励的效果。

1. 因人而异

团队里不同成员的需求不同,即便是同一位成员,在不同的时间或者环境下,也会有不同的需求。所以,激励要因人而异,并且因成员不同时期的需求而异。在制定和实施激励政策时,首先要调查清楚团队里每个成员真正的需求,并将这些需求整理归类,然后制定相应的激励机制,达到"你所给予和激励的正是他所最需要的"。

2. 公平公正

公平公正是团队激励的一个很重要的原则,团队成员感到的任何不公平、不公正的待遇都会影响他的工作效率和工作积极性,影响激励效果。取得同等成绩的员工,一定要获得同等层次的奖励;同样,犯同等错误的员工,也应受到同等层次的处罚。如果做不到这一点,团队领导者宁可不奖励或者不处罚。

3. 奖励正确的事情

激励时要奖励正确的事情,这是团队领导者都知道的,可是,往往在实施激励过程中会被领导者忽视。有时候,团队领导者的激励会起到一定的作用,但是却和激励的初衷背道而驰,甚至南辕北辙。

 即兴思考

在你的人生经历中,有没有出现过因为奖励机制不适宜,积极性反而降低的情况?

案例

安全行车奖

有位司机是慢性子,开车挺认真,但就是快不起来。他所在的工厂每天都有几辆车拉原料,别人跑三趟,他最多跑两趟。但有一点,他的车从来不出安全事故,所以在每年的生产安全月,他都会成为领导表扬的对象。

又是一个生产安全月,这回领导表扬他,车队队长也把他当作安全典型,这引起其他司机的不快,心想,他是不出事故,可都像他那么干,厂里的锅炉、车间就都等"食儿"吃吧! 因此在这个安全月里,便发生了这样的一幕。只要集体出车,司机们都让那个慢性子司机走在前面,他们一个个跟在后面,原来那些开快车的,现在也不紧不慢地跟着跑。这回队长可急了,原来一天跑三趟,现在只两趟,原料拉不进来,没两天,生产就时断时续。队长先是开会讲道理,可是效果并不明显;后来一个个做工作,司机们总算不再跟着那个慢性子司机后面跑了。这事一时间成了该厂的热门话题。

4. 及时激励

激励就要做到"赏不逾时"的及时性,一方面,当事人在渴望得到肯定的时候,你及时地肯定并奖励了他,他今后会继续加倍努力,以达到并超过你的期望;另一方面,由于制度和领导是可以信赖的,其他人看到或听到这样的事情后,会立即效仿,大家就会争相努力,以获得肯定性的奖赏。这样,在你的激励之下,一个争先恐后、干事创业的团队氛围就慢慢形成了。及时激励的核心是一个"快"字。古人提倡"赏不逾时""罚不迁列",意思就是奖赏不能错过时机,惩罚不能等到士兵离开队伍的行列后去执行。激励只有及时,才能使人们迅速看到做好事的利益或做坏事的恶果,"赏一劝百,罚一警众",产生震撼和轰动效应,才能赏立信、罚立威,真正实现激励要达到的效果。

企业案例:"金香蕉奖"的启示

三、团队激励的方法

1. 物质激励和精神激励

物质激励和精神激励作为激励的两种类型,是相辅相成、缺一不可的。物质激励是指通过物质刺激的手段,鼓励职工积极工作。它的主要表现形式有发放工资、奖金、津贴、福利等。物质需要是人类的第一需要,所以,物质激励是目前我国企业内部使用得非常普遍的一种激励模式。精神激励是指精神方面的无形激励,包括向员工授权、对他们的工作绩效的认可,公平、公开的晋升制度,提供学习和发展,进一步提升自己的机会,实行灵活多样的弹性工作时间制度以及制定适合每个人特点的职业生涯发展道路等。精神激励是管理者用思想教育的手段倡导企业精神,调动员工积极性、主动性和创造性的有效方式。

强调物质激励与精神激励相结合,并不是说不需要有所侧重,随着主客观条件的发展,人们的物质需要和精神需要也在不断地变化。从社会角度来看,社会经济文化发展水平比较低,人们的物质需求就会比较强烈,而在社会经济文化发展水平比较高的条件下,人们的精神需要则会占主导地位。从个人角度来看,一个人受教育的程度、所从事的工作性质及自身的品德修养也会对需要产生很大程度的影响。

企业案例:星巴克的咖啡豆股票

2. 正激励与负激励

所谓正激励就是当一个人的行为符合组织的需要时,通过奖赏的方式来鼓励这种行为,以达到持续和发扬这种行为的目的。所谓负激励就是当一个人的行为不符合组织的需要时,通过制裁的方式来抑制这种行为,以达到减少或消除这种行为的目的。

正激励与负激励作为激励的两种不同类型,目的都是要对人的行为进行强化,不同之处在于二者的取向相反。正激励起正强化的作用,是对行为的肯定;负激励起负强化的作用,是对行为的否定。

 案例

伟大的母亲

第一次参加家长会,幼儿园老师说:"你儿子有多动症,在板凳上连3分钟都坐不了,您最好带他去看看。"

回家的路上,儿子问她,老师都说了些什么,她鼻子一酸,差点流下眼泪来。因为全班30多位小朋友,唯有他表现最差,唯有对他,老师表现出不屑。然而她还是告诉她的儿子:"老师表扬你了,说宝宝原来在板凳上坐不了1分钟,现在能坐3分钟了。其他的妈妈都非常羡慕妈妈,因为全班只有宝宝进步了。"

那天晚上,她儿子破天荒地吃了两碗米饭,并且没让她喂。

儿子上小学了。家长会上,老师说:"全班50名同学,这次数学考试,你儿子排第40名,我们怀疑他智力上有障碍,您最好能带他去医院查查。"

回去的路上,她流下了泪。然而,当她回到家里,却对坐在桌前的儿子说:"老师对你充满信心。他说了,你并不是个笨孩子,只要能细心些,会超过你的同桌,这次你的同桌排在第

21名。"

说这话时,她发现儿子黯淡的眼神一下子充满了神采,沮丧的脸也一下子舒展开来。她甚至发现,儿子温顺得让她吃惊,好像长大了许多。第二天上学,去得比平时都要早。

孩子上了初中,又一次家长会。她坐在儿子的座位上,等着老师点她儿子的名字,因为每次家长会,她儿子的名字在差生的行列中总被点到。然而,这次出乎她的预料,直到结束,都没被点到。她有些不习惯。临别,去问老师,老师告诉她:"按你儿子现在的成绩,考重点高中有点危险。"

她怀着惊喜的心情走出校门,此时她发现儿子正在等她。路上她扶着儿子的肩膀,心里有一种说不出的甜蜜,她告诉儿子:"班主任对你非常满意,他说了,只要你努力,很有希望考上重点中学。"

高中毕业了。第一批大学录取通知书下达时,学校打电话让她儿子去学校一趟。她有一种预感,她儿子被清华录取了,因为在报考时,她给儿子说过,她相信他有能力考取这所学校。

她儿子从学校回来,把一封印有清华大学招生办公室的特快专递交到她的手里,突然转身跑到自己的房间里哭了起来。边哭边说:"妈妈,我知道我不是个聪明的孩子,只有你能欣赏我……"

这时,她悲喜交加,再也按捺不住十几年来的泪水,任它打落在手中的信封上。

3. 内激励与外激励

所谓内激励是指由内酬引发的、源自于工作人员内心的激励;所谓外激励是指由外酬引发的、与工作任务本身无直接关系的激励。

内酬是指工作任务本身的刺激,即在工作进行过程中所获得的满足感,它与工作任务是同步的。追求成长、锻炼自己、获得认可、自我实现、乐在其中等内酬所引发的内激励,会产生一种持久性的作用。

外酬是指工作任务完成之后或在工作场所以外所获得的满足感,它与工作任务不是同步的。如果一项又脏又累、谁都不愿干的工作有一个人干了,那可能是因为完成这项任务,将会得到一定的外酬——奖金及其他额外补贴,一旦外酬消失,他的积极性可能就不存在了。所以,由外酬引发的外激励是难以持久的。

4. 目标激励

目标激励,也称愿景激励,就是领导者为激励对象描绘出一个美好的远景,使后者为之所向往、心动,继而激励他们迎难而上,坚定不移地为之努力奋斗。在目标激励中,领导者一定要让激励对象树立相应的信念,通过那些"先相信而后再看到"的远景来带领他们前进。

5. 领导者的激励

牛根生、霍英东用他的创业史创建了"牛根生时代""霍英东时代",从他们的人生轨迹都可以看出一个团队领导者对一个团队的影响。试想一个责任心不强,做事不公正,在人才选拔上任人唯亲的团队领导者,又怎么能在团队成员前有信服力呢?所以,一个团队领导者不仅要严格约束自己,还要经常与团队成员进行沟通,尊重支持下属,对员工所做出的成绩要尽量表扬,在企业中建立以人为本的管理思想,为员工创造良好的工作环境;要为员工做出榜样,通过展示自己的工作能力、管理艺术和良好的职业道德,培养下属对自己的尊敬,从而增加团队的凝聚力。团队领导者要注重与员工的情感交流,使员工在企业的工作中得到心理的满足和价值的体现。

?/ 即兴思考

你喜欢哪种类型的激励?为什么?

企业案例:杰克·
韦尔奇的小纸条

6. 情感激励

情感激励是精神激励的一种方式,所谓情感激励,就是团队领导者以真挚的情感,增强管理者与员工之间的情感联系和思想沟通,满足员工的心理需要,形成和谐融洽的工作气氛的一种激励方式。"人非草木,孰能无情",情感需要是人的基本需要,人们任何认知和行为,都是在一定的情感推动下完成的,所以团队领导者要注意各种随机性因素,注重感情的投入和交流,注重人际互动关系,关心团队成员,帮助下属,特别是当下属遇到困难时,要真心为其解决难题;团队领导者要与下属沟通,沟通是一切激励方法的前提;信任激励也很重要,信任就是力量,信任就是最高的奖赏。

7. 成长激励

人都有尊重的需要,尊重需要是指人对名誉、人格、地位等的欲望感。团队领导者要激励勤奋好学、品格修养好的人;为成员创造表现自我的机会,如各种文体竞赛,会议主持等;为团队的每一位成员提供不同的培训机会,以训代奖,从而促进他们的成长。

培训是员工最好的福利待遇。培训是对员工全方位地调理,使员工在各方面得到提升。没有培训过的员工,是负债;培训过的员工,才是资产。通过培训,能够使员工在思想上和行为上与公司的战略发展高度统一,通过培训,让员工认同企业文化,处处以企业的核心价值观为导向。当然,在对员工进行专业技能培训的同时,还要进行其他方面的培训,使他们成为企业的复合型人才。

管理是科学,更是一门艺术,无论什么样的企业都离不开人的创造力和积极性,因此企业一定要重视对员工的激励,根据实际情况,综合运用多种激励机制,把激励的手段和目的结合起来,改变思维模式,真正建立起适应企业特色、时代特点和员工需求的开放的激励体系,使企业在激烈的市场竞争中立于不败之地。

企业案例:海底捞
团队式激励

📖 同步实训

选择激励方法

1. 任务要求

(1)在教师引导下完成教师预设的激励案例。

(2)完成激励方法相关问题的讨论及理论学习。

(3)小组内分工协作完成任务。

2. 任务分析

要能最大限度地满足员工的需要、激励员工的士气,在选择合适的激励方法时,应注意遵循以下的原则：①因人而异；②公平公正；③奖励正确的事情；④及时奖励。本次任务以激励方法运用模拟案例、学生自主分析解决问题为主线，教师协助辅导、点评中引出相关理论知识，学生角色演练锻炼选择激励方法的专业技能。

3. 实施准备

(1) 材料准备：每组各 1 份模拟案例材料。

(2) 场地准备：能分组讨论演练的实训室。

(3) 学生约 6 人 1 组，确定组长 1 名，分工协作。

4. 实施步骤

案例一

某市罐头厂是我国生产出口罐头的专门工厂，其拳头产品是芦笋罐头。芦笋季节性强，第二季度是生产芦笋罐头的旺季。由于原材料价高且不易储存，必须当天收购当天加工。厂领导召开动员大会，号召全厂职工昼夜突击，加班加点，平均每天工作 12 小时，星期天也不休息。为鼓励职工加班，决定实行计件工资，粗估每位职工每月可增收 600 元。职工参加加班第一周很踊跃，第二周开始，主动加班者越来越少。领导初步了解，出现了以下几种情况。

情况 1：该厂位于市郊，工人家里多有农田，第二季度农活也忙，有些职工星期天加班，家属怨声很大："耽误了农时，影响全年收成。"

情况 2：该厂经济效益较好，工资奖金水平在全市数一数二，加班增收 600 元，与多付出的劳动时间相比，有些职工认为得不偿失。

情况 3：第二季度正值春夏之交，是旅游的好季节，有些青工早就计划去泰山旅游，还有的计划趁"五一"旅游结婚，已经做好了准备。

情况 4：加班时，后勤工作跟不上，食堂餐饮花色品种少，质次价高，食堂距车间又太远；加班结束后，浴室已关门，职工想洗澡也没有地方；加班后公共汽车已经停运，职工回家有一定困难；托儿所服务时间比加班时间短，孩子妈妈加班有困难。

情况 5：实行计件工资后，质量有所下降，原材料消耗有所上升，一些工人为了多干活多赚钱，拼设备，而且一些没有报酬的辅助工作没有人干，不愿帮助别人，职工之间协作出现一些问题。

情况 6：实行计件工资后，考勤工作放松，个别职工不仅不加班，而且出勤率比平时还低。

(1) 学生小组内分配并扮演各角色。

(2) 各组讨论目前公司出现困境的原因，并协调设计新的激励方案。

问题 1：根据案例，分析职工的心理。

问题 2：针对这种情况，如果你是厂长，根据本厂职工情况和所需完成任务，请设计一套职工激励方案，来有效改善职工的行为，参加突击生产，并保证质量、成本、效益。

(3) 学生阐述原因及解决办法，教师点评，穿插讲解理论知识及科学激励机制的关键要素。

案例二

在一家传统制造业公司，业务的关键成功因素是安全、质量和产量。公司尝试过很多基于个人的考核与激励方式(包括奖励和惩罚),却没有带来明显的成果。后来,公司又尝试了基于部门和车间的考核与激励方式,却出现了部分部门和车间达到目标而整个公司不能达到目标的现象。例如,B车间由于机器故障停产半天,而上道工序A车间为了完成产量目标,生产了半天的库存无处堆放,同时承担第三道工序的C车间员工非常不满,他们认为B车间影响了他们的目标达成,应当对他们损失的奖金进行补偿。这样导致的结果是公司的管理层忙于协调各部门之间的关系。

最终,公司制定了整个公司层面的月度安全、质量和产量目标,向员工公布,并承诺如果达到目标,将向全体员工发放一定额度的月度奖金。公司将月度目标细化到每一天,并在每天的早上公布前一天的实际结果,以及与目标的比较。从此之后,员工非常在意整个公司的目标,而不只是部门/车间的目标。如果某个车间出现问题,影响了整个公司的产量,其他车间的第一反应不是去指责他们,而是探讨如何帮助他们解决问题。部门/车间之间的沟通更加频繁,合作更加顺畅,员工的士气更加高涨,而公司的经营业绩也得到了大幅度的提高。

很多公司之所以更倾向于使用基于个人激励的方式,是因为担心基于团队的激励方式会导致"搭便车"现象,不能起到"奖勤罚懒"的作用,不够公平。然而与基于团队的激励方式相比,基于个人的激励方式虽然可能带来个人工作方式的改进和绩效的提高,或者说局部的优化,但是多个局部的优化未必能够带来整体的优化。而团队式的激励方式如果应用得当,带来的却是整体的绩效提高和整体的优化。两种激励方式各有利弊,然而提高公司整体绩效与解决"搭便车"问题相比,孰轻孰重呢?

(1)学生小组内分配并扮演各角色。

(2)各组讨论最后公司经营业绩得到大幅提高的原因。

(3)教师点评,穿插讲解团队激励的方法及重要性。

案例三

朱斌是一家房地产公司负责销售的副总经理,他把公司最好的推销员李兰提拔起来当销售部经理。李兰在这个职位上干得并不怎么样,她下属说李兰待人很不耐烦,几乎得不到她的指点与磋商。李兰也不满意这份工作,当推销员时,她做成一笔交易就可以立刻拿到奖金,可是当了经理以后,她干得是好是坏取决于下属的工作,她的奖金也要到年终才能定下来。人们都说她是"被高度激发了",她拥有一幢价格昂贵的市区住房,开着奥迪车,全部收入都用在生活开销上了。但李兰现在和过去判若两人,朱斌被搞糊涂了。

(1)学生小组内分配并扮演各角色。

(2)各组讨论激励失败发生的原因,并选择新的激励方法。

问题1:根据案例所述,谈谈李兰为什么会出现这种情况?

问题2:出现李兰这种情况,管理者朱斌应该如何做?

(3)学生阐述原因及解决办法,教师点评,穿插讲解选择激励方法时的注意事项。

5. 效果评价

教师对学生的学习过程及学习效果给予综合评价。小组成绩主要考核团队整体完成情况,个人部分主要考核个人执行情况,具体见表6-5。

表 6-5　选择激励方法训练评价

小组序号：			学生姓名：		学号：	
小组成绩(教师评价或小组互评)			个人最终成绩			
任务及标准	满分	得分	项目及标准	满分	得分	
案例分析一分析解决	10		小组分解得分	40		
案例分析二分析解决	10		个人角色及执行	20		
案例分析三分析解决	10		代表发言陈述	10		
小组组织分工情况	5		演练创意	20		
汇报展示情况	5		友好互助	10		
合　　计	40		合　　计	100		
评价者：			评价者：			
评价时间：　　年　　月　　日			评价时间：　　年　　月　　日			

6. 点评交流

学生每次完成模拟游戏,展示分析解决办法后,教师及时组织学生交流,教师结合学生的分析及解决方案,穿插引出相关理论知识及引申问题。本次课堂以模拟游戏激发学生兴趣,学生积极参与分析讨论,教师以案例问题为载体,启发、讲解相关理论知识,学生通过模拟来训练识别冲突、解决冲突的专业技能。

任务三　激励效果评价与分析

微课：激励效果
评价与分析

知识目标

- 了解激励效果评价在团队的作用和意义。
- 了解团队实践中常见的激励效果评价理论。
- 掌握期望理论、公平理论和强化理论等激励效果评价理论知识。

技能目标

- 能运用所学的期望理论、公平理论和强化理论等激励效果评价理论来架构团队激励效果评价。

素养目标

- 能结合社会主义核心价值观分析和评价团队激励效果。

 热身游戏

回形针的用法

活动目标：通过游戏了解激励效果评价的意义,加强学生的团队融入。

形式：全体学生共同参与完成。

时间：15分钟。

场地：教室内。

所需材料：粘贴的便签纸。

游戏方法：

（1）每4～6人组成1个小组。

（2）所有成员在60秒内尽可能多地想出回形针的用途。

（3）每组指定1人负责记录想法。

（4）1分钟后，各组汇报所想到的主意的数量，举出其中"疯狂的"或"激进的"主意。

讨论：哪一组的数量最多？为什么？他们采用了什么样的激励评价？

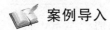 **案例导入**

看得见的认可

某集团公司人力资源管理团队中有一个小组专门负责员工招聘，该小组每天的主要工作是与业务经理沟通、确定招聘需求、阅读简历、筛选简历、电话面试、组织现场面试等工作。这是一份很单调、枯燥的工作，但该公司的招聘专员要坚持一个月、一年，甚至更长时间。

一天，总经理王力与人力资源管理部门经理沟通后，决定在每位招聘专员办公桌前放一块小白板，每招聘一位员工，就贴一朵小红花，贴满十朵小红花，大家一起庆祝一下。

这个从幼儿园学来的激励方法，对成年人有用吗？

每当总经理王力带人到招聘部门参观时，他都会介绍每个人办公桌前的小红花。一次，王力来到招聘专员李小梅的办公桌前，看到有几个虚线画的小红花，就好奇地问，这是什么意思？李小梅笑着回答："这两个岗位招聘还没有结果，但我预计能在一周内完成，画在这里，让我提前有些成就感。"

思考：怎么看待这件事情？它符合什么激励理论？

恰到好处地对员工进行激励，是优秀的团队领导者卓越领导力的一种表现。要切实地做好激励，使激励方法的选择能真正满足员工的需求，提高员工的积极性和主动性，需要对激励效果进行有效的评价与分析。

一、激励效果评价的作用和意义

通过调查发现，无论对生产、管理还是研发与技术类的员工来说，真正起激励作用的都是有关机制、制度等与硬环境相关的因素，主要包括薪酬福利、公平的考评制度、发挥个人才能的舞台等激励措施，除此以外，部分团队成员更加关注人与人之间的关系、领导对自己的态度以及晋升机会等。

从有效的激励方式来看，现阶段员工最看重的激励还是薪资和奖惩激励，同时，领导的表扬和关怀对员工的激励作用也比较明显。美国著名心理学家威廉·詹姆士曾精辟地总结道："人性的第一原则就是渴望得到赞赏。"我们常说"士为知己者死"，对员工的赞扬和关怀一定程度上可以改善员工与团队领导之间的信任关系，提高激励效果。

虽然物质激励在目前阶段更重要,但精神激励的作用也不容忽视。物质激励和精神激励两者是相辅相成、互相促进的,缺少了任何一方,都会使另一方的效果大打折扣。单纯的精神激励只能在短期内调动员工的积极性和创造性;而单纯的物质激励可能使人们产生拜金主义,或者出现边际效应递减的结果。只有将物质激励与精神激励,以及根据人的自然需要与社会需要而采取的激励措施有机、综合、同步地实施,才能取得最大的激励效果。

激励评价是团队激励中不可缺失的一个基本环节。它发挥着多方面的功能,从整体上确认激烈的科学性、计划与实际需求的合理衔接及效果测定的科学性。同时,可以根据评价及时调整激励方案,寻找方案的不足之处,归纳总结,为下一次激励方案提供数据,有助于激励效果的科学性。

二、弗鲁姆的期望理论

期望理论是美国心理学家维克托·弗鲁姆在 1964 年出版的《工作与激励》一书中首先提出来的,是影响最为深刻广泛的激励理论之一。

期望理论认为,人是具有理性的,对于生活和事业的发展有既定的信仰和基本预测;个体决定采取哪种行为与这种行为能给他带来什么结果、结果对他的重要程度相关,个体就是根据某种结果实现的可能性和相应奖酬重要性的估计来决定是否采取某种行为。员工在工作中总是渴求满足一定的需要并设法达到既定的目标。

这个目标尚未实现时,表现为期望。这时目标可以产生激励效果,激励的大小取决于目标价值(效价)和达到目标可能性(期望)的乘积。用公式可以表示为

$$激励 = 效价 \times 期望$$

这里的激励是指调动员工积极性、激发员工努力的程度。根据公式,激励力的大小主要取决于目标效价和期望值两大因素,也就是说,推动人们去实现目标的力量,是两个变量的乘积,如果其中有一个变量为零,激励的效用就等于零。这两种估计在实践过程中会不断修正和变化,发生所谓"感情调整"。当行为者对某项活动及其结果的效用评价很高,而且估计自己获得这种结果的可能性很大时,他的主观努力与积极性便会很大,从而领导者用此种结果来激励完成就可以得到很好的效果。相反,如果行为者的目标效价很低,或者估计自己获得这种结果的可能性很小,则激励力就很小。例如,分析以下两种情况的激励力:其一,让卖茶叶蛋的去造原子弹,显而易见,激励力很小,因为虽然此种情况下效价很高,但期望值太低;其二,让造原子弹的去卖茶叶蛋,虽然期望值很高,但效价太低,所以激励力还是很小。

例如,我认为我有能力完成这项任务,完成任务后,我估计老板肯定会兑现他给我晋升工资的诺言,而增加工资正是我的最大期望,所以,我工作的积极性肯定很高;反之,任何一个变量的变化,就会影响工作的积极性。管理者的任务就是要使这种调整有利于达到最大的激发力量。因此,期望理论是过程型激励理论。

同时,还应该注意到,目标效价和期望值是因人而异的,对某人效价很高的事情,对另一个人则可能很小;对某人期望值很高、很大的事情,对另一个人则可能很小。因此,在运用期望理论时,应注意以下几点。

(1) 目标效价是指综合效价。即某目标给某人带来的好处、效益是多种多样的,它既可以是物质的,也可以是精神的,效价是指各种报酬的总和。

(2) 同一事件或同一目标对不同的人而言,目标效价是不同的,同一个人在不同时期的

效价也是不一样的。

（3）期望值是指当事人主观判断的概率，它与个人能力、经验以及愿意做出的努力程度等直接有关。

（4）目标效价与平均期望值相互影响。平均期望值低，目标效价相对增大；平均期望值高，目标效价相对减小。

期望理论为管理者提高员工的工作绩效提供了可实现的途径。例如，为了提高期望值，工作项目的目标设置都应是大多数人经过努力能实现的；要注意培训员工，以提高其完成任务的能力，创造有利于完成任务的条件；及时兑现报酬等。为了提高目标效价，一定要选择员工感兴趣、评价高的项目或手段，奖励要针对人们最迫切要求满足的需要，对不同的人，可根据其需要的不同给予不同的奖励。要通过各种渠道了解员工效价、期望概率的变化情况，以便及时采取措施维持其工作的积极性。

企业案例：九寨沟之旅

三、亚当斯的公平理论

公平理论是美国心理学家亚当斯在其1965年发表的《社会交换中的不公平》一书中首先提出来的，也称社会比较理论。

公平理论的基本观点是，当一个人做出了成绩并取得了报酬以后，他不仅关心自己所得报酬的绝对量，而且关心自己所得报酬的相对量。因此，他要进行种种比较来确定自己所获报酬是否合理，比较的结果将直接影响今后工作的积极性。

（1）横向比较，即他要将自己获得的"报偿"（包括金钱、工作安排以及获得的赏识等）与自己的"投入"（包括教育、努力及耗用在职务上的时间等）的比值与组织内其他人作社会比较，只有相等时，他才认为公平。

他可能要求增加自己的收入或减小自己今后的努力程度；或者他可能要求组织减少比较对象的收入或者让其今后增大努力程度。此外，他还可能另外找人作为比较对象，以便达到心理上的平衡。

（2）纵向比较，即把自己目前投入的努力与目前所获得报偿的比值，同自己过去投入的努力与过去所获得报偿的比值进行比较。只有相等时，他才认为公平。

通过公平理论我们知道，组织成员的积极性与其所得报酬的绝对值并无直接必然的联系，必须将相对报酬作为有效激励的方式。

一般情况下，人们会更倾向于进行横向比较。而且在比较的过程中，人们总是过高地估计自己的投入量，过低地估计自己所获得的报酬；而对别人的投入量及所获得的报酬的估计则刚好相反。因此，管理者在运用该理论时，应当在工作任务分配、工资和奖金的评定以及工作业绩的评价中，力求公平合理，以保护和调动员工的积极性。不过，公平也是一种心理感受，它是主观的、相对的。由于受到公平的标准、绩效的评价、个人的感受等许多因素的影响，绝对的公平是不存在的。因此，管理者还应注意对当事人进行正确的公平观的引导，作为员工也应树立正确的公平观，不要盲目攀比。

知识链接：对公平与否的辩证看待

?　即兴思考

阿 Q 的精神胜利法为什么可以缓解阿 Q 的沮丧？

四、斯金纳的强化理论

1. 强化理论的内容

强化理论是由美国心理学家斯金纳提出的。斯金纳认为，无论是人还是动物，为了达到某种目的，都会采取一定的行为，这种行为将作用于环境，当行为的结果对他或它有利时，这种行为就会重复出现，当行为的结果不利时，这种行为就会减弱或消失。这就是环境对行为强化的结果。强化的具体方式有以下 4 种。

（1）正强化。正强化就是奖励那些符合组织目标的行为，以便使这些行为得以进一步地加强，重复出现。不要把正强化仅理解为给奖金，对成绩的认可、表扬、改善工作条件和人际关系、提升、安排担任挑战性工作、给予学习和成长的机会等都能起到正强化的作用。

（2）惩罚。当员工出现一些不符合组织目标的行为时，采取惩罚的办法，可以约束这些行为少发生或不再发生。惩罚是力图使所不希望的行为逐渐削弱，甚至完全消失。

（3）负强化。负强化强调的是一种事前的规避。俗语"杀鸡儆猴"形象说明了两者的联系与区别。对出现了违规行为的"鸡"加以惩罚，意欲违规的"猴"会从中深刻地意识到组织规定的存在，从而加强对自己行为的约束。

（4）忽视。忽视就是对已出现的不符合要求的行为进行"冷处理"，达到"无为而治"的效果。

强化手段所产生的激励效果的大小，不仅与采用何种强化手段有关，还与如何进行强化实施的程序有关。强化实施的程序一般分为持续性强化和间歇性强化两种。持续性强化是对每个行为都给予强化，没有中断和缺省；间歇性强化是指非连续性的强化，即经过一段时间强化一次，不同的强化方式所起到的效果也是不同的，因此，管理者在进行强化时，不仅要注意强化的内容，也要注意强化的方式。在运用强化理论时，应该注意以下几点：①要针对不同的对象采取不同的强化措施；②分阶段设立目标，及时给予强化；③及时反馈工作结果，增强强化效果；④尽管正强化和负强化都有激励作用，但在实际工作中，应以正强化为主、负强化为辅，以取得更好的强化效果。

2. 正强化和负强化的应用

正强化和负强化是依据"强化理论"的原理而采取的激励制度，在企业中运用比较多。正强化激励是当一个人的行为符合社会的需要时，通过奖赏的方式来鼓励这种行为，以达到持续和发扬这种行为的目的。负强化激励是当一个人的行为不符合社会的需要时，通过制裁的方式来抑制这种行为，以达到减少或消除这种行为的目的。正强化是从正方向予以鼓励、负强化是从反方向予以刺激，它们是激励中不可缺少的两个方面。"小功不奖，则大功不立；小过不戒，则大过必生"，讲的就是这个道理。在实际工作中，只有做到奖功罚过、奖优罚劣、奖勤罚懒，才能使先进受到奖励、后进受到鞭策，真正调动起人们的工作热情，形成人人争先的竞争局面。如果良莠不分、是非不明，势必造成"干多干少一个样、干与不干一个样"的不良局面，使激励无的放矢，得不到好的效果。所以，只有坚持正强化与负强化相结合的方针，才会形成一种激励合力。正强化是主动性激励，负强化是被动性激励，就二者的作用而言，正强化是第一位的，负强化是第二位的，所以，在激励中应该坚持以"正强化为主、负强化为辅"的原则。

企业案例：海尔集团的正负激励

五、目标设置理论

美国马里兰大学管理学兼心理学教授爱德温·洛克（Edwin A.Locke）和休斯在研究中发现，外来的刺激（如奖励、工作反馈、监督的压力）都是通过目标来影响动机的。目标能引导活动指向与目标有关的行为，使人们根据难度的大小来调整努力的程度，并影响行为的持久性。

于是，在一系列科学研究的基础上，他于1967年最先提出"目标设定理论"，认为目标本身就具有激励作用，目标能把人的需要转变为动机，使人们的行为朝着一定的方向努力，并将自己的行为结果与既定的目标相对照，及时进行调整和修正，从而能实现目标。这种使需要转化为动机，再由动机支配行动以达成目标的过程就是目标激励。目标激励的效果受目标本身的性质和周围变量的影响。

目标有两个最基本的属性：明确度和难度。

从明确度来看，目标内容可以是模糊的，如仅告诉被试者"请你做这件事"；目标也可以是明确的，如"请在10分钟内做完这25道题"。明确的目标可使人们更清楚要怎么做，付出多大的努力才能达到目标。目标设定得明确，也便于评价个体的能力。很明显，模糊的目标不利于引导个体的行为和评价他的成绩。因此，目标设定得越明确越好。事实上，明确的目标本身就具有激励作用，这是因为人们有希望了解自己行为的认知倾向。对行为目的和结果的了解能减少行为的盲目性，提高行为的自我控制水平。另外，目标的明确与否对绩效的变化也有影响。也就是说，完成明确目标的被试者的绩效变化很小，而目标模糊的被试者的绩效变化则很大。这是因为模糊目标的不确定性容易产生多种可能的结果。

从难度来看，目标可以是容易的，如20分钟内做完10个题目；中等的，20分钟内做完20个题目；难的，20分钟内做完30个题目，或者是不可能完成的，如20分钟内做完100个题目。难度依赖于人和目标之间的关系，同样的目标对某人来说可能是容易的，而对另一个人来说可能是难的，这取决于他们的能力和经验。一般来说，目标的绝对难度越高，人们就越难达到它。有400多个研究发现，绩效与目标的难度水平呈线性关系。当然，这是有前提的，就是完成任务的人有足够的能力、对目标又有高度的承诺。在这样的条件下，任务越难，绩效越好。一般认为，绩效与目标难度水平之间存在着线性关系，是因为人们可以根据不同的任务难度来调整自己的努力程度。

目标对绩效直接产生的影响可用模型表示，见图6-3。

在目标设定与绩效之间还有其他一些重要的因素产生影响。这些因素包括对目标的承诺、反馈、自我效能感、任务策略、满意感等。

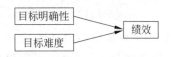

图6-3　目标和绩效之间的关系

1. 承诺

承诺是指个体被目标所吸引,认为目标重要,持之以恒地为达到目标而努力的程度。个体在最强烈地想解决一个问题的时候,最能产生对目标的承诺,并随后真正解决问题。

由权威人士制定目标,或是个体参与设定目标,哪一种方式更能导致目标承诺、增加下属的绩效呢? 研究发现,合理制定的目标(所谓合理,即目标有吸引力,也有可能达到)与参与设定的目标有着相同的激励力量。这两者都比只是简单地设定目标而并不考虑目标的合理性更有效。当人们认为目标能够达到,而达到目标又有很重要的意义时,对目标的承诺就加强了。研究者发现,人们认为目标能够达到可以加强自我效能感。

近来的研究发现,激励物对产生承诺的作用是很复杂的。一般来说,对于无法达到的目标提供奖金只能降低承诺。对于中等难度的任务给予奖金最能提高承诺。

2. 反馈

目标与反馈结合在一起更能提高绩效。目标给人们指出应达到什么样的目的或结果,同时,它也是个体评价自己绩效的标准。反馈则告诉人们这些标准满足得怎么样,哪些地方做得好,哪些地方尚有待于改进。

反馈是组织里常用的激励策略和行为矫正手段。许多年来,研究者们研究了多种类型的反馈。其中研究最多的是能力反馈,它是由上级或同事提供的关于个体在某项活动上的绩效是否达到了特定标准的信息。能力反馈可以分为正反馈和负反馈。正反馈是指个体达到了某项标准而得到的反馈,负反馈是个体没有达到某项标准而得到的反馈。

另外,反馈的表达方式有两种:信息方式和控制方式。信息方式的反馈不强调外界的要求和限制,仅告诉被试者任务完成得如何,这表明被试者可以控制自己的行为和活动。因此,这种方式能加强接受者的内控感。控制方式的反馈则强调外界的要求和期望,如告诉被试者必须达到什么样的标准和水平。它使被试者产生了外控的感觉,他的行为或活动是由外人控制的。

用信息方式表达正反馈可以加强被试者的内部动机,对需要发挥创造性的任务给予被试者信息方式的正反馈,可以使被试者最好地完成任务。

3. 自我效能感

自我效能感的概念是由美国著名心理学家班杜拉在 1977 年提出的,并于 1997 年出版《自我效能:控制的实施》一书中对自我效能问题进行了全面系统的论述。自我效能感就是个体在处理某种问题时能做得多好的一种自我判断,它是以对个体全部资源的评估为基础的,包括能力、经验、训练、过去的绩效、关于任务的信息等。

当对某个任务的自我效能感强的时候,对这个目标的承诺就会提高。这是因为高的自我效能感有助于个体长期坚持在某一个活动上,尤其是当这种活动需要克服困难、战胜阻碍时。高自我效能感的人比低自我效能感的人坚持努力的时间要长。

知识链接:中心目标和边缘目标

目标影响自我效能感的另一个方面是目标设定的难度。当目标太难时,个体很难达到目标,这时他的自我评价可能就比较低。而一再失败就会削弱一个人的自我效能感。

 **同步实训**

激励效果评价与分析

1. 任务要求

(1) 在教师引导下完成教师预设的模拟案例。

(2) 完成案例分析后进行讨论及理论学习。

(3) 小组内分工协作完成任务。

2. 任务分析

激励效果的评价与分析主要以过程激励理论为基础,包括期望理论、公平理论和强化理论,通过对激励的效果进行评价与分析,使激励方法的选择能真正满足员工的需求,提高员工的工作积极性和主动性。以模拟案例为基础,评价与分析激励效果,寻找更好的激励方法,是本次学习任务的重点。

3. 实施准备

(1) 材料准备:每组各1份模拟案例演练材料。

(2) 场地准备:能分组讨论演练的实训室。

(3) 学生约6人1组,确定组长1名,分工协作。

4. 实施步骤

案例一

五星级酒店很注重企业的成长,但缺少对员工成长的激励,加之一些新成立的酒店,立刻会到其他大酒店挖墙脚,所以很多老酒店经常会成为新酒店挖墙脚的对象。深圳的一家五星级酒店因为受到新酒店高薪挖墙脚的影响,人才流失率高达50%以上。

老企业永远竞争不过新企业,新企业进入市场,不惜一切代价去占领市场,老企业必须考虑成本,所以老企业的人总是被挖走。然而,一家五星级酒店自从实行"爬格子"的方法后,没有增加工资,没有增加奖金,没有增加物质的吸引,却改变了人才流失的局面。

五星级酒店为什么不可以有五星级员工呢?没有五星级员工,哪来的五星级酒店?真正的五星级酒店是靠五星级员工来支撑的。那为什么不给员工评星级呢?

过去员工爬的格子很少,普通营业员、主任、经理、总经理,就这么几个格子,有多少人能够真正走上领导岗位?极少,所以就被别人挖走了。但现在不同了,设立五星级员工标准、工资等级,奖金上一点点体现,几乎是微乎其微的,完全是象征性的。将员工等级排出来,一共排了9个台阶,一星级员工,二星级员工,三星级员工。这三个台阶比较大,接下来,四星下,四星中,四星上三个台阶,再接下来,五星下,五星中,五星上。当设立了这些台阶之后,你会发现,一星级员工、二星级员工、三星级员工开始竞争了。一个员工进入企业半年就会成为三星级员工,他很有成就感,他开始挑战四星,在四星下阶段上的员工,也会感觉到竞争的压力,有了危机感了,他立刻调整自己的目标——我要爬到四星上。

于是员工之间就有了竞赛,这种竞赛形成之后,员工就觉得工作成了一种娱乐,每天上班都很新奇,我在积分,他在积分,每一天上班都会有分积出来,他立刻就感到这种正面的反馈,所以比拼就开始了。偶尔也会有人被挖走,挖走了之后,给的工资待遇比现在高一倍,但是过了3个月,他不想在那里做了,找老总说还想回来,问他为什么要回来,其实他也说不上为什么,就是在那个单位一点意思都没有,也没有成就感。他已经把工作看成了一种娱乐。当人们把工作看成一种娱乐的时候,这份工作其实就已经最符合人的本性了。

(1) 学生小组内分配并模拟各角色。

(2) 各组讨论该五星级酒店人才不再流失的原因。

问题1:评价与分析这家五星级酒店的激励机制。

问题2:为了避免人才流失,还有没有更好的激励方法?

(3) 学生阐述原因及解决办法,教师点评,穿插讲解理论知识。

案例二

白铭泰在读大学时成绩不算突出,老师和同学都不认为他是很有自信和抱负的人,以为他今后无多大作用。他的专业是日语,毕业后被一家中日合资公司招为推销员。他很满意这份工作,因为工资高,还是固定的,不用担心未受过专门训练的自己比不过别人。若拿佣金,比人少得太多就会丢面子。

刚上班前两年,白铭泰的工作虽然兢兢业业,但销售成绩一般。可是随着他对业务和他与客户们的关系越来越熟悉,他的销售额也渐渐上升了。到了第三年年底,他已列入全公司几十名销售员中头20名了。下一年他很有信心,估计自己当属推销员中的冠军了。不过公司的政策,是不公布每人的销售额,也不鼓励互相比较,所以,他还不能很有把握说自己一定会坐上销售第一把交椅。去年,白铭泰干得特别出色。尽管定额比前年提高了25%,到了9月初,他就完成了这个销售额。根据他的观察,同事中间还没有人完成定额。

10月中旬,日方销售经理召他去汇报工作。听完他用日语做的汇报后,日方销售经理对他格外客气,祝贺他已取得的成绩。在他要走时,日方销售经理对他说:"咱公司要再有几个像你一样的推销明星就好了。"白铭泰只微微一笑,没有说什么,不过他心中思忖,这话不就意味着承认他在销售员队伍中出类拔萃、独占鳌头吗?今年,公司又把他的定额提高了25%,尽管一开始不如去年顺利,他仍是一马当先,比预计干得要好。根据经验估计,十月中旬前,他准能完成自己的定额。

可是他觉得自己的心情并不舒畅。最令他烦恼的事,就是公司不告诉大家谁干得好、谁干得坏,没个反馈。他听说本市另两家中外合资的化妆品制造企业都在搞销售竞赛和有奖活动。其中一家是总经理亲自请最佳销售员到大酒店吃一顿饭;而且还有内部发行的公司通讯之类小报,让大家知道每个人的销售情况,表扬每季和年度最佳销售员。想到自己公司这套做法,他就特别恼火。虽然,在工作的头几年,他并不关心排名第几的问题,如今却重视起来了。

不仅如此,他开始觉得公司对推销员实行固定工资制是不公平的,一家合资企业怎么也搞大锅饭?应该按劳付酬。

一天,他主动去找了日方销售经理,谈了他的想法,建议改行佣金制,至少按成绩给奖金。不料日方销售经理说这是既定政策,母公司一贯就是如此,正是本公司的文化特色,拒绝了他的建议。

令公司领导吃惊的是,白铭泰辞职而去,到另一家公司就职了。

(1) 学生小组内分配并模拟各角色。

（2）各组讨论白铭泰辞职的原因。

问题1：讨论白铭泰辞职的原因，评价分析中日合资公司的激励机制的优劣。

问题2：如果你是该公司的总经理，面对白铭泰的建议，会怎么办？

（3）学生阐述原因并解决办法，教师点评，穿插讲解理论知识。

案例三

通常对于员工迟到，领导都是板着脸问："怎么又晚了？"此外，少不了的就是罚款。现在有一个更好的解决办法，既能减少员工迟到的次数，又能让大家感到很愉快。

企业不罚员工，来晚了的时候，代表他愿意为慈善事业捐款100元。结果发现捐款的人还是少的，但是准时上班的人就多了。迟到的人自己则不好意思，捐款100元，下次他就注意了，更重要的是受到处罚的人很快乐，这是快乐的处罚。真正好的管理抓住了人性的根本，简单、有效的管理就是最好的管理。

（1）学生小组内分配并模拟各角色。

（2）各组评价及分析企业的激励机制。如果你是该企业员工，对于迟到，你更加喜欢怎么样的处罚方式？

（3）学生阐述原因及解决办法，教师点评，穿插讲解相关理论。

5. 效果评价

教师对学生参与过程及完成情况给予评价。小组成绩主要考核团队整体完成情况，个人部分主要考核个人执行情况，具体见表6-6。

表6-6　激励效果评价与分析训练评价

小组序号：			学生姓名：		学号：
小组成绩（教师评价或小组互评）			个人最终成绩		
任务及标准	满分	得分	项目及标准	满分	得分
案例一完成及讨论	10		小组分解得分	50	
案例二完成及讨论	10		个人角色及执行	20	
案例三完成及讨论	20		代表发言陈述	10	
成果展示情况	5		演练创意	10	
团队合作情况	5		友好互助	10	
合　计	50		合　计	100	
评价者：			评价者：		
评价时间：　　年　　月　　日			评价时间：　　年　　月　　日		

6. 点评交流

学生每次完成模拟游戏，展示分析解决办法后，教师及时组织学生交流，教师结合学生的分析及解决方案，穿插引出相关理论知识及引申问题。本次课堂以模拟案例激发学生兴趣，学生积极参与分析讨论，教师以问题为载体，启发、讲解相关理论知识，学生通过模拟演练，锻炼评价分析激励效果的专业技能。

综合练习

一、单选题

1. 以下( )因素不属于赫兹伯格双因素理论中的激励因子。

　　A. 成就感　　　　　　B. 工作条件　　　　　C. 个人成长　　　　　D. 工作的主动性

2. 下列( )属于目标激励。

　　A. 望梅止渴

　　B. 王总经理在总公司大会上表扬小陈今年的业绩突出

　　C. 李总跟小金说如果这个月业绩不好,准备辞退小金

　　D. ××证券公司承诺员工,每月业绩超过 1000 万元,提成翻倍

3. 下列有关弗鲁姆的期望理论正确的是( )。

　　A. 对同一个任务,所有人的激励力是一样

　　B. 对同一个人来说,同一时期,所有任务的激励力是一样的

　　C. 对同一个人来说,不同时期,所有任务的激励力是一样的

　　D. 激励力的大小主要取决于目标效价和期望值两大因素

4. 目标设置理论认为目标设置有 3 个基本点,即目标的具体性、目标的适当反馈和( )。

　　A. 目标的适当难度　　B. 目标的宏大性　　　C. 目标的抽象性　　　D. 目标的科学性

5. 马斯洛将人的需要按其重要性和发生的先后顺序划分为 5 个层次。在以下需要层次中,重要性排在最后的是( )。

　　A. 生理需求　　　　　B. 自我实现需要　　　C. 尊重需要　　　　　D. 社交需要

二、多选题

1. 下列属于员工内在动机的是( )。

　　A. 报酬　　　　　　　B. 兴趣　　　　　　　C. 满足感　　　　　　D. 成就感

2. 根据赫茨伯格的双因素理论,下列因素中,属于保健因素的是( )。

　　A. 小陈觉得公司坐落在市中心,交通便利

　　B. 小王决定在学校工作,因为她认为学校氛围轻松简单

　　C. 今年小李所在的公司修改了绩效奖励,从 2% 上升到 5%

　　D. 季氏科技公司今年下发了新的制度:新的发明专利可以以研发人的名字命名

3. 斯金纳认为,无论是人还是动物,为了达到某种目的,都会采取一定的行为,这种行为将作用于环境,当行为的结果对他或它有利时,这种行为就会重复出现,当行为的结果不利时,这种行为就会减弱或消失。这就是环境强化的结果。下列符合强化理论的是( )。

　　A. 发放三好学生奖励　　　　　　　　B. 杀鸡儆猴

　　C. 无为而治　　　　　　　　　　　　D. 上班迟到罚款 100 元

4. 下面有关激励的说法正确的是( )。

　　A. 激励有利于调动人的积极性和创造性

　　B. 激励有利于挖掘员工的潜力,提高工作效率

　　C. 激励有利于增强团队凝聚力

　　D. 激励有利于管理者控制员工

5. 美国心理学家斯金纳提出了强化理论,强化的具体方式有(　　　)。

　　A. 正强化　　　　　B. 惩罚　　　　　C. 负强化　　　　　D. 忽视

三、思考题

在经济学中有一个著名的"智猪博弈"的例子:猪圈里有两头猪,一头大猪,一头小猪。猪圈的一边有一个踏板,每踩一下踏板,在远离踏板猪圈的另一边,投食口就会落下少量的食物。如果有头猪去踩踏板,另一头猪就有机会抢先吃到另一边落下的食物。当小猪踩动踏板时,大猪会在小猪跑到食槽之前刚好吃光所有的食物。若是大猪踩动了踏板,则还有机会在小猪吃完落下的食物之前跑到食槽,争吃到另一半残食。

思考:

1. 根据以上描述,两头猪会各自采取什么策略?

2. 有什么改进方案?

3. 这个案例带给我们哪些启发?

四、案例讨论和分析

1. 目标

一条猎狗将兔子赶出了窝,一直追赶它,追了很久仍没有捉到。牧羊看到此种情景,讥笑猎狗:"你们两个之间,小的反而跑得快。"猎狗回答:"你不知道我们两个的跑是完全不同的!我仅为了一顿饭而跑,它却是为了性命而跑呀!"

2. 动力

这话被猎人听到了,猎人想:猎狗说得对啊,那我要想得到更多的猎物,得想个好法子。于是,猎人又买来几条猎狗,凡是能够在打猎中捉到兔子的,就可以得到几根骨头,捉不到的就没有饭吃。这一招果然有用,猎狗们纷纷去努力追兔子,因为谁都不愿意看着别人有骨头吃,自己没有。就这样过了一段时间,问题又出现了。大兔子非常难捉到,小兔子好捉。但捉到大兔子得到的奖赏和捉到小兔子得到的骨头差不多,猎狗们善于观察,发现了这个窍门,专门去捉小兔子。慢慢地,大家都发现了这个窍门。猎人对猎狗说:"最近你们捉的兔子越来越小了,为什么?"猎狗们说:"反正没有什么大的区别,为什么费那么大的劲去捉那些大的呢?"

3. 长期的骨头

猎人经过思考后,决定不将分得骨头的数量与是否捉到兔子挂钩,而是采用每过一段时间,就统计一次猎狗捉到兔子的总重量。按照重量来评价猎狗,决定一段时间内的待遇。于是猎狗们捉到兔子的数量和重量都增加了。猎人很开心。但是过了一段时间,猎人发现,猎狗们捉兔子的数量又少了,而且越有经验的猎狗,捉兔子的数量下降得就越厉害。于是猎人又去问猎狗。猎狗说:"我们把最好的时间都奉献给了您,主人,但是我们随着时间的推移会老,当我们捉不到兔子的时候,您还会给我们骨头吃吗?"

4. 骨头与肉兼而有之

猎人做了论功行赏的决定。分析与汇总了所有猎狗捉到兔子的数量与重量,规定如果捉到的兔子超过了一定的数量,即使捉不到兔子,每顿饭也可以得到一定数量的骨头。猎狗们都很高兴,大家都努力去达到猎人规定的数量。一段时间过后,终于有一些猎狗达到了猎人规定的数量。这时,其中有一只猎狗说:"我们这么努力,只得到几根骨头,而我们捉的猎物远远超过了这几根骨头。我们为什么不能给自己捉兔子呢?"于是,有些猎狗离开了猎人,自己捉兔子去了。

5. 只有永远的利益,没有永远的朋友

猎人意识到猎狗正在流失,并且那些流失的猎狗像野狗一般和自己的猎狗抢兔子。情况变得越来越糟,猎人不得已引诱了一条野狗,问他到底野狗比猎狗强在哪里? 野狗说:"猎狗吃的是骨头,吐出来的是肉啊!"接着又道:"也不是所有的野狗都顿顿有肉吃,大部分最后连骨头都没的舔! 不然也不至于被你诱惑。"于是猎人进行了改革,每条猎狗除基本骨头外,可获得其所猎兔肉总量的 n,而且随着服务时间加长,贡献变大,该比例还可递增,并有权分享猎人总兔肉的 m。就这样,猎狗们与猎人一起努力,将野狗们逼得叫苦连天,纷纷强烈要求重归猎狗队伍。故事还在继续……

日子一天一天地过去,冬天到了,兔子越来越少,猎人的收成也一天不如一天。而那些服务时间长的老猎狗们老得不能捉到兔子,但仍然在无忧无虑地享受着那些他们自以为是应得的大份食物。终于有一天,猎人再也不能忍受,把它们扫地出门,因为猎人更需要身强力壮的猎狗……

讨论：重新设计猎狗激励方案。这个故事带给我们什么启示?

项目内容

本项目以企业案例作为引导,结合团队绩效相关理论知识的分析,让学生在理解团队绩效理论知识的基础上,掌握团队绩效基本技能,同时以学生团队为活动单位,通过实训将本项目内容进一步巩固深化和提升。

 任务一　团队绩效管理认知

微课:团队绩效
管理认知

知识目标

- 了解团队绩效概念。
- 知道影响团队绩效的因素。
- 了解团队绩效管理的流程。
- 知道绩效反馈面谈的技巧。

技能目标

- 会合理设置绩效评估指标及标准体系。
- 会对团队成员进行绩效辅导。
- 能对团队绩效进行有效管理。

素养目标

能针对团队成员的心理素质和性格特征等,运用团队绩效管理的技巧和方法,给团队以正激励,带来正能量。

 热身游戏

一"圈"到底

活动目标:通过游戏体验绩效的内涵。

形式:全体学生共同参与完成。

时间:10分钟。

场地：教室内。

游戏方法：

（1）每 3～4 人组成 1 个小组。

（2）每组手拉手围成一圈，用呼啦圈穿过所有人的身体回到原位。在活动过程中，只能以语言为工具，相互拉着的手不能放开，也不能用手指去勾呼啦圈。

（3）计时，时间最短的小组获胜。

讨论：除了时间最短作为小组获胜的评价指标，还可以采用什么方式？

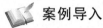 **案例导入**

瑞新科技公司王经理的烦恼

眼看年底就要结束，瑞新科技股份有限公司软件开发部王经理接到了人力资源部的一叠业绩考核表格，要求在年底前完成对本部门员工的业绩评估和考核工作。去年年底的那段不愉快又浮上心头……

去年年终考核，软件开发部共有 3 名员工得了"优秀"，7 名员工"合格"，2 名员工"不合格"。考核结果出来后，按照人力资源部的规定，部门经理要做好绩效反馈工作。于是王经理挨个找大家谈话。对于优秀员工自然好谈，合格的员工也还比较好说，可两个不合格的员工小张和小周，着实让王经理头疼。小张的问题主要是工作很不主动，纪律性也比较差，经常迟到早退；小周人很聪明，工作能力也比较强，可就是不合群，孤芳自赏，总是用批判的眼光看待事物，缺乏团队意识，同事们也不喜欢和他合作。

和小张谈话的时候，话还没说到一半，小张突然哭了起来，抱怨说自己刚结婚，又正在装修房子，家务繁杂，所以工作没有以前那么努力了……她这一哭一闹，把王经理想说的话给憋了回去。和小周的面谈就更不愉快了，王经理的话没说完，小周就表示，自己不想干了，辛辛苦苦干了一整年，考核得个不合格，业绩奖金全泡汤了。第二天，小周就递上了辞呈。

回想去年的不愉快，王经理陷入了苦恼之中……

思考：如果你是王经理，你会怎么做？

一、绩效的定义

从管理学的角度看，绩效就是组织期望的结果，是组织为实现其目标而展现在不同层面上的输出，它包括个人绩效和组织绩效两个方面。组织绩效是建立在个人绩效实现的基础上，但个人绩效的实现又不完全保证组织绩效的实现。当组织绩效按一定的逻辑关系被层层分解到每一个工作岗位以及每一个人时，只要每一个人都达成了组织的要求，组织的绩效就实现了。但是组织战略的失误可能造成由于个人绩效目标的实现而导致组织的失败。

目前对绩效的界定主要有 3 种观点：一种观点认为绩效是结果；另一种观点认为绩效是行为；还有一种观点不再认为绩效是对历史的反应，而是强调员工潜能与绩效的关系，关注员工素质，关注未来发展。

在实际应用中，对绩效的理解可能是以上 3 种认识中的一种，也可能是对各种绩效概念的综合平衡。概括而言，对于绩效概念的理解，可分为以下 5 种。

（1）绩效就是完成任务。这一相对较早的界定简单明了，其主要的使用对象是一线生产工人或体力劳动者。对一线生产工人或体力劳动者来说，只要在保证按时和质量的前提下完成任务，就是他们的绩效，即使这些产品还没有实现任何价值。

从思想根源上，这种认识应当是与泰勒的"科学管理思想"一脉相承的。问题在于随着人类历史的发展，管理的对象早已不局限在生产工人或者体力劳动者，在面对脑力劳动者、知识工作者时，这样的界定往往异常模糊，甚至无法界定。

（2）绩效就是工作结果或产出。这个界定从评估的内容方面将评估划分为绩效评估、技能评估和态度评估 3 种，但是相对于技能评估和态度评估而言，绩效评估强调的是结果或产出。事实上，这种界定在实际运用中是最为常见的。

（3）绩效就是行为。这个界定认为绩效可以定义为行为的同义词，它是人们实际做的，并且可以被奉行的东西，是一套与组织或个人体现工作组织单位的目标相关的行为。

行为通常被认为是工作结果产生的原因之一，而工作结果或产出又是评估员工行为有效性的一种重要方法，即根据员工所取得的结果，来判定他们行为的有效性。尽管将"绩效"界定为"行为"的观点日益为人们所重视和认可，但"行为"与"绩效"一样，面临如何界定的尴尬。

知识链接：绩效作为行为的观点事实依据

（4）绩效是结果与过程（行为）的统一体。优秀的绩效，不仅取决于做事的结果，还取决于做事所拥有的行为或素质，即

$$结果（做什么）＋行为（如何做）＝高绩效$$

从实际意义上将绩效界定为"结果＋过程"是很有意义的，它不仅能很好地解释实际现象，而且一个相对宽泛的界定，往往使绩效更容易被大家接受。这对绩效评估与管理而言是至关重要的。

（5）绩效＝做了什么（实际收益）＋能做什么（预期收益）。事实上对绩效概念的这一界定，已将个人潜力、个人素质纳入了绩效评价的范畴。它强调的一点在于，将绩效不再作为"追溯过去""评估历史"的工具，而更在于关注未来。事实上，这种界定也更接近于本书所探讨的所谓技能绩效的概念。

知识链接：5 种绩效定义适用情况

实际上，绩效的含义是非常广泛的，不同的应用环境和使用对象，有着不同的具体含义。

二、绩效管理与绩效评估

员工的工作绩效是指那些经过考核的行为、表现及其结果，而绩效管理则是依据主管与员工之间达成的协议来实施的一个动态沟通过程。它通常被定义为系统地对一个组织或员工所具有的价值进行评价，并给予奖惩，以促进系统自身价值的实现。与"绩效"概念有多种理解一样，由于侧重角度的不同，"绩效管理"的概念归纳起来也有 3 种不同的观点。

（1）绩效管理是管理组织绩效的系统。此种观点的核心在于决定组织战略以及通过组织结构、技术事业系统和程序等来加以实施。它看起来更像战略或事业计划，而个体因素（即员工）虽然受到技术、结构、作业系统等变革的影响，但却并不是绩效管理所要考虑的主要对象。

（2）绩效管理是管理员工绩效的系统。这种观点将绩效管理看作组织对一个人关于其

工作成绩以及他的发展潜力的评估和奖惩,通常将绩效管理视为一个周期。

(3)绩效管理是管理组织和员工绩效的综合系统。这种观点将绩效管理看作管理组织和雇员绩效的综合体系,强调将组织目标和员工个体的绩效密切联系起来。

《绩效管理魔力》的作者安德烈·A.德瓦尔认为,绩效管理是一套程序,它使公司能够为持续创造价值作出可预见的贡献。绩效管理一般流程包括绩效计划、绩效实施、绩效评估、绩效反馈与面谈以及绩效结果的输出应用 5 个环节,如图 7-1 所示。

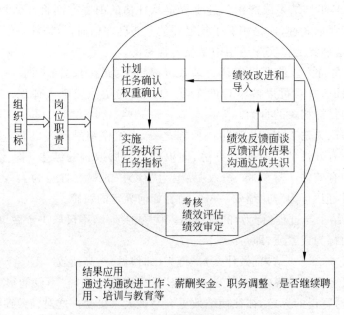

图 7-1　绩效管理流程

无论在企业实践中,还是理论探讨时,往往将绩效管理与绩效评估混为一谈。事实上,绩效管理与绩效评估既有密切联系,又有显著区别。无视绩效管理与绩效评估之间的联系与区别,盲目地把绩效评估当作绩效管理,不但使绩效评估的作用大打折扣,而且会对绩效管理产生抵触情绪,无法体现绩效管理的价值。在企业实践中用绩效评估代替绩效管理,是企业实施绩效管理体系失败的主要原因之一。

三、团队绩效与管理

与绩效管理的一般理论相比,团队绩效管理包括两个层次:一是对团队成员在一个既定时期对团队的贡献作出设定目标、作出评价并不断持续提升的过程;另一个层次是指对团队整体的绩效进行有效的管理和提升,使团队能够为公司持续作出可预见的贡献。

从绩效本身的含义来看,已经包括团队绩效的相关理念。然而由于团队相对于个体以及群体所表现出的特殊性,团队绩效与管理也表现出一定的特殊性。

1. 什么是团队绩效与管理

团队绩效指团队为达到目标而采取的各种行为及其结果,主要有 3 个方面的内容:①团队的工作成果,包括工作数量、质量、速度、成本、顾客满意度等方面;②团队对其成员的影响,即团队成员的工作成果;③团队未来工作能力的改进,如研发团队创新能力和学习能力的提高等。

从上述定义可以看出,团队绩效包含两个层面的内容,即团队整体绩效和团队成员个人绩效,绩效不仅关注结果,更关注工作过程或行为。

(1)团队绩效包括团队整体绩效和团队成员个人绩效。

首先,仅对团队绩效进行整体考核,考核结果无法显示每个团队成员的个体绩效,从而无法进行有效的管理。团队研究是将团队这一整体作为研究对象,因此,团队绩效就是指团队整体性的绩效。作为理论研究,这种指向性完全没有问题,但要应用到企业管理实际中,还存在局限性,因为仅对团队整体进行考核,无法体现个体绩效,而薪酬、培训、晋升等其他人力资源管理手段大多是基于个体绩效的,没有度量,也就无法进行有效管理。因此,团队的管理要真正落到实处,还必须具体到对团队成员个体的管理。

其次,只考核个体绩效而不对整体绩效进行考核也存在一定问题。一方面,个体绩效的简单综合并不是整体绩效,这样,个体绩效很高而整体绩效低下的极端情况也可能发生。其原因在于团队成员个体过分重视个体绩效,往往脱离团队整体目标趋向,这种现象屡见不鲜。另一方面,在团队背景下,对个人绩效的考核并不是孤立的,总是带有明显的团队色彩。因此,单纯的个人绩效考核必然不能顾及团队整体绩效的问题。

无论是对团队整体性绩效还是对个体绩效进行管理,都存在局限性。所以团队绩效考核的对象应既包含团队整体绩效,也包含团队成员个体绩效。

(2)团队绩效不仅要测评工作结果也要测评工作过程或行为。

团队绩效测评不但要反映团队作为一个整体对组织的贡献,还要反映团队成员对组织做出的不同贡献。如果说对团队整体绩效的测评是反映团队整体效率的话,那么对团队成员个人绩效的测评就是体现团队内部的公平。目前许多企业团队绩效测评的作用就是要反映团队中每个成员的贡献,并且为团队和团队成员工作的改进提供帮助。在传统的职能分工组织中,没有专门的职能部门对一个完整的价值实现程序负责,因而没有好办法来测评这些过程。而团队必须建立起过程测评指标,否则就不能充分利用自己可以快速面对顾客需求做出反应的能力。因此,团队绩效考核既要对工作过程进行评估,也要对工作结果进行评估,因为过程和结果同样重要。

团队绩效管理的核心逻辑是根据团队的战略目标确定团队绩效管理目标,并将团队绩效管理目标具体分解为团队绩效管理指标,并依据团队绩效管理指标对绩效管理对象的行为、结果和能力进行管理。但由于团队工作模式的特殊性,在绩效管理指标的确定及绩效管理流程方面也表现出一定的特殊性,例如,在绩效管理指标和绩效管理流程方面,往往表现为团队和团队成员两个层次。

知识链接:群体绩效
和团队绩效的区别

2. 影响团队绩效的因素

影响团队绩效的因素中,除影响绩效的一般因素之外,通常还包括以下几种。

(1)团队结构。团队结构包括团队规模、团队成员异质性、团队成员之间的熟悉程度等方面。对于团队结构与团队绩效的关系,目前还没有一致性意见。

团队的规模和团队成员的异质性越大,团队成员获得信息的渠道越畅通,团队绩效就越容易得到提升。但团队规模不宜无限扩张,通常保持在12～16人。超过这个界限,团队绩效将随着团队规模的扩大而降低。

异质性是个性、性别、态度、背景或经验因素的混合物。研究表明,异质性的组织更有可能获得成功。来自不同背景的员工能在一起工作并向组织目标靠近,组织的绩效就会很高。但也不能一概而论。

对于团队成员间熟悉程度的看法也不一致。一般认为,由相互熟悉的人们组成的团队要比由相互不熟悉的人们组成的团队更为有效。但也有一些团队,在成立两年或者 3 年后,群体资历和成员之间的熟悉度的提高反而不利于提高团队绩效。

(2) 团队成员的心理素质和性格特征。间接经验或示范和反馈影响团队绩效,它在很大程度上是通过情感评价和可直觉的团队功效来调节的。团队成员的团队功效感越高,其团队绩效也越高。影响绩效的团队成员心理素质和团队成员的性格特征包括:为人谨慎(其内涵是责任心);性格外向;亲和力,情绪稳定;良好的悟性,即开放性。

(3) 团队的激励。团队的管理方式可以看成一种委托-代理关系,管理者希望成员为实现团队目标而努力工作、相互合作,而团队成员则从个人利益出发,投入项目上的精力或努力的方向与管理者期望的往往不一致,因此,就产生了团队的激励问题。激励理论认为,组织成员之间的合作由于目标不一致和信息不对称等因素的影响,经常被部分成员的机会主义行为破坏,而建立适当的激励机制,不仅能够减轻这种行为,而且能够提高团队绩效。

(4) 其他因素。除以上因素以外,团队的目标、团队的领导、团队的氛围、团队的外部环境和组织特征等也会影响团队绩效。

企业案例:加拿大北电网络公司的绩效评估

"团队绩效"管理体系以团队建设为核心,融合了组织绩效管理与岗位绩效管理,有效结合组织绩效管理与岗位绩效管理,同时提高了可操作性和绩效管理的深度,在团队内部形成自我激励与约束机制,有效化解各种矛盾。通过责任和权力的下放,让管理者和团队成员更加关注结果。通过团队绩效管理,使公司关注团队,以团队为绩效管理对象,团队则关注成员的绩效,提高公司绩效管理的效率。实行团队绩效管理后,通过层层分解、落实公司的发展战略目标,促进公司整体业绩提升,提高员工满意度与企业凝聚力。对不同层次的团队,可确定不同的绩效管理关系。能够正确认识绩效和团队绩效,是提高团队绩效的前提和基础。

同步实训

团队绩效管理认知

1. 任务要求

按照教师的指令完成体验游戏,并在此基础上讨论和回答游戏过程中的问题。

2. 任务分析

提升团队绩效,建设高绩效团队,是团队管理的终极目标。正确地认识和看待绩效,掌握团队绩效的基本概念,是团队领导者、团队成员必须具备的知识。

3. 实施准备

(1) 材料准备:白纸、笔。

（2）场地准备：普通教室。

4. 实施步骤

（1）教师指令：请所有人在纸上分别划上"一横""一竖""一横""一竖"，画完之后，看一下周围其他人画的结果。

问题1：看到了什么？

一般结果："—｜—｜""井"形、"口"形等，结果千差万别。

讨论1：为什么？

核心：目的不清楚。

（2）告诉所有人我们这次要画一个正方形，然后再让大家向四周看一下其他人画的。

问题2：看到了什么？

一般结果：虽然都是正方形，但是大小千差万别。

讨论2：为什么？

核心：目标不明确。

（3）告诉所有人我们这次要画一个边长2cm的正方形，继续让大家向四周看一下其他人画的。

问题3：看到了什么？

一般结果：都是"正方形"，但是找不到"边长2cm"的"正方形"。

讨论3：为什么？

核心：没有标准。

例子：很多人设置标准时，喜欢弄个"准确性""及时性"之类带个"性"字的词，而到底准确、及时到哪个程度？他自己都不知道。

（4）讨论4：假设某人的工作就是画"边长2cm的正方形"，绩效管理怎么做？

5. 效果评价

教师对学生学习过程及完成质量给予评价。小组成绩主要考核团队整体完成情况，个人部分主要考核个人执行情况，具体见表7-1。

表7-1　团队绩效管理认知训练评价

小组序号：			学生姓名：		学号：
小组成绩（教师评价或小组互评）			个人最终成绩		
任务及标准	满分	得分	项目及标准	满分	得分
讨论1	5		讨论1	20	
讨论2	5		讨论2	20	
讨论3	5		讨论3	20	
讨论4	20		讨论4	30	
讨论及合作情况	5		讨论及合作情况	10	
合　　计	40		合　　计	100	
评价者：			评价者：		
评价时间：　　年　月　日			评价时间：　　年　月　日		

6. 点评交流

以学生为主体,通过简单的游戏,能够让学生亲身体验管理当中的心理活动过程,并由此引申到具体的团队绩效管理理论中。

任务二　团队绩效管理流程

微课:团队绩效
管理流程

知识目标

- 了解一个完整的团队绩效管理包括哪几个步骤。
- 理解团队绩效管理实施过程。
- 掌握反馈面谈的 SMART 原则。

技能目标

- 能够运用 6 种确定团队绩效评测维度的方法。

素养目标

- 能够结合社会主义核心价值观评估和选择团队绩效测评方法。

 热身游戏

折 纸 游 戏

活动目标:通过游戏体验绩效评价的意义。

形式:全体学生共同参与完成。

时间:15 分钟。

场地:教室内。

所需材料:准备总人数 2 倍的 A4 纸(废纸也可)。

游戏方法:

(1) 给每位学生发一张纸。

(2) 老师发出单项指令:

—大家闭上眼睛

—全过程不许提问

—把纸对折

—再对折

—再对折

—把右上角撕下来,转 180°,把左上角也撕下来

—睁开眼睛,把纸打开

(3) 老师请一位学生上来,重复上述的指令,唯一不同的是,这次学生可以提问。

讨论：通过两次折纸游戏，从绩效评价的角度探讨如何使大家折纸的结果尽可能一致？

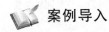 **案例导入**

联邦快递自下而上的绩效评价系统

联邦快递调查反馈行动的自下而上绩效评价系统分为 3 个阶段。

第一阶段，首先给每位员工发放一份标准化匿名表格，收集的信息包括：在员工的工作环境中，哪些因素会促进或阻碍他们的工作？例如，我可以把我的想法告诉我的上级；我的上级告诉我他对我的期待；我的上级关注我的想法；上级管理者倾听我这一级员工的意见；联邦快递为我们的顾客提供了优良的服务；相对于我所从事的工作，我得到的报酬是公平的。然后，人力资源部会把从某一工作群体中收集的信息进行整理、汇总，提交给管理人员（为保证匿名性，对一些较小的工作单位，一般不单独给出评价结果，而是汇总到一个较大的工作群体，人数达到 20～25 人后，才给出一个总的评价结果）。

第二阶段是管理人员及下属员工之间的反馈面谈阶段，目的是确认员工关注的事项以及所存在的问题，查找造成这些问题产生的原因，设计行动方案来解决这些问题。

第三阶段，即制订行动计划阶段，它是一长串行动项目清单，列明了管理人员应当采取哪些行动和措施来解决员工们所关注和提出的问题。包括：员工最关注哪些问题？你对这些问题是如何分析的？导致这些问题产生的原因是什么？你应当采取哪些措施来解决这些问题？

思考：联邦快递绩效评价系统的优点在哪里？

一般而言，绩效管理流程是一个完整的系统，它由绩效计划、绩效管理、绩效评估、绩效反馈、绩效改进 5 个环节构成，完整的团队绩效管理流程也包括以上 5 个环节。合理地设计团队绩效管理流程，决定了团队绩效管理是否能准确、顺畅地运行，对于直观地提高团队绩效，具有决定性意义。

一、团队绩效计划

计划是行动的先导，没有绩效管理计划，工作就会不得要领。团队绩效计划主要内容是确定评估指标和选择评估方法，主要步骤如下。

1. 确定团队目标

制订团队绩效计划时，首先要依据企业经营战略和顾客需求，确定团队目标，根据团队目标确定团队的策略，为开发考核标准提供依据。其次，分析现有的组织目标和关键业绩指标，看在这些目标中团队能够影响的指标有哪些。最后，需要对组织绩效考核指标进行分析，看团队如何帮助组织实现这些指标。

2. 确定团队绩效测评维度

确定团队绩效测评维度，通常采用以下 6 种方法。

（1）利用组织绩效目标来确定。该方法最适用于那些为了帮助组织改进绩效目标而组建的团队。组织的绩效目标体现在压缩运转周期、降低生产成本、增加销售额、提高客户的忠诚度等方面。通过以下步骤可以确定能够支持组织实现目标的团队绩效。

① 界定几项团队可以影响的组织绩效目标。

② 如果团队能够影响这些组织绩效目标,接下来就要回答这样一个问题:"团队要作出什么样的业绩才能有助于组织达到其目标?"

③ 把这些成果细化为考核指标,并以它们为基础进行团队绩效考核。

(2) 利用业绩金字塔来确定。业绩金字塔的出发点首先是要明确绩效的层次。组织必须创建这些绩效指标并选择那些能够把团队和组织目标紧密联系起来的绩效指标。因此,把团队绩效和组织绩效紧密联系起来就能保证团队的成功,并将会有利于整个组织。建立一个绩效金字塔,可以通过回答以下有关工作成果的问题来构筑企业的绩效金字塔。

① 什么是整个组织的宗旨或功能?组织需要什么样的绩效产出?

② 需要什么样的绩效水平来支撑组织绩效的产生?

③ 在这些绩效中,哪几项是团队负责创建的?

如果创建的绩效金字塔是为整个组织而建立的,那么,只有金字塔内的某些部分才是团队需要对此负责的。通过对金字塔的观察,团队可以确定应当对此负责的几项成果。

什么时候使用绩效金字塔来确定团队绩效考核维度呢?当团队的绩效目标是组织大的绩效目标中的一个小的组成部分时,可以采用此方法来确定团队绩效考核的维度。

(3) 利用工作流程图来确定。工作流程图是描述工作流程的示意图。工作流程贯穿于各个部门之间,是向客户提供产品或服务的一系列步骤。用工作流程图来计划工作流程,并把它作为确定团队绩效的考核维度的工具有以下几个好处:①把质量与流程改良计划和绩效管理联系起来;②那些有清晰工作流程的团队能够对其在工作流程方面的有效性进行测评;③对工作流程进行计划可以确定简化和重新设计流程的机会,从而形成更好的工作流程。

那么,怎样使用工作流程图来确定团队绩效的测评维度呢?从工作流程图中,至少可以提取3个内含的绩效考核指标:①向顾客提供的最终产品;②整个团队应负责的重要的工作移交;③整个团队应负责的重要的工作步骤。

工作流程图法适用于当团队的工作具有清楚、明确的工作流程时。

(4) 利用客户关系图确定。要描述团队的客户以及说明团队能为他们做什么,最好的办法就是画一张客户关系图(图 7-2)。这张图能够显示出团队、提供服务的内外客户的类型以及客户需要从团队获得的产品和服务,也就是说,该图能够显示出团队及客户之间的"连接"。

当团队的存在主要是为了满足客户的需求时,最理想的方法是采用客户关系图法。团队必须考虑客户对团队的需求,客户的需求是团队绩效测评维度的一个主要来源。客户就是那些需要

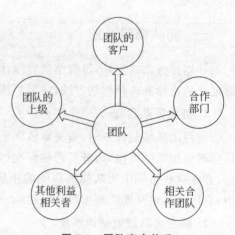

图 7-2　团队客户关系

团队为其提供产品和服务并帮助其工作的人,既可以是组织内部的同事,也可以是组织外部的顾客。

（5）利用关键业绩指标来确定。在为团队选择 KPI 时,首先要确定企业战略下团队的目标,据此确定团队整体绩效测评维度;然后进行各个维度下 KPI 的解析,确定每个维度的内容及目标实现的标准;最后根据 SMART 原则来选择具体的关键业绩指标。

（6）利用平衡计分卡来确定。平衡计分卡不仅可以用于企业、部门和个人的考核,同样也可以用于团队的考核。可以从以下 4 个方面建立团队的平衡计分卡。

① 上级角度。该团队所承担的共同目标是什么?实现了这个共同目标,也就达到了该团队的关键绩效。

② 协作角度。团队成员是以什么样的运作方式来开展工作的?

③ 职责角度。团队的职责是什么?团队工作标准是什么?

④ 培训学习角度。怎样持续应对变化而创造价值?利用培训等手段,如何达到成员之间能力的互补?

3. 界定个人绩效考核维度

根据团队绩效的定义,团队绩效考核不仅要对团队整体绩效进行考核,还需要对团队成员个人绩效进行考核。团队中成员都希望知道自己的绩效水平如何以及自身对于团队的贡献如何,因此需要对团队成员的个人绩效进行考核。对团队成员个人绩效进行考核可以发现团队中绩效优秀者,以便对其进行奖励;同样可以发现在团队中绩效不佳的员工,以便团队能够采取有效的措施帮助其改进绩效。既然要对团队成员的个人绩效进行考核,那就需要确定个人绩效考核的维度。在进行个人绩效考核维度设计时,可以使用前面介绍的绩效考核方法(如个人平衡计分卡、个人 KPI 等)。除此之外,还可使用"角色-业绩"矩阵来界定团队成员个人绩效的考核维度。

"角色—业绩"矩阵是用来确定团队成员为了确保团队目标的实现所必须做出业绩的一张表,同时它明确了各团队成员在为团队作出贡献时所扮演的角色。在"角色—业绩"矩阵内,团队各项绩效维度列于表格横轴,团队成员则排在表格的纵轴。在中间每个方格内是团队成员为了支持团队业绩而必须创造的个人业绩,如表 7-2 所示。

表 7-2　角色—业绩矩阵

团队成员	团 队 绩 效			
	维度 1	维度 2	维度 3	维度 4
A	个体绩效			个体绩效
B		个体绩效		
C			个体绩效	

4. 分配考核维度权重

权重反映了每项成果的重要程度,不仅是所消耗的时间长短,权重有助于团队更加有效地利用时间。当团队进行个人的任务分配时,权重有助于团队成员了解每项任务的重要程度。

确定权重的方法有专家定权法、历史资料法、数据分析法等。专家定权法是由相应的行业和领域内造诣较深的专家依据自己积累的经验来确定权重。历史资料法是根据历史资料的记载,按每种指标调查结果的重要程度赋予相应的权重。数据分析法是从实际数据出发来确定权重,具体包括平均赋值法、主要成分法、因子分析法等。权重分配完成以后,应反映各项绩效维度的相对重要性。

在团队绩效考核中,权重分配的方法如下。

(1) 决定在整个 100% 的权重中,应该将多少比例分配给团队绩效,将多少比例分配给个人绩效。为了在团队整体绩效和团队成员个人绩效之间进行有效的权衡,一般给予团队整体绩效较高的权重,具体可根据实际情况确定。

(2) 把所有的团队权重在团队绩效维度范围内进行分配,把所有的个人权重在个人绩效维度范围内进行分配。

(3) 分配权重时,应根据各项业绩对组织的重要性而非所花费的时间来分配权重。权重通常以 50% 为增量。

(4) 权重分配完成以后,应确保能反映团队成员各项测评维度相对重要性的看法。

5. 确定考核要素

对团队绩效进行考核时,确定考核要素十分重要。考核要素是用来评定每项业绩做得有多好的衡量标准,分为一般性要素与具体性要素两类。对团队进行绩效考核时,常见的要素有数量、质量、成本和时效性 4 个。

(1) 数量:数量的多少、比率或总量。如每年服务的顾客数、每月的客户投诉数量、每周开展的项目数等。

(2) 质量:质量的好坏、准确程度、完整性或原创性。如差错率、返工率、准确无误的订单占全部订单的百分比等。

(3) 成本:成本的高低,或是团队成员完成工作需执行的成本指标。如预算金额、前一阶段节省的费用、预算变动的百分比等。

(4) 时效性:何时达到某些绩效目标,或必须达到某些绩效目标的最后期限。如完成任务所需要的天数、两周之内作出响应的百分比等。

一般性的考核要素指通常情况下什么是一项业绩的重要因素。具体性的考核要素指业绩中那些需要进行进一步跟踪的部分。具体性考核要素可以确定如何才能知道数量、质量、成本和时效性标准得到了满足。具体性的考核要素共有两种表述方式:定量化和定性化。定量化考核要素使用数字来考核业绩,主要明确需要进行跟踪的指标。定性化考核要素使用文字来考核业绩,主要明确将由谁来判断绩效和需要考核的要素。

6. 分解绩效考核指标

如果考核要素是用来判断团队或团队成员绩效的标尺,那么绩效指标就好比标尺上的制度,可以用来表示绩效等级。要素是考核的内容,而绩效指标则是所要求达到的程度。团队绩效考核指标有以下两种。

(1) 定量化指标。主要考虑"希望生产的数量是多少"或"为了帮助组织达到目标,必须达到什么样的绩效水平"。将绩效指标确定一个范围,最高标准是某些业绩优秀者或业绩优秀的团队经过努力可以达到的绩效,最低标准则代表管理者认为可以接受的水平。

(2) 描述性指标。考虑"对于每一个要素,哪些判断依据表明工作达到了预期的目标"或"哪些判断依据表明顾客认为达到了预期的目标"。列出判断依据、因素和为每一个因素设置的符合规定的工作。

即兴思考

回顾曾参与过的团队绩效考核,现在请重新制订该团队绩效考核计划。

二、团队绩效管理实施

团队绩效管理既要测评团队整体绩效,对团队整体绩效进行管理,也要考核团队成员个体绩效;既要强调工作过程,也要重视团队行为的结果。这样,才能详细地描述、考核和诊断团队的绩效,从而制定具体措施来纠正错误,改进团队成员及团队的整体业绩,如图 7-3 所示。

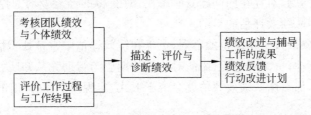

图 7-3 团队绩效考核实施

团队绩效考核的主要目的是改进团队的绩效,在对团队成员实施测评后,团队领导必须与团队成员进行绩效面谈。绩效面谈是团队经理和团队成员共同针对绩效考核结果所作的面对面的沟通与实施,共同分析在实现绩效目标过程中产生各种问题的原因,找出解决这些问题的办法。同时通过绩效面谈,可以为团队成员制定未来发展的规划与目标,制订下一个阶段的行动计划。团队绩效的改进是通过三大体系来确保工作态度、行为及工作业绩的不断改进,图 7-4 描述的即为团队绩效改进系统。

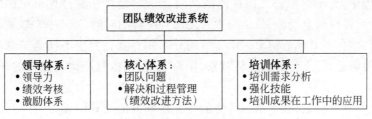

图 7-4 团队绩效改进系统

团队绩效管理实施中,一个重要的环节是团队绩效数据的收集。团队绩效数据来源可以是现有的各种报表数据,也可以是实际调查收集的数据。收集数据是团队绩效考核中的重要环节。

首先,数据是绩效考核的事实依据。绩效考核结果的判定需要明确的事实依据作支撑。尽管初期确定的工作目标可以反映一些问题,但不足以完全证明员工按照规程、制度进行了操作。收集数据和记录,可以作为对团队成员进行绩效诊断和绩效考核的重要依据。

其次,有助于诊断团队成员的绩效。对绩效信息的记录与收集可以使团队积累一定的关键事件。通过这些信息或关键事件,可以诊断员工的绩效,找出潜在的问题,以帮助员工改进。

最后,为绩效改进提供依据。收集数据和观察团队成员绩效是为了解决问题、提高绩效。

要解决问题必须要知道两件事,即存在什么问题和是什么原因引起了这个问题。如果笼统地对团队成员讲,你"沟通能力欠缺,需要改进",员工可能不会在意,更不清楚应如何改进。

团队绩效资料的收集,最好由团队来完成。因为团队所了解的信息是准确的;团队收集资料能够保证团队及成员获得及时的反馈;还可以为团队领导节省时间。

当出现数据收集要中断工作流程和需要太多时间、只有团队以外的人才能确认工作的完成或者考核尺度需要团队成员以外的人来掌握等情况时,才需要团队以外的人来收集数据。

三、团队绩效反馈与提升

团队绩效评估的目的在于鼓励、帮助员工实现团队目标。通过团队绩效评估,发现团队及团队成员存在的问题,对存在的问题及时解决,对获得的经验及时总结和分享,不断提高团队绩效,这才是团队绩效评估的目的。

作为被评估对象以及工作岗位的不同,员工在绩效评估中常常处于信息劣势,如果没有及时、有效的绩效反馈,员工对组织、团队对自己的期望与帮助无从知晓,无法做出有利于信息双方的合理行为,那么团队绩效评估就会流于形式,实现团队目标和团队成员发展就会成为一句空话。

1. 团队绩效反馈中的信息不对称

在实行目标管理(MBO)的团队、组织中,无论是绩效目标的设立还是绩效标准的制定,都需要员工的积极参与,使员工的个人目标与团队目标、组织目标在整体上保持一致,通过努力实现个人目标确保组织目标的达成。在团队绩效评估流程中,尽管实行了员工自我评估,但作为被评估对象,员工总是处于不完全信息环境中。员工对岗位职责、个人努力程度、劳动输出的了解是比较完全的,至于主管是否了解员工的实际工作绩效,绩效目标的达成度,绩效评价的结果,员工却无从得知。所以如果没有员工绩效信息的反馈,可以说在实行MBO绩效管理中,员工与主管之间在团队绩效评估中是存在着信息不对称的情形。即使在绩效评估之后进行信息反馈,员工与主管之间对反馈的时间、地点、方式、程序、气氛、内容等方面,也存在信息不对称的情形。由于劳动分工和专业化程度不同是信息不对称性存在的决定因素,很明显,员工作为被评估对象,作为下属,在信息不均衡分布的环境里,是处于信息劣势的。

根据信息不对称理论,处于信息优势的一方在双方的交往活动中,往往处于控制、主导地位。乍一看,这对于主管加强对员工、下属的控制似乎是有利的。而处于信息劣势的一方——员工,由于缺乏对交往活动的认识、信息渠道不畅、获取信息不足,常常会做出非理性的行为选择,破坏与主管达成的绩效契约,妨碍个人目标甚至部门、团队目标的实现。所以,无论是事前信息不对称还是绩效反馈中的信息不均衡分布,对于团队管理、提高绩效都是有害的。

为了逐步达成双方的信息对称,提高员工绩效,实现组织目标,在团队绩效评估末期进行考评沟通或者考评结果的反馈是必不可少的。

2. 团队绩效反馈的有效性条件

在团队绩效反馈中,主管首先得理解团队及团队成员在工作中的行为及其对考核结果的反映,可以把握团队、团队成员需要得到什么样的反馈及自己该反馈什么信息。例如,根据团队成员关注度的不同,将团队成员分为 3 个不同的层次。第一层次是总体任务过程的层次,或称自我层次。在这个层次上,团队成员关心的问题是我做的工作怎样能够为团队发展作出贡献,我在团队中的位置是什么,对自己提出了什么样的要求。第二层次是任务动机层次,该层次的团队成员关心的是他所执行的工作任务本身,即这项工作怎么做,有没有更好的办法来完成这项任务。第三层次,即最低层次,是任务学习层次,团队成员关注工作执行过程中的细节和员工的具体行动,如主管告知一位该层次的秘书接电话的态度有待改进时,她会追问:"我哪句话说得不对? 你说我该说什么话? 我就是这个语气"时怎么办?

层级越高的团队成员,对信息反馈的要求越高,接受传递的信息越快,他改变自身行为也就越快,相应地,他关注的层次也会随之提高。这样的反馈面谈能产生令人满意的效果,所以设法提高团队成员关注的层次,既是团队绩效反馈面谈的一个重要目标,又是团队绩效面谈的一个重要结果。

3. 团队绩效反馈面谈的 SMART 原则

由于组织内存在岗位分工的不同和专业化程度的差异,所以在主管与员工之间存在着信息不对称的情形,为了不断提升员工关注的层级,努力实现组织内评估双方的信息均衡分布,在主管与员工之间进行反馈沟通应该是经常的、及时的,并应该遵循这样一个重要的原则——SMART 原则。

S(specific):面谈交流要直接而具体,不能作泛泛的、抽象的、一般性评价。对主管来说,无论是赞扬还是批评,都应有具体、客观的结果或事实来支持,使员工明白哪些地方做得好,差距与缺点在哪里。既有说服力,又让员工明白主管对自己的关注。如果员工对绩效评估有不满或质疑的地方,向主管进行申辩或解释,也需要有具体客观的事实作基础。只有信息传递双方交流的是具体准确的事实,每一方所做出的选择对另一方来说才算是公平的,评估与反馈才是有效的。

M(motivate):面谈是一种双向的沟通,为了获得对方的真实想法,主管应当鼓励员工多说话,充分表达自己的观点。因为思维习惯的定向性,主管似乎常常处于发话、下指令的角色,员工是在被动地接受;有时主管得到的信息不一定就是真实情况,下属迫不及待的表达,主管不应打断与压制;对员工好的建议应充分肯定,也要承认自己有待改进的地方,一同制定双方发展、改进的目标。

A(action):绩效反馈面谈中涉及的是工作绩效,是工作的一些事实表现,员工是怎么做的,采取了哪些行动与措施,效果如何,而不应讨论员工个人的性格。员工的优点与不足都是在工作完成中体现出来的。性格特点本身没有优劣好坏之分,不应作为评估绩效的依据,对于关键性的影响绩效的性格特征需要指出来,必须是出于真诚的关注员工与发展的考虑,且不应将它作为指责的焦点。

R(reason):反馈面谈需要指出员工不足之处,但不需要批评,而应立足于帮助员工改进不足之处,指出绩效未达成的原因。出于人的自卫心理,在反馈中面对批评,员工马上会做出抵抗反应,使得面谈无法深入下去。但主管如果从了解员工工作中的实际情形和困难入手,分析绩效未达成的种种原因,并试图给予辅助、建议,员工是能接受主管的意见甚至批评的,反馈面谈也不会出现攻守相抗的困境。

T(trust):没有信任,就没有交流,缺乏信任的面谈会使双方都会感到紧张、烦躁,不敢放开说话,充满冷漠、敌意。而反馈面谈是主管与员工双方的沟通过程,沟通要想顺利地进行,要想达到理解和达成共识,就必须有一种彼此互相信任的氛围。主管人员应多倾听员工的想法与观点,尊重对方;向员工沟通清楚原则和事实,多站在员工的角度,设身处地为员工着想,勇于当面向员工承认自己的错误与过失,努力赢取员工的理解与信任。

知识链接:面谈反馈技巧

 **同步实训**

团队绩效管理流程设计

1. 任务要求

认真阅读给出的案例,着重研究该公司在绩效管理流程方面存在的问题。

2. 任务分析

管理流程是指企业内部发生的某项业务从起始到完成,由多个部门、多个岗位、经多个环节协调及顺序工作共同完成的完整过程。简单地讲,管理流程就是一组输入转化为输出的过程。团队绩效管理流程要确定在该项管理活动中,各相关部门、各相关人员,包括绩效管理主体和绩效管理对象相互之间的关系和工作顺序、工作结果。

3. 实施准备

(1) 材料准备:每组各1份案例材料。

(2) 场地准备:能分组讨论演练的实训室。

(3) 学生分组:6人左右1组,确定组长1名,分工协作。

4. 实施步骤

(1) 阅读案例"A公司的新考评"。

(2) 各组讨论案例问题,由组长整理本小组观点。

(3) 各组派代表陈述本组观点。

(4) 教师总结各组观点,并进行点评。

A公司已有20年历史,年营业额在12亿元左右。但以往考评内容一成不变、考评流于形式,不能真实地反映员工的工作绩效。因此,人事部门全面修订考评制度,重新编制了考评表。从1月1号起,新的考评制度开始实行。公司对普通员工的考评分为自我考评、上级考评和人事部门考评;对部门经理的考评分为自我考评、上级考评、人事部门考评和下级考评。

每月月初,部门经理在员工考核表上列出员工本月应当完成的主要工作,将考评表发给员工。考评表除列出本月的工作要求外,还有固定的考评项目,如工作态度、工作品质、纪律性、协调能力、团队精神等,每项都说明了含义和分值。考评项目满分为100分,月末员工填写考评表为自己打分,交给部门经理。部门经理在同一张考评表上为员工打分,交给人事部门。人事部门对员工进行最终的考评和分数汇总,并向员工通报当月的考评成绩。如果员工对考评结果有疑问,可直接向人力资源部反映。

普通员工的考评自评占30%,人事部门评分占10%,部门经理评分占60%。部门经理的考评自评占30%,下级评分占20%,人事部门评分占10%,上级评分占40%。考评结果应用于薪酬、晋升、培训等各方面。

问题:(1) 该案例体现了考评制度设计的哪些内容?

（2）该公司在绩效管理方面存在哪些主要问题？

（3）针对该公司在绩效管理中存在的问题，提出解决方案。

5. 效果评价

教师对学生学习过程及完成质量给予评价。小组成绩主要考核团队整体完成情况，个人部分主要考核个人执行情况，具体见表 7-3。

表 7-3　团队绩效管理流程设计训练评价

小组序号：			学生姓名：		学号：	
小组成绩（教师评价或小组互评）			个人最终成绩			
任务及标准	满分	得分	项目及标准	满分	得分	
案例理解情况	10		小组分解得分	40		
小组讨论过程	10		个人参与讨论情况	20		
观点价值	10		代表发言陈述	20		
观点表述	10		讨论发言	20		
合　计	40		合　计	100		
评价者：			评价者：			
评价时间：　年　月　日			评价时间：　年　月　日			

6. 点评交流

流程决定效率，流程影响效益。好的工作流程能使企业各项业务管理工作良性开展，从而保证企业的高效运转，相反，差的工作流程则会问题频出，出现部门之间、人员之间职责不清相互推诿等现象，从而造成资源的浪费和效率的低下，绩效管理的流程设计亦是如此。案例分析的关键在于使学生对绩效管理的认识从理论走向实际，从概念走向具体的应用环境。

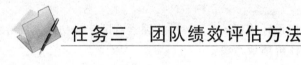

任务三　团队绩效评估方法

微课：团队绩效
评估方法

知识目标

- 了解绩效评估体系所针对的对象、数据来源以及评估内容。
- 了解并掌握 4 种团队绩效评估工具。
- 掌握就事论事、"三明治"式评估等绩效评估技巧评价理论知识。

技能目标

- 能分析和评价团队激励效果的实操方法。
- 能运用所学的 360°考核、目标管理法（MBO）、关键绩效指标（KPI）及平衡计分卡（BSC）4 种团队绩效评估工具架构团队绩效评价。

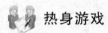

素养目标

· 能结合社会主义核心价值观分析和评价团队绩效评估方法。

热身游戏

顶 针 传 递

活动目标：通过游戏团队绩效评估，加强培养团队合作精神，使团队充满活力。

形式：全体学生共同参与完成。

时间：15分钟。

场地：教室内。

所需材料：一包牙刷(10把)、一包顶针。

游戏方法：

(1) 将队员7~10人分成1组。

(2) 每个队员发一把牙刷。

(3) 每个小组发一个顶针。

(4) 每个小组站成一排(或一圈)。

(5) 每个队员把牙刷叼在嘴里，直至游戏结束。

(6) 顶针交给每个小组站在队首的队员，让他们把顶针套在牙刷上。

(7) 按顺序经由每个组员，把顶针由队首传到队尾。只允许用牙刷传递顶针，不允许用手碰顶针。如果有人不慎把顶针掉到地上，只能用牙刷把顶针捡起来，不能把牙刷从嘴里拿出来。

(8) 第一个把顶针传到队尾的小组获胜。

(9) 可重复再玩一轮，游戏开始之前，给每个小组2分钟时间讨论战略战术，并且记录传递时间，看各小组是不是一次比一次传得快。

讨论：

(1) 哪个小组第一个把顶针传到了队尾？哪些因素有助于成功地完成游戏？

(2) 可以有哪些方法评价绩效考核？

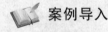

案例导入

张华东的营销团队

张华东是高职院校市场营销专业毕业生，口才出众，一心想自己创业。创业之初，张华东感到自身社会实践不足，加之暂时没有合适的创业项目，决定先从推销保险做起。一方面，这样可以提高自己的社会实践水平，锻炼自己的能力；另一方面，保险公司的推销业务相对比较灵活，如果业绩优秀，就可以组建自己的营销团队，除锻炼自己的营销能力外，还能够锻炼自己的团队管理能力。同时，保险公司的人员机制也比较灵活，如果找到合适的创业项目，随时可以退出保险推销业务，开始自己的创业。

张华东确实具有销售天分，又受过高职院校的理论和实践教育，在保险推销业务3个月后,业绩就在当地保险公司排名第三,按照保险公司的推销模式,不仅拿到了很高的销售绩效奖,而且可以组建自己的营销团队。如果团队绩效良好,除拿到自己推销的绩效奖金外,还能从团队业绩中拿到一笔不菲的奖金。看着日益高涨的业绩,张华东踌躇满志,暂时放弃了自己独立创业的想法,招聘了4名推销员,组建了自己的团队,准备将保险推销业务继续提高到一个满意的水平。

对自己团队的管理,张华东参考了公司的管理模式,将团队任务按比例分配给每一名团队成员,团队成员各自完成自己的任务。张华东为了激励团队成员创造更好的业绩,还许诺将自己团队绩效奖励中的一部分拿出分给团队成员。这样,按照公司的绩效评估标准,团队成员在完成销售任务的情况下,也能拿到一笔不错的奖金。

团队成员在张华东的指导和激励下,业绩突飞猛进,看起来似乎一切都朝着不错的方向发展。然而,又3个月过去后,张华东和他的团队面临了重大的危机。团队中一名推销员销售的保单,客户出险后却发现不能理赔,直接投诉到了总公司,并且声称要起诉保险公司。调查后发现,是该推销员为了争取销售业绩,在向客户推销时,隐瞒了重大的免责条款,导致客户出险后不能理赔,张华东和他的团队都遭到了公司严厉的处罚。

推销员为了业绩误导客户,难道绩效管理出错了?该如何进行绩效评估?张华东不得不认真思考了。

思考:帮助张华东思考以上问题,并给出答案。

绩效评估,又称绩效评价、绩效考评等,是一种正式的员工评估制度,它是通过系统的方法、原理来评定和测量员工在职务上的工作行为和工作成果,是团队绩效管理的核心环节。团队绩效的评估包括团队整体绩效评估和团队成员绩效评估两个层次。

有效的团队绩效评估是整个团队绩效管理的核心内容。对团队领导者来说,应该意识到对团队成员的考核必须是全面的,并且是一个连续不断的过程,而不是每年只有一次,这一点非常重要。

由于团队组织与传统组织在形态、运作方式、权责范围、目标要求等方面有许多区别,所以团队绩效评估有它自己的特色。一般来说,一个部门越独立,就越有权力独享自己的工作成绩,但对于团队来说,它与其他部门是联系在一起工作的,所以它的个体与整体很难被区分。进行团队绩效评估时,首先需要明确的一点,就是团队的整体性,它的成绩是集体智慧的结晶,是靠大家的力量共同完成的,集体智慧如何与个人考核相结合,是一个比较复杂的问题。大部分企业,或者说传统上的考核方式,更看中的是对个人工作的考核,但要使团队成员齐心协力的工作,在考核中,也出现了对团队整体共同考核的趋势。

团队考核并不像人们想象的那样,可以简单地通过考核团队目标的实现情况来判断团队的工作成效。尽管从工作上看,两个团队取得了一样的结果,但是并不表示两个团队是一样的。团队是否有活力,能否长远发展并不断自我更新,团队的内部运营机制是否有效,并不能从一个工作结果中得出。对团队的绩效评估,根本上在于充分调动团队成员的积极性,从而提高团队整体的绩效。

一、团队绩效评估体系

在设计团队绩效评估体系的过程中,特别需要考虑绩效评估的对象、数据来源、内容、操作过程、频度以及道德风险等一系列问题。

1. 绩效评估的对象

绩效评估的对象是个体成员还是整个团队？实践表明，如果仅评估团队的结果、行为或能力，由于没有认同个体的努力，则有可能造成社会懒散现象，即个体由于参与团队工作而使其在团队的工作效率比自己单独工作时的效率大大降低，也就是"吃大锅饭"的思想；而个体层面的绩效评估却会很容易忽视优秀团队的互动和协同效应。团队的绩效评估应该给整个团队传达这样一个信息，即必须认识到团队里的问题以及团队成员共同开发团队的能力。团队的绩效评估可以提高团队成员的自豪感和所有感，并不断提高团队成员的认同感等。

2. 绩效评估的数据来源

考核的数据应该从哪里来？是否对所有类型的组织的团队进行绩效评估时都要遵循同样的获得数据来源的信息？例如，很多人认为，360°绩效评估所提供的信息最具有效性。据调查，在《财富》杂志列出的全球1000家大公司中，超过90%的公司在职业开发和绩效评估过程中应用了360°绩效评估系统。然而，自20世纪90年代以来，360°考核却遭受了来自不同方面的批评。

3. 绩效评估的内容

绩效评估大致经历了基于结果、基于行为以及基于能力的评估发展过程，随着团队工作和员工参与以及TQM等的引进，员工在工作中的角色也在进行着拓展。目前强调的绩效评估内容有任务绩效（即关注任务的质量、数量等）、周边绩效及团队工作绩效（在问题解决和冲突处理过程中的相互配合、公开沟通、目标设定以及绩效评估中团队成员之间的合作等）。

员工的任务绩效主要对组织的核心技术过程有贡献，而周边绩效和团队绩效则对任务绩效的发生所处的组织的、社会的以及心理的背景有贡献。一般的绩效评估仅评估员工的任务绩效，而对员工的周边绩效和团队绩效关注比较少。如果要使整个绩效评估具有战略性，仅评估结果是不行的，还应该注重对行为和能力等的评估，并且要使评估的结果、行为和能力等与组织战略和发展的方向一致。

4. 绩效评估的操作过程

绩效评估过程中，谁执行评估、谁参与评估以及如何进行评估等问题，都会直接影响员工对绩效评估的公平感。

（1）谁执行评估？一些企业在实施绩效评估时，采用了360°绩效评估技术，但企业在选择评估者时往往走到了另一个极端，即各方面的评估者对每一个评估指标都要进行评估。其实，不同的评估者对不同评估指标的了解程度是不同的，有的指标上级最了解，有的指标下级最清楚，还有的指标则是同级同事最有发言权。对某一具体的评估指标而言，让不了解该指标的评估者也参与对该指标的评估，其评估结果的有效性和可信度就会大打折扣。因此，不同的评估指标应由不同的评估者来进行评估，这样才是真正的360°绩效评估。同时，由于评估指标源于"岗位任务"和"岗位职责"，与评估指标的内容相对应的那个关系主体就是该指标最有发言权的评估者。

（2）谁参与评估？由于涉及评估的公平性，就应该让员工参与对自己的评估过程，尤其是在对评估结果进行调整的过程中，更应该鼓励被评估人员的参与。

（3）如何进行评估？系统的绩效评估的运作流程可以划分为以下 5 个步骤：①绩效评估标准体系的设计；②绩效评估的实施；③评估结果的分析和评定；④反馈评估结果及落实改进计划；⑤绩效评估结果的使用。这 5 个步骤是环环相扣的，其中任何一个环节出了问题，都将直接导致绩效评估的失败。

5. 绩效评估的频度

企业的绩效评估就好比机器设备的自我检测反馈系统，评估的频度越高，就越能及早发现和解决问题。由于员工每个月的工作表现是不同的，评估在很大程度上受评估者近因效应的影响，因此，评估的频度过低会影响评估结果的客观性和准确性。根据心理学的研究成果，激励讲究及时性，否则激励的效果会以指数关系递减，随着评估频度的降低，评估激励的效果也将迅速下降。

具体来说，绩效评估的频度取决于企业经营的具体状况和企业管理的实际水平。有观点认为，一般情况下，每月评估一次是最佳的，最低不能少于每季度评估一次。目前，已有很多企业实现了月度评估，有的甚至还做到每周评估、每日评估。

二、团队绩效评估工具

团队绩效评估是团队绩效管理的核心内容。如何科学合理地设置绩效评估指标，则是团队绩效评估的难点和重点。目前常见的团队绩效评估指标体系的管理方法有 360°考核、目标管理法（MBO）、关键绩效指标（KPI）及平衡计分卡（BSC）。

1. 360°考核

360°考核，又称 360 绩效评估法或全方位考核法。360°绩效反馈是指由员工自己、上级、直接部属、同事甚至顾客等全方位的各个角度来了解个人的绩效：沟通技巧、人际关系、领导能力、行政能力……通过这种理想的绩效评估，被评估者不仅可以从自己、上级、部属、同事甚至顾客处获得多种角度的反馈，也可从这些不同的反馈清楚地知道自己的不足、长处与发展需求，使以后的职业发展更为顺畅。

360°考核既可以作为团队成员个人绩效的管理方法，从其他团队成员、团队领导者、员工个人以及顾客、供应商等各个方面来全面评价个人的绩效，也可以作为团队绩效的考核方法，从组织内部其他团队、团队的客户、团队的供应商以及团队的上级主管和团队成员获得全方位的评价。表 7-4 是一个 360°考核的例子。

表 7-4 360°考核

姓名：　　　　　　职位：

评分标准	1—差；2—及格；3—中等；4—良；5—优秀	
上级考核 （权重：0.4）	业务推进能力	
	计划执行能力	
	洞察创新能力	
	表达沟通能力	
同级考核 （权重：0.3）	团队协作能力	
	创造良好工作氛围能力	
	业务能力	

续表

评分标准	1—差；2—及格；3—中等；4—良；5—优秀	
下级考核 （权重：0.2）	驾驭全局能力	
	策划决断能力	
	培养项目成员能力	
客户考核 （权重：0.05）	服务态度	
	服务质量	
	交流能力	
自我考核（0.05）		
总　　分		

绩效考核中的一个变化就是采用多个考核者，取代过去仅由上级或者自己作出考核的方式。用 360°绩效考核法考核团队绩效就是通过不同的考核官（上级主管、同事、下属和顾客等），从不同的角度来考核，全方位、准确地考核团队及其成员的绩效。从多角度进行考核综合了多方面的因素，拓宽了团队及成员的视野，让团队及成员明白，不仅要服务好外部顾客，也要让企业内部顾客得到满足。

360°绩效考核把焦点放在团队及成员的发展上，并努力使个人目标与组织团队、组织的目标协调一致，这一点大大优于传统绩效考核方式，并且有助于团队的健康成长，提高员工满意度。随着组织的不断变革，团队或部门内的协作精神显得日益重要，而同事之间的评价将有效地提高团队成员对共同目标的追求。

360°绩效考核对以团队为工作方式的企业十分重要，用 360°方法对团队成员进行考核可以发现：对于只讲求个性而不能与团队相容的成员，可以采取相应的方式进行改变，以提高团队合作能力；用 360°方法对团队绩效进行考核，可以让团队发现自身不足，探讨改进方法，不断提高团队绩效。

2. 目标管理法（MBO）

目标管理的基础是充分相信人的积极性和工作能力。其功能在于通过目标的设置激发人的动机，指导人的行为，使个人的需要、期望与组织、团队的目标挂钩，以调动个人的积极性。目标管理的特点在于，它是一个团队与其成员之间双向互动的过程。在进行目标制定时，组织、团队及成员都必须依据自己的经验和手中的材料，各自确定一个目标，然后进行沟通，找出之间的差距以及差距产生的原因，提出解决方法，然后重新确定目标，再进行沟通和讨论，直至取得一致意见。一旦目标被认可并确定下来，就必须严格地执行，并按照目标的要求进行定期考查和互相督促。一旦出现意外变动，应该立即进行沟通，以便根据实际情况对目标进行调整。在整个评估期内，组织或团队通过反馈的方式来监控员工达到目标的过程。在实施过程中，要坚持被考评者参与目标的制定，坚持个人目标与团队、组织目标的有机结合，激发团队成员实现个人目标的责任感，并坚持自我评价和自我调整。

3. 关键绩效指标

关键绩效指标（key performance indicator，KPI）是通过对组织内部流程的输入端、输出端的关键参数进行设置、取样、计算、分析，衡量流程绩效的一种目标式量化管理指标，是把企业的战略目标分解为可操作的工作目标的工具，是企业绩效管理的基础。KPI 可以使部门主管明确部门的主要责任,并以此为基础,明确部门人员的业绩衡量指标。建立明确的切实可行的 KPI 体系,是做好绩效管理的关键。KPI 是用于衡量工作人员工作绩效表现的量化指标,是绩效计划的重要组成部分。

KPI 符合"二八原理",即 20% 的骨干人员创造企业 80% 的价值,80% 的工作任务是由 20% 的关键行为完成的。因此,必须抓住 20% 的关键行为,对之进行分析和衡量,这样就能抓住业绩评价的重心。

基于 KPI 的团队绩效考核思路如下:首先依据企业的战略目标和客户的需求确定团队的目标,据此确定团队整体绩效和团队成员个体绩效的考核维度,并分配不同的权重;其次进行各个维度下 KPI 的解析,确定每个维度的内容及目标实现的标准;最后根据 SMART 原则来选择具体的关键业绩指标。

在清楚界定各个层次团队的工作职责后,团队 KPI 提取应遵循以下 6 个步骤。

(1) 由公司团队绩效管理专家组根据已经确定的团队工作职责初步提出同一层面各个团队的 KPI。其中最重要的是 KPI 考评标准的确定。绩效评估标准是考评者通过测量或通过与被考评团队约定所得到的衡量各项考评指标得分的基准。制定绩效评估标准需要遵循以下 5 项原则。

① 客观性原则:编制绩效评估标准时,要以团队职责的特征为依据。

② 明确性原则:编制的绩效评估标准要明确具体,即对工作数量和质量的要求、责任的轻重、业绩的高低做出明确的界定和具体的要求。

③ 可比性原则:对同一层次、同一工作性质团队的绩效评估必须在横向上寻求一致。

④ 可操作性原则:考评标准不宜定得过高,应最大限度地符合实际要求。

⑤ 相对稳定性原则:绩效评估标准制定后,要保持相对稳定,不可随意更改。

在初步提出团队 KPI 时,首先确定 KPI 的数量,一般主指标选择 3～6 项比较适当,不能追求全面,不是数量越多越好,KPI 多了,看似能全面反映一个团队的真实业绩,事实上是胡子眉毛一把抓,失去了工作重点,也不符合"二八原理"。然后需要确定每个指标的名称及子指标,接下来确定各个指标的考评标准,再就是确定考评所需信息的来源及提供周期,最后进行指标的权重分配。

(2) 由专家组成员分别与各个团队负责人(或者团队全体成员)就初步提出的 KPI 进行沟通,征求团队的意见,并将沟通成果整理汇总。在考评体系建立及指标确定过程中与团队进行沟通,这有利于增强团队的责任心与团队成员的满意感。在沟通过程中,重点是需要与团队确定考评指标的可行性及必要性。对一些需要考评但信息来源困难或难以衡量的 KPI,需要用其他指标来代替。例如,用户满意度指标,非常符合用户至上理念,是公司需要考评的重点,但事实上,公司很难经常进行用户满意度调查或得到的数据并不真实,这时我们可以考虑放弃这个指标,用其他容易衡量的指标代替,如客户投诉率、合同纠纷率等。这个沟通过程是取得团队认可和 KPI 考评能否实施的关键环节。

(3) 召开相关团队共同开会讨论专家组整理汇总出来的团队 KPI。这个讨论沟通过程是一个平衡与互相制约的过程。由经常性发生工作联系的相关团队共同讨论各个团队的 KPI。只有上下游的团队才知道最应该考评这个团队的关键环节,由他们来担当裁判,分别对每个团队的 KPI 进行评价与平衡,保证 KPI 的相对公平性。通过这种开放式、多角度、多思维地讨论各个团队的 KPI,能够保障公司战略发展目标的顺利实现。

(4) 由专家组整理出不同职系团队的标杆 KPI。专家组根据团队讨论结果,选取相对合理、比较完善的一两个团队作为标杆。对于不同的职系,需要分别选出一个标杆出来,例如职能管理团队,选取一个提取 KPI 相对最好的团队作为标杆;对业务型团队,同样选取一个相对最优的团队 KPI 作标杆。

(5) 参照标杆团队 KPI,由团队主管领导与团队负责人共同协商确定本团队的 KPI。标杆团队 KPI 实际上是公司对团队绩效评估的导向,而由主管领导与团队负责人参照标杆共同协商本团队的 KPI,就是一个考评者与被考评者博弈的过程,通过这个过程有利于增强公司对团队工作行为及结果的导向。同时在沟通协商过程中,增进上下级的了解,达成对团队绩效评估的共识,为下一步团队绩效管理奠定良好的基础。

(6) 由高层领导班子成员,即公司绩效评估委员会在公司范围内讨论确认各个团队的 KPI。在各个团队与主管领导协商确定了 KPI 的基础上,召开公司层面的高层班子成员对各个团队 KPI 进行讨论,是在公司层面对各个团队 KPI 全面性及平衡性的审核过程。从公司整体利益角度出发来确定公司的所有战略发展目标是不是已经全部分解下去了,各个团队之间的 KPI 是否平衡,考评宽严度是否适当,各个团队的绩效评估是否遵循共同的价值导向。在确认以上要求都得到满足后,由公司层面高层班子成员审核通过后,开始正式实施团队 KPI 的考评。

经过上述 6 个步骤提取出来的团队绩效 KPI 既考虑了公司整体业绩的要求,也关注了各个职系的特性,同时取得了各个团队的认可,为下一步团队绩效管理打下了良好的基础。

4. 平衡计分卡

平衡计分卡是由美国学者卡普兰和诺顿在 1990 年提出来的一种全新的理念。在目前它也是比较先进的一种业绩评价方法。它在原有传统财务指标的基础上,接纳了新经济时代的多元化观点,从四个不同的角度来衡量组织的业绩,即财务、客户、内部流程运作、学习与发展。平衡计分卡的问世打破了传统的只注重财务指标的业绩管理方法,它要求企业从不同的角度去审视自身业绩。平衡计分卡的目标和衡量指标来源于组织战略,它把组织战略转化为有形的目标和衡量指标,是一个崭新的绩效衡量模式。

平衡计分卡不是一个绩效评估体系,而是一个将战略转化为行动的指导工具。它在确定企业总体目标和战略目标的前提下,将经营目标和主要策略转化为 4 个方面的指标,体现其特有的全方位的平衡优势,实现企业目标。

(1) 平衡计分卡对团队整体绩效的考核。作为一个存在于企业内部又具有相对独立性的团队,也同样适用平衡计分卡的评价模型。首先,要明确该团队是属于什么类型的团队以及团队的整体战略是什么。然后在企业战略的基础上,设计团队的平衡计分卡,将评价模型分为四个维度。再在整体战略的基础上根据每个团队自身的实际情况,结合市场信息设计出四个维度的绩效衡量指标。这样就可以为团队提供运作所必需的信息,并且使信息系统化,不至于过分庞杂。其中最重要的是,平衡计分卡将这些指标量化,直接而有效,对团队监控的有效性起到了很大作用。

平衡计分卡在团队中的应用,比起其他绩效测评模型更具优点,主要体现在以下几个方面:①使用范围。平衡计分卡不论是在营利性组织(如企业)还是非营利性组织(如政府),企业整体还是存在于企业内部的某一团队,都同样适用。②发展程度。从 20 世纪80 年代中期的思想起源,到现今的广泛应用,都为平衡计分卡引入团队打下了一个良好的基础。这是其他任何一种测评方法所不具备的。③内容的详细程度。平衡计分卡在确定四个维度(财务、顾客、内部业务流程、学习与成长)的基础上,还分别对四个维度进行了详细的绩效测评指标的设置。另外,平衡计分卡作为一个动态的工具,应该根据团队的具体情况做出相应的调整,因为在一定时期内,各种目标、指标和目的预期都会发生改变。

(2)平衡计分卡对团队成员个人绩效的考核。在对团队成员进行个人绩效评定时,可以制作员工的个人平衡计分卡。根据团队类型及考核重点的不同,将团队的平衡计分卡进行细化,结合组织的整体目标和战略规划,由员工参与制定自己的工作目标和评估手段。个人平衡计分卡也应从财务、内部业务、客户和创新学习4个方面来设计指标,对团队中的成员个体进行考核。

个人平衡计分卡包括3个层次的信息:第一层是企业的总目标和评估手段;第二层是团队如何将企业的目标和评估手段转化成团队的目标、计划和具体的评估手段;第三层是对个人来说最为重要的,主要提供个人对工作目标的阐述及其在近期内将如何表现以实现这些目标。员工可以为自己的工作目标制定评估手段,以实现团队的目标及企业的总目标。

团队成员在设计个人平衡计分卡时应发挥主导作用,这样可以充分调动员工积极性和归属认同感。在制定个人平衡计分卡的过程中,可以使团队成员加强对团队目标的认识,明白自己的行为会对整个团队的发展产生什么样的影响,增强整个团队的凝聚力。在团队工作方式下建立团队成员的个人平衡计分卡是必要的,个人平衡计分卡的考核对象是团队中的每个个体成员,用于评估每个成员在团队产出中所做出的贡献,这样可以在一定程度上缓解单纯以团队为绩效评估单位的考核方式给团队成员所带来的不公平感,提高团队成员的工作积极性。

知识链接:平衡计分卡建立团队关键绩效指标体系的步骤

由于团队工作方式本身所固有的信息不对称的特点,在实际的绩效评估过程中,要将团队层面的评估结果和以个人为考核单位的评估结果相结合,赋予二者不同的比重,使绩效评估在最大程度上做到公平公正,减少"搭便车"现象的产生。

即兴思考

你参与过的团队曾用过什么绩效评估工具?它有什么优点?存在着什么不足?

三、团队绩效评估技巧

作为团队领导者,除定期对员工进行评估、开诚布公地谈论已取得的成绩和存在的不足、一起制定下一阶段的工作目标外,要想取得绩效评估的良好效果,还必须掌握以下绩效评估技巧。

1. 就事论事

当做完绩效评估后,对团队成员工作反馈的信息是批评时,应遵循的一条原则就是要针对工作进行批评,不要对人的品质进行评论。作为一名管理者,任务之一就是设法使工作向积极的一面改进。为此,应该强调的是如何改进员工工作的质量。具体来说,可以从以下3个方面入手。

(1)找出工作中需要改进的地方。例如,不精确的数据、不够详细的具体措施以及错误的构思等。

（2）要遵循"事实胜于雄辩"的原则，与其说，"我觉得你并没有把工作做好"，还不如摆出事实，"我注意到你已经连续几个星期没有按时交报告了"。这样的效果一定比不具体的空话要好。

（3）不要从对员工错误行为的讨论上跑题，员工可能会把问题引向"你对我有成见"这类话题上。当然，正面评估员工时也要就事论事。

员工的工作表现有四大要素：员工的动机、员工的客观行为、部门对该种行为的支持以及行为的结果。而这四大要素没有一项与员工的个性有关。

2. "三明治"式的评估

"三明治"式的工作评估，指的是评价团队成员的工作时，可以选择三步走的做法：先肯定其工作成绩，其次再具体地指出工作中的不足，最后提出对他的期望，这就好比"三明治"一样，将批评夹在好评与期望之间，令下属更易于接受评估。将不好的评价夹在好评之中，巧妙而不失委婉，让被评估者心中有数，而又不至于大失面子。

同时，评估下属工作成绩时，描述问题要力求准确，泛泛而谈是不能起到好效果的。因为下属不能具体说明自己的工作到底是好是坏。泛泛的评估根本就不能说服下属。

3. 平庸者不要奖励

在团队中，总会有一些工作平庸的人，因为工作负担不重，所以他们总是帮上别人的忙。虽然他们从来没有什么新颖的想法，但至少给他们的任务还可完成，他们从来不表示异议，也不要求用不同的方式做事。如果经常奖励这类人，其实是在否定评估标准。所以，在做绩效评估时，无论何时都不要奖励平庸者。因为一旦否定了员工的主动精神和上进心，再要他们做到这一点，就是非常困难的了。

4. 避免"心理移情"

在与人的交往中，经常会无缘无故地对一个人心生好感，也可能对一个不认识的人厌恶至极。对于喜欢的人，愿意与其长久交谈，而且看其处处是优点，而对不喜欢的人，却看什么都是缺点。这就是"心理移情"作用。一些管理者也往往不能幸免于此，对自己喜欢的员工时常赞誉有加，而对自己不喜欢的员工，则往往吹毛求疵。作为一名优秀的团队管理者，在给团队、团队成员做绩效评估时，千万要避免这种情况。因此，在对某些事情或个体员工进行评估之前，应具备翔实可靠的资料，全面回顾过去一段时间的工作情况，并且明确自己的态度，保持警惕，不让个人感情影响评估的公正性。

5. 不要一叶障目，要全面评估

一般来说，业绩出色的员工往往容易受到领导者的偏袒，而对那些有过失记录的员工来说，他们在领导者心中多少会留下一些不良的印象。但事实上，也许这些有过过失的员工比那些暂时出色的员工更具有发展潜力。对某位员工的偏袒，虽然在很大程度上给其以信心及继续挑战工作的勇气，但是团队是属于每一个成员的，对某位员工的偏爱，势必会让其他员工心存不满，打击了他们的积极性。帮助有过失的团队成员分析错误的原因，找到症状，恢复其自信心，只要走出消极的误区，一样能为团队创造佳绩。作为一名管理者，应该认识到，成员个人成败是团队荣辱的组成部分，领导者的任务是不断地磨合这个集体，增加集体凝聚力。

6. 坦率评估

调查表明,员工倾向于过分评价自己的表现,如果上级的评价低于他们的估计,就会失望、不满。员工无视领导者的信息反馈,坚持高估自己的原因有两个:一是反馈信息不够详细具体;二是不愿意接受消极的反馈信息。因此,当评价不到位时,要及时解释清楚,缓和交谈气氛。团队成员习惯把自己表现不好的地方归咎于客观原因。例如,工作条件、工具、各种不合理的限制等。而领导者们则习惯归之于主观原因,如不负责任、不够努力等。如果双方不能就原因达成一致意见,团队成员就很难接受上级的评价。

企业案例:MTL公司大客户经理KPI体系的确定

同步实训

团队绩效评估方法

1. 任务要求

认真阅读给出的案例,着重研究该公司在绩效评估体系及指标方面存在的问题。

2. 任务分析

团队绩效评估是团队绩效管理的核心内容,如何科学合理地设置绩效评估指标,是团队绩效评估的难点和重点。

3. 实施准备

(1) 材料准备:每组各1份案例材料。

(2) 场地准备:能分组讨论演练的实训室。

(3) 学生分组:6人左右一组,确定组长1名,分工协作。

4. 实施步骤

(1) 阅读案例。

(2) 分组讨论案例问题,由组长整理本小组观点。

(3) 各组派代表陈述本组观点。

(4) 教师总结各组观点,并进行点评。

某家公司通过渠道销售产品,一位区域销售总监负责的市场没有迅速扩张,销售状况很不理想。年底前,所有的主管都紧张起来,因为一旦不能完成任务,整个团队的利益都要受到损害。

这位总监与自己信赖的下属们紧急商量对策,形势逼迫之下,唯一可行的方法就是让经销商多进货。于是公司放松了信用额度的控制,向经销商提供优惠的付款条件和价格。鼓励经销商大量进货,在最后的两个月内,经销商囤积了相当于平时半年销量的货品。

最后,当年的销售任务勉强算是完成了,但是由于市场上需要很长时间消化囤积的产品,经销商难以按时结账,导致应收账款超出了正常的范围。但是应收账款仅占总经理考核指标的10%,牺牲了这个指标,总体KPI得分并没有受到严重的影响。这位总监成功地渡过了难关,但也知道以后工作的难度,后来在公司内部活动后,调到另外的部门去了。

问题:(1) 前任总监为什么要这么做?

（2）新任总监将面临什么问题？

5. 效果评价

教师对学生学习过程及完成质量给予评价。小组成绩主要考核团队整体完成情况，个人部分主要考核个人执行情况，具体见表7-5。

表 7-5　团队绩效评估方法训练评价

小组序号：			学生姓名：		学号：	
小组成绩（教师评价或小组互评）			个人最终成绩			
任务及标准	满分	得分	项目及标准	满分		得分
案例理解情况	10		小组分解得分	40		
小组讨论过程	10		个人参与讨论情况	20		
观点价值	10		代表发言陈述	20		
观点表述	10		讨论发言	20		
合　　计	40		合　　计	100		
评价者：			评价者：			
评价时间：　　年　　月　　日			评价时间：　　年　　月　　日			

6. 点评交流

绩效评估作为绩效管理的核心过程，在团队绩效管理中起着决定性作用。绩效评估指标设计的好坏，往往决定着绩效评估的成败，如何根据组织、团队的目标，设计合理的团队绩效评估指标，是绩效管理的重中之重。

综合练习

一、单选题

1. 以下提出"绩效管理是一套程序"的是（　　）。

    A. 麦克利兰　　　　　　　　　　　B. 安德烈·A. 德瓦尔

    C. 德鲁克　　　　　　　　　　　　D. 泰勒

2. 下列（　　）不属于影响团队绩效的因素。

    A. 团队结构

    B. 团队成员的心理素质和性格特征

    C. 团队的激励

    D. 企业的文化建设

3. 以下不属于团队平衡计分卡的是（　　）。

    A. 上级角度　　　　B. 职责角度　　　　C. 客户角度　　　　D. 协作角度

4. 以下面试中应该把握的技巧中，错误的是（　　）。

    A. 时间、场所的选择

    B. 认真倾听员工解释

    C. 善于给员工台阶下

    D. 员工不需要表达对绩效的看法

5. 以下又称全方位考核法的是(　　)。

    A. 360°考核   B. 关键绩效指标(KPI)

    C. 目标管理法(MBO)   D. 平衡计分卡(BSC)

二、多选题

1. 下列属于绩效评估技巧的是(　　)。

    A. 就事论事   B. "三明治"式的评估

    C. 平庸者不要奖励   D. 避免"心理移情"

    E. 不要一叶障目,要全面评估

2. 团队绩效指团队为达到目标而采取的各种行为及其结果,主要有(　　)3个方面的内容。

    A. 团队的工作成果,包括工作数量、质量、速度、成本、顾客满意度等方面

    B. 团队对其成员的影响,即团队成员的工作成果

    C. 团队未来工作能力的改进,如研发团队创新能力和学习能力的提高等

    D. 绩效管理中最重要的工作是帮助员工厘清工作思路,提升员工绩效

3. 以下关于SMART原则的描述中,正确的是(　　)。

    A. specific面谈交流要直接而具体,不能做泛泛的、抽象的、一般性评价

    B. motivate面谈是一种双向的沟通,为了获得对方的真实想法,主管应当鼓励员工多说话,充分表达自己的观点

    C. action绩效反馈面谈中涉及的是工作绩效,是工作的一些事实表现

    D. reason反馈面谈需要指出员工不足之处,需要批评,而应立足于帮助员工改进不足之处,指出绩效未达成的原因

4. 目前常见的团队绩效评估指标体系的管理方法有(　　)。

    A. 360°考核   B. 目标管理法(MBO)

    C. 关键绩效指标(KPI)   D. 平衡计分卡(BSC)

5. 确定成员平衡计分卡的绩效维度主要从以下(　　)方面进行考虑。

    A. 成员的工作目标   B. 成员的工的学习与成长作职责

    C. 成员的工作过程   D. 成员

三、思考题

1. 什么是团队绩效? 影响团队绩效的因素有哪些?

2. 绩效管理和绩效评估的关系是怎么样的?

3. 团队绩效计划主要的步骤包括哪些?

4. 进行有效团队绩效评估体系的设计过程中,特别需要考虑哪几个方面问题?

5. 常见的团队绩效评估指标体系的管理方法有哪些?

四、案例讨论和分析

1. A公司销售安装团队绩效考核问题分析

A公司位于西南地区,是成立于20世纪90年代初期的中美合资企业。公司的主要业

务是生产、销售、安装改性沥青防水卷材,在全国 21 个省、市地区各类重点工程中得到广泛应用。

A 公司的产品销售、安装工作由公司市场部全面负责。市场部根据公司产品销售的主要区域,成立了重庆、成都、西北、华南 4 个销售安装团队,销售安装团队及其成员具有以下特点。

(1) 销售安装团队成员由销售人员与安装人员组成;销售人员的主要职责是收集市场信息、销售产品、回收货款;安装人员的主要职责是按照国家、行业及企业标准安装、铺设销售人员销售的防水卷材。团队成员具有互补的技能,必须相互配合才能完成团队的销售安装任务。

(2) 销售安装团队成员没有固定的工作时间与工作地点,由于工程地点不同,常常分散在不同的城市工作,主要通过电话、电子邮件、传真及有限的见面机会交流销售信息,协调产品运输、安装,以及销售合同的审核。

(3) 团队的每个销售安装工程由一至多个销售人员与安装人员负责,人数多少取决于工程量的大小与工程的难易及重要程度。

A 公司的销售安装团队在公司发展初期,为公司迅速开拓市场、转变客户建筑防水观念起到了重要作用。自 2022 年以来,A 公司销售数量、销售利润严重下降,其原因虽是多方面的,但是销售安装团队的绩效考核严重制约了 A 公司的发展。

第一,销售安装团队及团队成员绩效考核指标单一,没有完整的绩效考核指标体系。A 公司根据生产能力与公司发展要求,每年给市场部门下达销售目标及新市场开拓目标,然而每个销售安装团队及团队销售人员没有具体的销售数量、销售利润目标。A 公司及市场部只是将团队及团队成员的收益通过提成的方式与销售数量、销售利润联系起来,单纯利用利益驱动团队及团队成员的工作,这必然导致销售安装团队与团队成员工作行为的随意性,公司的销售目标得不到切实的保障。此外,现行绩效考核指标(表 7-6)主要考核团队及团队成员一些片面的工作结果,并将考核结果作为进行团队及团队成员利益分配决策的唯一依据,从而导致销售安装团队及成员的短期行为,忽略了对公司长远发展非常重要的一些活动,如开拓新市场、提高团队成员能力、关注客户需求变化等,最终导致 A 公司在 2022 年后出现销售数量、销售利润下降。

表 7-6 公司销售安装团队及团队成员现行绩效考核指标

项　　目	销售安装团队	团队销售成员	团队安装成员
绩效考核指标	年销售数量	年销售数量	单项工程安装漏水次数
	年销售金额	每次销售单价	
		应收账款余额	

第二,A 公司市场部没有完整的绩效管理系统,没有将团队成员、销售安装团队与市场部的活动有机联系起来,三者之间欠缺有效的沟通,团队缺乏凝聚力;销售安装团队的绩效管理缺乏有效的绩效辅导,团队管理者不了解也不关心团队成员的工作行为、工作过程,片面地认为产品质量加上利益驱动就能够解决销售安装过程中的一切问题。在销售环境、销售信息及其他特殊问题方面缺乏对团队成员的必要支持时,销售安装团队成员不能及时发

现问题、获得帮助，常常处于独立应对市场竞争压力的局面。

2. A公司销售安装团队及团队成员关键业绩指标(KPI)体系建立

根据对A公司销售安装团队绩效管理问题的分析，A公司及市场部均认识到，必须改变绩效管理观念，建立有效的、与团队及团队成员特点相适应的绩效考核指标体系，并确定以增加销售量、提高市场占有率、稳定安装质量为销售安装团队的主要目标，以支持市场部的整体市场目标。

依据平衡计分卡(BSC)及A公司销售安装团队的现状，建立团队及团队成员的关键业绩指标(KPI)体系。首先，建立销售安装团队KPI体系(表7-7)。团队的KPI标准是在充分考虑了销售安装团队的目标，以及公司、团队的竞争力、外部环境等内外多个因素后加以确定的。

表 7-7　销售安装团队 KPI 体系

KPI维度	权重	KPI	KPI权重	KPI标准
财务维度	0.30	年实际销售量	0.30	20万平方米
		货款回收率	0.30	80%
		销售增长率	0.20	10%
		年实际销售额	0.20	800万元
客户维度	0.30	老客户年续约率	0.30	60%
		新客户签约率	0.30	20%
		客户满意度	0.25	有效回答客户咨询、及时解决客户问题、维持良好客户关系
		年投诉客户率	0.15	低于5%
内部流程维度	0.20	工程一次达标率	0.30	90%
		工程维修率	0.25	5%
		市场推广度	0.20	积极参用多种形式，宣传公司与产品
		计划工期完成率	0.15	80%
		材料利用率	0.10	70%
学习与成长维度	0.20	成员满意度	0.30	有效协调成员关系，管理、配合成员工作
		主要成员保留率	0.30	85%
		成员流动率	0.25	20%
		成员年轮训率	0.15	70%

然后，建立团队销售成员与安装成员的KPI体系，团队成员的KPI体系是团队KPI体系的一部分或分解。

如前所述，团队销售成员的主要职责是收集市场信息、销售产品、回收货款、协助团队与其他成员的工作。因此，依据工作任务、性质，从平衡计分卡的四个维度建立了团队销售成员的KPI体系(表7-8)。团队销售成员KPI标准主要依据相关历史数据，结合销售成员的工作任务、工作职责确定。

表 7-8　团队销售成员 KPI 体系

KPI 维度	权重	KPI	KPI 权重	KPI 标准
财务维度	0.35	年实际销售量	0.30	1 万平方米
		货款回收率	0.30	80%
		销售增长率	0.20	5%
		年实际销售额	0.20	40 万元
客户维度	0.30	老客户年续约率	0.30	60%
		新客户签约率	0.30	20%
		客户满意度	0.25	有效回答客户咨询、及时解决客户问题、维持良好客户关系
		年投诉客户次数	0.15	低于 3 次
内部流程维度	0.20	工程一次达标率	0.30	80%
		市场推广度	0.20	积极参用多种形式,宣传公司与产品
		合同执行达标率	0.20	85%
		信息提供满意度	0.15	积极有效提供市场信息
		成员协作良好度	0.15	能够按照团队要求处理与团队成员关系
学习与成长维度	0.15	销售技能提升度	0.30	能够运用现代销售程序、手段开展工作
		综合能力度	0.30	具有一定的适应、分析、沟通能力
		营销范围提高度	0.20	每年至少在 2 个城市从事营销活动
		年轮训次数	0.20	2 次

团队安装成员的主要职责是按照国家、行业及企业标准安装、铺设销售人员销售的防水卷材,但并不需要对团队的财务指标承担直接责任。因此,依据工作任务、性质,从工作质量、客户、施工过程、学习与成长四个维度建立了团队安装成员 KPI 体系(表 7-9)。团队安装成员 KPI 标准主要依据了各类安装标准、相关历史数据,结合安装成员的工作任务、工作职责确定。

表 7-9　团队安装成员 KPI 体系

KPI 维度	权重	KPI	KPI 权重	KPI 标准
工程质量维度	0.35	工程一次达标率	0.30	80%
		工程维修率	0.30	低于 4%
		工程平均维修次数	0.25	低于 3 次
		年实际安装量	0.15	1 万平方米
客户维度	0.25	客户满意度	0.35	有效回答客户咨询、及时解决客户问题、维持良好客户关系
		维修及时度	0.25	获知维修消息,72 小时内进行处理
		规章制度遵守度	0.20	施工中遵守公司及施工现场各项规章制度
		年投诉客户次数	0.20	低于 3 次

续表

KPI 维度	权重	KPI	KPI 权重	KPI 标准
施工过程维度	0.25	计划工期完成率	0.25	80%
		成员协作良好度	0.25	能够按照团队要求处理与团队成员关系
		工程安装美观度	0.20	施工外观符合行业、公司要求
		材料利用率	0.15	70%
		平均每天安装量	0.15	$12m^2$
		施工技能提升度	0.35	掌握行业、公司要求的各项施工技能
学习与成长维度	0.15	施工技能提升度	0.35	掌握行业、公司要求的各项施工技能
		综合能力度	0.35	具有一定的适应、分析、沟通能力
		成员年轮训次数	0.30	2 次

资料来源：吴建新.平衡计分卡在团队绩效考核中的应用[J].中国人力资源开发,2007(9)：62-64.

团队管理中运用平衡计分卡进行绩效考核,能够全面反映团队及团队成员的绩效状况,有利于改善、提升团队及团队成员的绩效。但在具体运用时,必须以团队目标作为建立平衡计分卡的基础,并不一定必须包括平衡计分卡中的四个维度,可以多于、少于甚至不同于这四个维度,必须依据团队目标及团队成员的工作任务,恰当地确定平衡计分卡的绩效考核维度与考核指标。

讨论：结合相关知识,评价该公司基于平衡计分卡建立的绩效评估指标有何优点和缺点。

项目八

团队创新

本项目以企业案例为引导,结合创新理论相关知识分析,让学生在理解团队创新理论知识基础上,掌握基本团队创新技能,同时以学生团队为活动单位,通过实训将本项目内容进一步深化和提升。

 ## 任务一　团队创新的基本理论

微课:团队创新的
基本理论

知识目标

- 了解团队创新基本概念、本质。
- 了解团队创造力思维。

技能目标

- 培养学生的创新思维。

素养目标

- 能去跟团队成员进行沟通,了解其他人的想法,让创新思维更好地发散出来,让团队更加团结。
- 能够结合社会主义核心价值观培养自己的能力,成为创造型人才,为国家以及社会作出贡献。

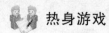 **热身游戏**

少女或老妇

活动目标:处于不同的观察角度和出发点,一个团队的不同成员往往会产生不同的想法和意见。通过游戏体验创新的内涵。

形式:全体学生共同参与完成。

时间:10分钟。

场地：教室内。

游戏方法：

（1）询问学生："你们是否会把一个少女看成老妇？"大多同学都会对此问题嗤之以鼻，不屑一顾。然后告诉他们，下面的一张画将证明他们的自信是不可取的。

（2）出示已经准备好的图片(图 8-1)。

（3）请学生在 10 秒内判断出这幅图上的画像到底是少女还是老妇。要求大家对答案保密，不得与他人交流。

（4）请大家举手表示，看看少女和老妇的人气指数各是多少。

（5）再将图片翻转，让学生重新观察并作判断，并再次得到人气指数。

图 8-1　少女和老妇

讨论：

（1）为什么正、反观看的结果完全相反呢？

（2）这个游戏说明了什么？

（3）怎样将这个游戏的启示应用到学习中？

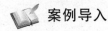 案例导入

京东商城的商业模式创新

商业模式创新就是对企业的基本经营要素进行变革。京东商城的电子商务模式是对初期亚马逊模式的模拟，并根据国内实际进行了创新，属于改变收入模式的一种创新。刘强东从宏观层面抓住了电子商务行业发展的机遇，准确定义了网上销售 3C 家电的用户需求，深刻解读了用户购买家电产品需要完成的任务或要实现的目标，即顾客看重的不是销售渠道，而是更低的价格、相应的质量保证。基于此用户价值定义，京东为顾客提供了一整套网上销售的解决方案。相对于亚马逊的初期网上图书卖场的定位，京东成功将大额商品的销售很好地推广到网上，并取得了不俗的业绩。尤其是利用国美家电、苏宁电器的实体店面作为自己的"体验店"，充分解决了顾客的信任问题，是一种非常高明的商业策略，同样的商品，超低的价格，极大地吸引顾客购买，迅速扩大了市场占有率。

思考：该案例反映了什么问题？

一、创新的概念

根据韦氏词典所下的定义，创新的含义为引进新概念、新东西和革新。美国经济学家约瑟夫·阿洛伊斯·熊彼特在 1912 年出版的《经济发展理论》一书中首次提出了创新的概念。他认为创新是对"生产要素的重新组合"，具体来说，包括以下 5 方面。

（1）生产一种新产品，也就是消费者还不熟悉的产品，或是已有产品的一种新用途和新特性。

（2）采用一种新的生产方法，也就是在有关的制造部门中未曾采用的方法，这种方法不一定非要建立在科学新发现的基础上，它可以是以新的商业方式来处理某种产品。

（3）开辟一个新的市场，就是使产品进入以前不曾进入的市场，不管这个市场以前是否存在过。

（4）获得一种原材料或半成品的新的供给来源，不管这种来源是已经存在的，还是第一次创造出来的。

（5）实现一种新的企业组织形式，如建立一种垄断地位，或打破一种垄断地位。

而创造在《现代汉语词典》里则被解释为"想出新方法、建立新理论、做出新的成绩或东西。"这是对创造最一般的解释。在学术界，人们对"创造"有80多种表述，综合各种表述，可以概括为创造是指人们首创或改进某种思想、理论、方法、技术和产品的活动。

创造可分为第一创造、第二创造和第三创造。

第一创造通常是指首创，它是指人类历史中出现的重大发明和创造，如中国的"四大发明"、爱因斯坦的相对论、瓦特的蒸汽机等。

第二创造通常是指改进，它是指人们在理解和把握某些理论与技术的基础上，根据自身的条件加以吸收和溶解，再创造出大量的具有社会价值的新事物。

第三创造是较为广泛的社会性活动，这与创新活动的内涵极为相似。

 案例

华为的自主创新

华为从2万元起家，用25年时间，从名不见经传的民营科技企业，发展成为世界500强和全球最大的通信设备制造商，创造了中国乃至世界企业发展史上的奇迹！

华为成功的秘密就是创新。创新无疑是提升企业竞争力的法宝，同时它也是一条充满了风险和挑战的成长之路。尤其是在高新技术产业领域，创新被称为一个企业的生存之本和一个品牌的价值核心。

"不创新才是华为最大的风险"，华为总裁任正非的这句话道出了华为骨子里的创新精神。"回顾华为20多年的发展历程，我们体会到，没有创新，要在高科技行业中生存下去几乎是不可能的。在这个领域，没有喘气的机会，哪怕只落后一点点，就意味着逐渐死亡。"正是这种强烈的紧迫感驱使着华为持续创新。

华为虽然和许多民营企业一样从做"贸易"起步，但是华为没有像其他企业那样，继续沿着"贸易"的路线发展，而是踏踏实实地搞起了自主研发。华为把每年销售收入的10%投入研发，数十年如一日，近10年投入的研发费用有1000多亿元，在华为15万名员工中有近一半的人在搞技术研发。为了保持技术领先优势，华为在招揽人才时提供的薪资常常比很多外资企业还高。

华为的创新体现在企业的方方面面，在各个细节之中，但是华为不是为创新而创新，它打造的是一种相机而动、有的放矢的创新力，是以客户需求、市场趋势为导向，紧紧沿着技术市场化路线行进的创新，这是一种可以不断自我完善与超越的创新力，这样的创新能力才是企业可持续发展的基石。

二、创新的本质

通过对创新内涵的理解,可以看出创新一般包括两个层面:①社会价值的创新,它是指因个体的发现和创新为人类社会带来变革性的新因素;②个人价值的创新,它是指个体发现和创新出相对于自己已有的知识和经验的新知识、新事物、新方法。因此,创新的本质是指人们充分发挥主观能动性,采用新颖独特的方式,发现和创造新的知识、事物和方法。对创新本质的理解,主要有以下4种观点。

1. 创新是一种理念

创新作为一种理念是基于知识经济的时代背景,将知识转化在社会生产方式和生活方式活动过程中。这一观点提出,社会主体应不断对自身进行多方位的思考,而且社会主体之间需要多渠道的交流。创新理念是针对传统理念而言,具有新颖性、独特性和开放性等主要特性。

📖 案例

7-11 便利店

7-11 便利店(7-Eleven)遍布全球,它 24 小时出售日常食品、日用品及饮料,在日本就有 7000 余家。

20 世纪 90 年代末,7-11 便利店注意到了电子商务的蓬勃发展,并且认为这对自己会构成潜在威胁。于是,管理层想出了一个绝妙的主意,他们决定不和电子商务交手,而是和它联手。

于是,便利店成了网上购物的存货点。无论在日本哪个地方进行网上订购,都可以到 7-11 提货付款。这样,遍布日本的 7-11 因"地利"而赢得了利润。由于省去了运费,网上购物也就便宜了。顾客在一天的任何时候都可以取回自己订购的商品。

2. 创新是一种精神

创新作为一种精神,是人类作用于自然、社会和人本身的各种主观反映,它集中体现出人的个性与社会性的统一性特性,主要包括创新意识、创新态度、创新情感、创新意志等。张武升教授在《教育创新论》中指出:创新精神是学生创新素质的重要组成部分,它包括 7 种要素,即创新意识、创新情意、创新思维、创新个性、创新品德、创新美感和创新技法。

3. 创新是一种能力

创新作为一种能力,它的特性包括敏锐性、变通性和原则性,创新能力的发展依托于个性的充分发展。创新作为一种能力,可以形成为创新力,包括学习力、探究力等,其核心是主体性、能动性与创造性。创新是人类改造自然与社会体现出的独有特质,作为一种人格特征的表现,说明"创新人人都能,人人都能创新"。

4. 创新是一个过程

创新作为一个过程,需要不断探索,付出代价,是一个不断努力奋斗的过程。创新过程是复杂的,包括一个又一个环节,需要一个环节又一个环节的探索推动,不会是一蹴而就的。

三、团队创新

1. 团队创造力

团队创造力蕴涵于混乱之中,造成混乱的根源在于团队中的丰富的信息,完备的知识结构与存量以及匹配的思维模式。而造成混乱的直接原因在于不同观点之间的冲突。对于团队创新而言,知识结构与存量的提高以及思维模式的改善可以通过团队中的信息、知识、思维的共享与互补得以迅速解决。这句话有两层含义:一是团队层面,即通过恰当的人员组合可以使团队的知识结构与存量得以迅速提高以及思维模式迅速改善。二是个人层面,即在团队创新中,通过信息、知识和思维模式的共享与互补,团队成员也可以更快的学习与积累知识与思维模式。这也是个人学习与组织学习的根本区别之所在。另外,在团队创新中,通过对各种不同观点进行反思与激发,团队能够产生更多、更好的创新,即会产生新的效应。这同样也是个人创新所不能比拟的地方。

2. 团队创新的创建任务

从本质上讲,团队创新就是混乱之中的创新,但并不是说任意一种混乱都能够有利于团队创新,而且,即使有利于团队创新的混乱,也并不会自动产生创新。因此,团队创新的构造有两项关键的任务:①创建团队创新所需要的混乱基础即获取充分的信息、完备的知识及匹配的思维模式。但是这些信息、知识、思维是分布在整个团队之内的,也就是说,团队创新所需要的混乱对于个人来讲是由不同的信息、不同的知识结构与存量以及不同的思维模式所造成的。该种混乱的外在表现为不同观点中的冲突。②创建团队创新所需要的混乱环境即为构造大环境和构造具体环境两个部分。构造具体环境即不同观点的表达、交流、反思、激发;构造大环境即创造机会、氛围以及提供动力。

✍ 即兴思考

英语字母表的第一个字母是 A,那么最后一个字母是什么?答案是 T,而不是 Z,这是为什么?

四、团队创新的基础

(一)获取丰富信息

1. 获取信息的流程

首先应根据具体的创新活动来确定所需要获取的信息内容,如今获取信息非常容易,但管理者们面临的真正挑战是从大量不相关的信息中获取自己想要的信息。其次是根据所确定的信息内容来确定向谁或从哪里来获取这些相关信息。最后还应根据信息的类型来选择合适的获取信息方式。

2. 获取信息的手段

获取信息的手段主要有搜索、调研、观察、实验 4 种,每一种都有着不同的应用范围。

（1）对于以文本形式存在于各种媒体中的信息，主要采用搜索的方式。搜索方式有两种：一种为自发行为，显得有些被动，例如，阅读杂志、浏览网站、参加会议等。另一种则相对主动一些，例如，事先要求符合某种格式的报告或数据库等。

（2）对于以经验形式存在于人的头脑中且较明显的信息，主要采用直接对信息源进行询问或调研的方式。

（3）对于以经验形式存在于人的头脑中但较隐蔽的信息，主要采用直接对信息源进行观察的方式，因为此时该种信息可能连自己也不是很清楚。

（4）对于还无人知晓或知之甚少的信息，主要采用实验的方式，在实践中不断积累相关信息。实验也有两种：一种是探索型实验，其目的是弄清楚事情的缘由，了解周边的环境。另一种是假设检验型实验，其目的是找到证据验证各种假说，而不是新发现。

（二）获取完备知识

1. 获取完备知识的步骤

（1）通过组合恰当的成员，构成一定的知识结构与存量。

（2）用已具备的知识结构与存量进一步从组织内外或实践中获取相关知识。具备一定的知识结构与存量是必需的，它与所需要获取知识的相似程度决定了团队的知识吸收能力，相似程度越高，吸收能力越强。但是，团队的这一知识吸收能力往往由于种种限制而远不能满足创新的要求，因此，从组织内外或实践中继续获取相关知识也成为必然的选择。

2. 获取知识的方式

（1）对于无人知晓的或知之甚少的知识，应采用实验的方式，在实践中逐渐积累相关知识。这种方式与信息的获取方式相一致。

（2）对于已经存在的知识，应采用知识转移的方式。影响知识转移方式的具体因素有：①知识的系统性，知识的系统性越强，知识显得越复杂，此时需要以小组讨论的形式来转移，而个人往往不能胜任此项任务。②知识的常规性，某种类型的知识被使用的频率越高，则知识越是常规，此时只需一般的相关人员来转移，否则，需要相关专家来转移。③知识的隐蔽性，知识有显性与隐性之分。显性知识易于传播，可以通过搜索或询问的方式来传播，而隐性知识则不易传播，需要与知识源直接接触，以观察的方式来获取。

（三）获取匹配思维模式

匹配思维模式获取同样可以通过恰当的人员组合得以迅速解决。但更重要的任务是，首先认识到各种思维模式的区别所在，然后才能加以选择匹配的思维模式。与创新紧密相关的思维模式主要有以下3种。

（1）认知思维模式。该思维模式的作用主要体现在获取信息方面。人们在获取信息时，总是具有选择性，他们不关心全部信息，而是依靠已有的假设去收集信息。

（2）左脑思维与右脑思维。这种划分是一种形象的比喻，而不是严格从生理学角度进行划分的。与右脑相关的功能并不是都位于右脑皮层，同样与左脑相关的功能也不都位于左脑皮层。然而，这种简单的描述抓住了不同思考方式的显著差别。右脑思维即是用分析的、逻辑的和顺序的方式来界定和解决问题的。左脑思维则是基于直觉的、价值观的、非线性的思考方法。这二者显然不同,它们的作用主要体现在设计方案方面。

(3) 学习性思维模式。学习性思维模式有两种:一种是单环式思维,在该思维模式下所解决问题的方法都没有涉及组织中原有的规则与模式,它只是在既定的规则模式下寻找可行解。它主要依靠反馈进行工作。另一种是双环式思维模式,该种思维模式开始对现有的规则和模式进行质询。它主要依靠反思进行工作。该类型思维模式作用同样也主要体现在设计方案方面。

企业案例: 第23届
夏季奥林匹
克运动会

五、团队创新的影响因素

1. 团队反思

团队反思定义为"团队成员对团队目标、决策与过程进行公开反省,以使它们适应当前或预期的环境变化"。团队反思是团队学习的必要条件,通过团队成员之间反省与行动的互动,团队就能够实现知识创新,并正确评价和提高自己的知识和能力。团队反思是认知过程与执行过程的统一,一个完整的团队反思过程包括反省、计划与行动、调整3个核心要素,反省属于反思的心理过程,计划与行动属于反思的行为过程,反思就是由这3个要素构成的交互过程。团队反思是团队关注环境并根据其变化做出反应的关键过程,是影响团队创新的一个重要因素,对于团队成员改善交际关系、强化任务导向具有积极作用。在高水平团队反思的环境下,团队内部各个方面的意见会得到充分的考虑与合理的处置,从而使团队成员更具创新性。团队反思对团队创新具有直接影响,如果团队成员定期讨论团队目标和行为,就能更好地促进团队目标的实现,并指出团队反思比团队创新氛围等要素更能促进团队创新。团队反思水平高的团队,可以促进激发多数成员的创造性,从而改善团队创新。

2. 团队冲突

冲突是一种广泛存在的现象,它不仅存在于非正式组织日常生活中,而且存在于正式组织的经济活动中。团队冲突管理作为影响团队创新的主要因素,对于强化团队合作,提供团队的创新水平起着重要作用。团队冲突主要包括任务冲突、关系冲突与过程冲突。任务冲突比过程冲突更有利于团队创新。在任务冲突时发生的建设性争论是指团队为共同目标而进行的讨论,比如说,团队中少数成员公开地反对多数成员认可的信念、态度、观点等,这可以促使不同观点的提出与表达,有利于团队成员不断探索思考,寻求信息,从而促进团队创新。适当的任务冲突有利于团队创新;而关系冲突与过程冲突会影响团队成员关系,从而对团队创新产生负面影响。团队冲突使团队在执行任务与实现目标时更有成效,但冲突水平过高或过低,都不利于团队创新,只有适度的团队冲突,才会促使团队创新。

3. 团队领导

管理的职能主要包括计划、组织、领导、控制和创新。美国管理学教授罗宾斯将领导定义为影响群体成功的实现过程,并指出领导在团队管理中主要关注的两个方面:一是对团队事物的管理,二是对团队进程的推动。团队领导是影响团队创新的重要因素,因为领导可以直接决定新思维、新决策以及鼓励创新。关系型领导可以使成员对团队产生信任感与公平感,从而有利于团队创新氛围的形成,进而促进团队创新。变革型领导能够营造平等、自由的团队氛围,从而对团队创新产生正面影响。当团队通过合作完成新任务时,协调式领导比命令式领导有更好的效果。团队领导者会对团队氛围、目标设定、创新激励等都具有重要影响。

4. 创新氛围

良好的创新氛围可以创造舒适的环境,从而有利于提高组织的竞争力。团队氛围是团队成员对组织环境的认知,团队氛围是组织整体的氛围,而不是个体氛围的简单组合。团队创新氛围作为隐形因素对团队创新具有重要影响,并在团队领导与团队创新之间起中介作用。团队成员可以通过良好的沟通,营造互信和公平的团队氛围,这对改善团队创新具有重要影响。

?/ 即兴思考

今天的同学们大多是独生子女,如果你们的父母、爷爷奶奶没有社会保障,设想 10 年后你们的责任和负担有哪些? 再进一步设想,如果你们没有社会保障,30 年后你们的孩子可能已经成家立业,他们的情况又会怎样?

同步实训

团 队 创 新

1. 任务要求

(1) 在教师引导下完成教师预设的激励游戏。

(2) 完成游戏后的讨论及理论学习。

(3) 小组内分工协作完成任务。

2. 任务分析

团队创新是一个团队取得成功的根本前提,而个人创意是团队创意不可或缺的组成部分。所以作为一个团队领导者,一定要明白小组的各个成员的特点并善加利用。本次实训重在培养团队的创新精神。

3. 实施准备

(1) 材料准备:每组一套材料,包括 50 张 A4 纸、一卷胶带、一把剪刀、一盒彩笔等。

(2) 场地准备:能分组讨论演练的实训室。

(3) 学生约 6 人 1 组,确定组长 1 名,分工协作。

4. 实施步骤

(1) 将学生分成 10 人 1 组,发给每组一套材料,要求在 30 分钟内,建造出一处优雅美丽的景观,要求景色美观、创意第一。

(2) 各组派 1 名代表解释景观的建造过程,如创意、实施方法等。

(3) 投票选出最有创意、最具美学价值、最简单实用的景观,胜出组奖励一份小礼物。

5. 效果评价

　　教师对学生学习过程及完成质量给予评价。小组成绩主要考核团队整体完成情况，个人部分主要考核个人执行情况，具体见表 8-1。

表 8-1　团队创新训练评价

小组序号：			学生姓名：		学号：	
小组成绩（教师评价或小组互评）			个人最终成绩			
任务及标准	满分	得分	项目及标准	满分		得分
创意讨论	5		小组分解得分	40		
时间管理	10		个人角色及执行	20		
资源分析讨论	10		代表发言陈述	10		
设计方案	10		讨论发言	20		
讨论及合作情况	5		友好互助	10		
合　　计	40		合　　计	100		
评价者：			评价者：			
评价时间：　　年　　月　　日			评价时间：　　年　　月　　日			

6. 点评交流

　　采用学做合一的教学模式，学生每次完成学习任务，教师及时组织交流，重点点评，穿插引出相关理论知识及下一步要进行的内容，启发学生积极思考，较好地完成本次学习任务。

任务二　团队创新的基本内容

知识目标

- 能够了解团队创新基本内容。
- 了解一个组织管理创新的用途。
- 了解管理创新影响因素。

技能目标

- 学会从不同角度进行创新：产品创新、技术创新、管理创新、知识创新、思想创新、理论创新。
- 掌握团队进行技术创新的方法。根据要解决问题的不同可以分为结构性创新和空缺式创新；根据创新演进方式的不同可以分为渐进式创新与根本性创新。

素养目标

- 能够结合社会主义核心价值观评估和选择团队创新方法。

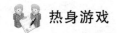 **热身游戏**

造房绳子

活动目标：相对管理者自身创新，怎样激发下属创新性更为重要，以下游戏对做到这一点会有所帮助。在 3 只小猪盖房子的故事中，3 只小猪互相合作建成了一个漂亮、坚固的房子，最终抵挡住了大灰狼的袭击。本游戏中，我们也将扮演一次小猪，看看拿绳子是否能建出满意的房子。

形式：全体学生共同参与完成。

时间：30 分钟。

所需材料：3 条绳子，分别长 20m、18m、12m。

场地：教室内。

游戏方法：

（1）教师将学生分成 3 组，每组为 10 人左右。

（2）发给第 1 小组一条 20m 的绳子，第 2 小组一条 18m 的绳子，第 3 小组一条 12m 的绳子。

（3）用眼罩把所有人的眼睛蒙上，规定第一组围成一个正方形，第二组围成一个三角形，第三组围成一个圆形。

（4）让大家联合起来用绳子建立一个绳房子，房子的形状要由上述三个图形组成，并且一定要看上去比较漂亮。

讨论：

（1）比较第一个任务阶段和第二个任务阶段，哪一个任务阶段较易完成，为什么？

（2）在完成第二个阶段的任务时，会遇到什么困难？是如何解决的？

 案例导入

海尔的创新

互联网时代，海尔集团放眼全球、放眼未来，发现大企业管理模式上的空缺，独创了人单合一管理模式，从一个传统的家电企业转型成为一个开放共享的创新平台。在平台上，全球创新网络资源与创新用户或企业相衔接，构建起交互平台，实现零距离交互。目前海尔集团已有包括智能互联平台等几十个创业子平台，孵化了 3600 多家小微企业，其中年营收过亿元的小微企业超过 100 个。

人单合一模式从一开始被质疑、被否定，到后来专家学者走进海尔集团，关注与参与人单合一，再到如今得到管理学家的充分肯定，人单合一走出了一条独一无二的路。

海尔集团用自己的亲身实践告诉世界，企业要想在互联网时代得以生存，就必须从解决产品经济改变为解决方案经济，打破企业封闭的"茧"。

思考：该案例反映了什么问题？

从创新的角度看，"团队创新"基本内容包括产品创新、技术创新、管理创新、制度创新、知识创新、思想创新和理论创新 7 个方面的内容。

一、团队产品创新

产品创新是直观的结果性创新,有了产品创新,才有了丰富多彩的物质世界。在全球消费升级的大趋势下,现有产品未能解决的用户痛点、人们对时尚、健康等泛生活方式领域产品需求的差异化,都为创业者在产品创新方面创造了不少机会,通过结合科技手段、整合优势资源、优化产品设计等方式,让产品更加人性化、智能化、便捷化,为用户创造新的价值,就能在同类产品中脱颖而出。基于对时尚、生活方式类产品的长期关注,可分为功能创新和设计创新两大门派。

(一)功能创新

功能创新是产品创新的主要类别,很多产品在寻找自身卖点以区别于其他同类产品时,都瞄准了产品功能这一项。实现功能创新有多种方式,可粗略地分为跟随创新、集成创新和原生创新三大类。

1. 跟随创新

在原有基础上,做一些必要的扩展或者变动,发展出一些新的东西。找准使用痛点或需求后,通过"跟随创新"的方式,增强现有功能或推出新功能,解决痛点问题。

📖 案例

实时调整跑步动作的某短裤

某跑步专用短裤可不断对穿着者的跑步效率进行生物动力学方面的追踪监测,包括节奏、步幅、触地时间以及骨盆扭动幅度等相关元素,像教练一样实时监控并提醒穿着者的跑姿,为穿着者提供实时跑步成绩反馈,帮助他们调整跑步速度和姿态,避免运动伤害。

📖 案例

锻炼完会自己卷好的某瑜伽垫

锻炼完卷好自己的瑜伽垫或许已成为瑜伽爱好者的一大苦恼,因为瑜伽垫经常会卷得歪歪扭扭,甚至散开,占用很大空间。某瑜伽垫在外观上与普通瑜伽垫没有区别,奇妙的是,在运动结束后,按下按钮,瑜伽垫就能自动卷紧。

2. 集成创新

把现有技术组合起来,创造一种新产品或新技术,或引入其他领域中的成熟的技术,使产品能够创造新的变化。通过"集成创新",可以为用户提供多个痛点和需求的一站式解决方案。

📖 案例

马桶界的明星产品——某坐便器

某坐便器能根据用户在 App 上储存的体重和体型,调整座位和设置,扩音装置能播放音乐,或有声读物,半夜起床上厕所还有一盏夜灯,如果温度较低,还会自动加热座圈,甚至不用自己动手打开盖子。未来将成为一个健康中心,能实时监测人大小便活动的智能机器。这样便能确认潜在疾病的早期迹象,不仅能提醒用户怀孕,甚至能帮助管理某些慢性肾脏疾病或其他健康问题。

3. 原生创新

原生创新是指从一种发明开始,做出最初样品后,不断地完善、成熟,使之成为一种新产品或新技术。从无到有是最难的一项创新,无异于发明创造,尤其是在基础研究和高技术研究领域。

 案例

能解决无数生活棘手小事的 Sugru 万能硅橡胶

打开包装暴露在空气中后,Sugru 会迅速固化,即便是最恶劣的情形,还是能牢牢地黏合在绝大多数物体表面。Sugru 与培乐多黏土(Play-Doh)采用相似的材料,在 −50～−215.6℃ 的情况下,既防水又稳定。可用于传统电线修复、制作手机支架、制作锅碗瓢盆耐热手柄、在任何地方增添挂钩、建设水下 Led 支架等。

(二)设计创新

设计不仅能让产品拥有更吸引人的外观,还能让产品更加的人性化、便捷化,以及实现生态友好等。新颖的产品设计也是很多创新产品的主打亮点,设计创新主要分为外形设计和材料构成两类。

1. 外形设计

创意设计可以使产品更人性化,在不对功能结构做大变动的情况下,解决一些产品使用中的痛点。

 案例

刀、勺、叉三合一的创意餐具

三合一餐具结合了餐刀、勺和叉子的功能,新一代设计师对其进行优化,叉子用于沙拉,勺用于甜品,而餐刀部分用于奶油茶点。为让其更符合人体工程学,还准备了独特的左右手两种版本。创意餐具的不锈钢版本作为礼篮的野餐配件,塑料版本用作咖啡厅的外带餐具。

2. 材料构成

通过使用创新材料,可以为原本普通的产品带来新功能,解决一些消费者都未曾注意过的潜在问题。此外,为呼应全球日益高涨的生态环保意识,很多产品在材料的使用上更加考虑对环境的影响。

 案例

保温、防水、抗菌防臭的某羊毛运动鞋

• 有特殊的温度控制功能,将热量保存在纤维中,使穿戴者在任何天气下保持足部

温暖。

- 根据穿戴者的足部改变自身形状,穿戴时间越长,越贴合舒适,像是第二层皮肤一样。
- 复杂的细胞结构使其富有弹性而且耐燃,比起棉布鞋要更耐磨7倍。
- 羊毛纤维经过了分层处理,缩小到完美的形状和大小,使羊毛鞋易于保养。
- 具有防水特性,能够保持穿戴者脚部干爽。
- 由于羊毛天然的抗菌特点,可以防止异味。纯天然羊毛复杂的化学结构能够固定气味分子,防止细菌滋生,而又不会妨碍清洗。正因为这个特点,穿着该羊毛运动裤时可以不穿袜子。

？ 即兴思考

举例说明,日常生活中有哪些产品创新案例?

二、团队技术创新

技术创新是基本的动力创新,有了技术创新,才有了高度发达的现代文明。技术创新,首先体现在物质商品生产的设备和工艺的创新上,进一步体现在方法、思路的"软技术"上。机械化、电气化技术大大提高了劳动生产率,计算机、机器人等自动化技术在生产中的广泛应用使得产品的数量和质量都有了进一步的提高,产生了巨大的效益,进一步发展形成办公、生产、家庭以及电子商务、社会管理等方面的网络化,从而更大幅度地改变着社会面貌。随着技术影响的扩大,技术创新的含义也在扩大。比尔·盖茨提出了"网络工人"的概念,反映了创新不仅体现在生产、技术、硬件等诸多方面,而且也影响到人本身。

(一)技术创新的含义

从科技演化的角度来讲,技术创新应该从两个层面来考虑:一方面,从创新的演变来看,技术创新应该包括科学发现、技术发明等原创性创新;另一方面,技术创新应该涉及对国外引进技术和国内现有技术的改良革新。所以,技术创新是指技术创新人员或团队的科学发现、技术发明和对现有国内外技术的组合或重新利用等改良革新的一系列创造性活动。

(二)技术创新的类型

根据技术创新的定义,技术创新可以分为原创性技术发明和对现有技术的革新。

1.原创性技术发明

原创性技术发明是一种全新的技术思想,开辟一个全新的技术领域的发明,在用途、性能、特征、属性等方面与现有技术相比是完全不同的,如集成电路的发明、计算机的发明、激光的发明等。此外,原创性技术发明还包括自主进行研发,形成原创性的新产品、新技术和新工艺。技术发明的出现孕育着更多的技术创新。

2. 对现有技术的革新

技术创新的另一种类型就是对现有技术的革新,包括对现有技术的改进发明,如在已有技术发明和创新产品的基础上提出新技术方案和发明构想,或者做出优于现有技术和产品的发明成果,同时还包括对现有技术的组合和重新利用,如将已有技术、知识产权系统化组合成一个新的创造性方案的研发行为或技术创新活动(如知识集成、技术集成、产品集成等)。此外,在引进国外先进技术的基础上,予以学习、分析、借鉴,进行创新活动,由此而形成新产品、新技术,也被认为是对现有技术的革新。

知识链接:技术创新模型

(三) 技术创新的方法

1. 根据要解决问题的不同分类

根据要解决问题的不同,创新方法可分为结构性创新和空缺式创新。

(1) 结构性创新。如果一项新技术能够创造产品、市场、企业和用户之间新的联结方式,营造一种新的市场形态,它们就实现了结构性创新。例如,互联网的出现,开创了人类的"网络时代"。它的兴盛直接导致人们信息获取方式的改变,并带来综合社会效应。

结构性创新有 3 个突出的特点:首先,它打破了以前产业对新技术的结构性控制与支配;其次,这种创新所产生的设计概念将在产业领域内占据主导地位;最后,这种创新具有科学的作用。

结构性创新冲破了现有产业的束缚。它不仅影响了技术的发展,而且为企业产品、市场和用户之间的联结找到了新的可能性。

(2) 空缺式创新。使用现有技术打开市场,就是实现了空缺式创新,如 VCD 技术在实现 MPEG 解码的内容突破后实行大规模市场化。

一般来说,空缺式创新只涉及个体产品的变化,它对整个系统和技术知识的影响是渐进性的,它往往能开创新的市场,或使市场进一步细分从而达到厄特拜克所谓的"销售最大化",有时它也能导致重大新产品的引入,甚至导致技术的变迁。

虽然空缺式创新很重要,甚至它对创新企业的生存具有实质性影响,但实践表明,单有这一类创新不足以建立长久的竞争优势,如果创新易于模仿,它的竞争作用就会大大降低。

2. 根据创新演进方式的不同分类

根据创新演进方式的不同,创新又可分为渐进式创新与根本性创新。

(1) 渐进式创新。渐进式创新所涉及的变化是建立在现有技术、生产能力上的变化和现有市场与顾客的变化之上的。这种变化几乎是不可见的,但它积累的结果往往导致较大的变革。

渐进式创新能显著提高产品特性,强化企业的生产能力,同时,也能强化企业、顾客、市场三者之间的联结,而且这种效果能持续相当长的时间。因此,企业必须坚决支持技术改进,不管它的程度多么轻微,因为渐进式创新对竞争影响的累积效果与初始创新一样引人注目,有时甚至能使企业获得很大的优势。工艺技术的渐进式变革往往能同时提高劳动生产率与企业资本率,在一定程度上支持规模经济与范围经济。

(2)根本性创新。根本性创新是指企业首次向市场引入能对经济产生重大影响的创新产品或技术。根本性产品创新包括生产全新的产品或采用与原产品根本不同的技术的产品创造。

企业案例:华为技术引进、吸收与再创新

根本性创新常常能创造一个产业,从而彻底改变竞争性质和管理基础。由于它改变了产品的基本特征,因而决定了竞争格局和技术创新格局。例如,北大方正的排版系统抛弃了铅与火,直接进入光与电时代,它所占印刷排版市场的份额迅速攀升至最大,使其处于绝对的垄断地位。

三、团队管理创新

管理创新是行为效益的手段性创新,有了管理创新,才有了各种组织及各种事业不断前进的技术保障。正确把握自身的条件与特点,根据环境的变化进行管理理念、管理方法、管理手段和管理体制的创新,是组织的生存之道,是事业的发展之道。我国国家级管理成果创新奖获得者、著名企业许继集团公司董事长兼总经理王纪年根据管理实践提出了国有企业运行要远离"人事用工的流动和淘汰率低于2%""收入分配活的部分低于15%""人才比例低于10%"的"3条死亡线"并付诸实践,其自身实际的数据达到人员流动与淘汰率为5%~8%、"活工资"为60%、专业技术人才比例为44%,这就是一个成功的管理创新案例。

(一)管理创新的特征

由于管理创新是管理活动和创新活动的有机结合,那么管理创新活动就兼有管理活动和创新活动的特征。概括起来,管理创新的特征包括以下3个方面。

(1)管理创新的不确定性。管理创新的不确定性主要是指管理创新投入产出的不确定性和过程的不确定性。

(2)管理创新的风险性。管理创新既具有建设性,也具有破坏性,即管理创新既有积极的一面,又有消极的一面,管理创新的这种两面性导致了管理创新充满了风险性。积极的建设性管理创新能够通过对生产要素的新的组合和开发实现产出的质的提高和量的增长。然而,消极的破坏性的管理创新却有可能导致团队现有能力和资源的毁坏,甚至可能导致团队的覆灭。

(3)管理创新的系统性。管理创新涉及管理的许多功能和环节,它覆盖于团队活动的各个方面和领域,而不是一个环节或一个方面和领域。所以管理创新是一项系统工程,它要求在创新的过程中,实现管理各个功能和环节的有机结合,既要注重局部管理、单个管理方式、方法的创新,更要注重整体管理、系统管理的创新和协调,只有实现整个管理系统的优化和创新,才能真正发挥管理创新的功能和作用。

(二)管理创新的用途

一个组织的管理创新,主要应用在以下3个方面。

1. 提高资源的使用效率

管理创新的本质是通过对资源的重新组合,或开发新的资源,来实现既定的目标。无论是对旧有资源的重新组合,还是对新资源的开发利用,管理创新谋求的是在利用手段和方式上的创新和节约,以求以最小的投入赢得最大的产出,可以说,管理创新的基本出发点就是要求提高一个组织所具有的资源的利用效率,从而使自身在变化的经济形势中立于不败之地。

2. 构建核心竞争力

核心竞争力来源于一个企业和一个团队的核心能力,核心能力是一个企业和团队赢得竞争优势的源泉。管理创新的一个主要功能就是对资源的整合和发掘,包括对物质资源、人力资源和社会资源的重新组合,这种组合谋求的是形成企业和团队的核心能力,一旦这种核心能力形成,它将是别的企业和团队所无法模仿和复制的,最终将成为企业和团队的核心竞争力,赢得竞争优势。由此可见,管理创新相对于一般的创新而言,真正的价值在于构建起企业和团队的核心能力。

3. 组织变革

一个企业的经营管理要进行较大的改变,可能会对组织本身产生较大的影响,以致组织本身在一定的情况下,主动或被动地进行一定的变革。

(三) 管理创新的影响因素

影响团队管理创新的因素是多方面的,既有来自团队内部的,又有来自团队外部的。正确把握和处理这些因素,也是搞好团队管理创新的重要内容。总体来说,影响团队创新的因素主要有以下 3 个方面。

1. 经济因素

影响管理创新的经济因素主要包括经济社会的生产力状况、经济法律、法规、政策和团队管理与建设制度。管理创新的直接目的是通过对资源的组合和开发,促进和发展经济社会的生产力水平,但是经济社会的生产力水平同时也制约管理创新的水平。此外,管理创新将促进经济社会的法律、法规、政策和制度设计的完善和健全,与此同时,现有法律、法规、政策和制度将制约团队管理创新活动地进行,如对资源的组合、利用和开发。

2. 技术水平

从经济发展的历史眼光来看,科学技术的发展对宏观经济和微观企业的生死存亡、对微观企业的发展战略,都有着重大的影响,也为管理创新提供了各种手段、方法和方式。特别是在今天的知识经济时代,无论是企业还是团队,要进行管理创新活动,必然要面对如何把握科学技术发展趋势、如何利用科学技术成果的问题。只有把握科学技术发展趋势,充分应用人类科学技术的先进成果,管理创新活动才可能在管理创新方法、手段和条件方面实现飞跃。

3. 社会文化因素

社会文化能够影响团队成员的价值观、人生观,影响一个团队的核心价值,对创新主体的创新意识、价值观念以及行为准则产生深远的影响。社会文化因素间接地影响着管理创新活动的建设性和破坏性。一方面,社会文化因素通过道德、舆论将影响创新活动的范围和手段;另一方面,管理创新活动也会通过创新活动对现有的社会文化造成冲击。实际上,管理创新活动是在创新主体与社会文化相互作用的过程中实现的。

案例

华为先进的企业内部管理体系

产业升级仅有技术升级是不够的,还需要管理的同步升级。与其他国内企业一样,华为在创业之初也有过一段粗放式管理的时期,但是华为及时认识到管理创新的重要性,并不惜血本,进行脱胎换骨式的变革和提升。

在国际化进程中,华为认识到先进的企业内部管理体系的基础作用。华为先后与 IBM、HAY、MERCER、PWC 等国际著名公司合作,不惜花数十亿资金,引入先进的管理理念和方法,对集成产品开发、业务流程、组织、品质控制、人力资源、财务管理、客户满意度等方面进行了系统变革,把公司业务管理体系聚焦到创造客户价值这个核心上。

知识链接:管理信息化背景下企业组织变革与创新路径分析

经过 10 多年的不断改进,华为的管理实现了与国际接轨,不仅经受了公司业务持续高速增长的考验,而且赢得了海内外客户及全球合作伙伴的普遍认可,有效支撑了公司的全球化战略。

四、团队制度创新

制度是一个社会运行的“规矩”,制度创新是宏观环境的运作性创新,有了制度创新,才有了社会蓬勃发展的创新动力。把生产要素的新组合引入生产体系的创新就是制度创新,进一步来说,制度创新是要扭转现行的公众心态,改变现行的利益格局,趋向合理的社会环境,达到先进的、公平的、理性的、效益的、人本的目标。例如,我国现在对企业经营者实行年薪制和期权制,就是要解决经营者的贡献与利益挂钩的一种制度创新。

自主创新是强国之道,而制度创新是自主创新的保证,是促进自主创新和经济发展的一个非常重要的动力。所以,制度创新应该是需要优先解决的问题,也是在自主创新上取得突破的关键所在。企业应当从体制改革、机制完善、政策扶持、人才培养、作风建设等方面形成鼓励和支持自主创新的良好文化和制度环境。

民生银行行长董文标对他自己的工作思路曾经做过这样的表述:制度创新是创新之本,没有制度创新,就没有核心竞争力。而深圳市之所以自主创新达到了一个比较高的水平,例如,企业在研发机构、研发人员、研发经费和申请专利这 4 个方面都在 90% 以上,也是因为其科技体制、政策体系和激励机制在不断地创新,反过来调动了企业和广大科技工作者的创新积极性,营造起了有利于创新成果生长发育的良好环境。

案例

商鞅变法:制度创新推动历史前进

商鞅变法是战国时期著名政治家商鞅为维护秦国统治者的利益而推行的一系列变革措施。公元前 361 年,秦孝公即位。年轻的国君决心改变秦国的落后面貌,于是下了一变法图强的求贤诏令。商鞅就是在这个时候自魏国来到秦国的。商鞅到秦国后,宣传“强国之术”,决心协助秦孝公进行社会改革,因此得到秦孝公的信任,任命他为左庶长。公元前 359 年和公元前350年,在商鞅主持下,秦国两次公布了新法。秦国经过商鞅变法,面貌焕然一新。秦国从落后国家,一跃而为"兵革大强,诸侯畏惧"的强国,出现了"家给人足,民勇于公战,怯于私斗,乡邑大治"的局面。正是由于它的作用,秦朝的历史才变得如此辉煌。

五、团队知识创新、思想创新和理论创新

(一)团队知识创新

知识创新,一般有累积式知识创新和激进式知识创新两种形式。

(1)累积式知识创新是企业在原有知识的基础上,结合外部资源进行持续创新,这种创新是在原有知识基础上的创新,创新的累积性还意味着学习过程必须是连续的,学习过程依赖的主体是企业组织不能随时间的流逝而解体。

(2)激进式知识创新是指企业突破惯性思维,发现现有知识中没有的全新知识,这一创新的来源既有科技创新给企业带来的根本性变革,也有企业效仿竞争对手引进的新知识、新技术与新理念。

无论是累积式知识创新,还是激进式知识创新,企业都需要具备包容新知识的素质和才能。

 案例

中国有第四纪冰川

我国伟大的地质学家李四光小时候常常一个人靠着家乡的一些来历不明的石头出奇地遐想,好奇地自问,为什么这里会出现这些孤零零的巨石?它们是借助什么力量到这儿来的。后来李四光走遍了全中国山川河流,做了大量的考察与研究,终于断定这些怪石是冰川的浮砾,是第四纪冰川的遗迹。纠正了国外学者断定中国没有第四纪冰川的错误理论。

即兴思考

在你的人生经历中,有没有进行过知识创新?

(二)团队思想创新

思想创新是人的知识、智力的输出性创新,有了思想创新,才会有不竭的创新成果。思想创新,也就是新思想的出现,它要求有知识的积累、较高的智力水平和创造性心理品质,并与家庭、单位、国家的氛围及"社会需要"有着密切的联系。爱因斯坦的相对论、魏格纳的大陆漂移说、孙治方的利润挂帅论、我国近年来出现的"方案策划"等,都是思想创新的反映。思想创新的结果,会形成理论创新和制度创新,其自身的峰巅,则是观念的创新。"鼓励消费"是观念创新;重视人的因素,把人看作资源,也是现代经济学、现代管理学的观念创新。

创新思想观念要把握以下两点。

一要破除因循守旧、故步自封的保守思想,树立大胆创新、敢闯敢试的进取意识。切实把思想统一到加快发展这个主题上来,充分发挥主观能动性和创造性,时时争先,处处争优,始终保持一种时不我待、只争朝夕的拼搏精神,在实践中大胆探索,敢闯敢试,敢于突破前

人、突破常规、突破自我,不断创造新业绩。

二要破除小富即安、小进即满的落后观念,树立勇争一流、合作共赢的发展意识。要站在更广的开放层面看发展,站在更高的层次看未来,在更大范围和更广领域参与国际国内经济技术合作与竞争,真正实现合作共赢。

(三)团队理论创新

理论是知识、学说、思想的系统化结构。理论创新是对原有理论的否定、突破、变异,是在寻找新的观点、学说和新的体系。有了理论创新,才有了人们对于自然世界、人类社会认识的飞跃和更加自觉、理性、有效的把握。理论创新,不仅是对上述各方面创新的反映、提高和促进,而且在一定条件下可以对技术、经济、社会、政治的变革起到巨大的作用。哥白尼的日心说、达尔文的进化论、爱因斯坦的相对论,这些重要的理论创新,都对社会的进步和人类的福利起了积极的作用。英国经济学家凯恩斯面对传统经济学的问题,提出了创新性的"有效需求"学说,缔造了宏观经济理论,导致"刺激需求、国家干预、公共工程、赤字开支"等经济政策的产生,其理论的影响遍及各国、延续至今。邓小平的改革开放决策、"社会主义市场经济"的发展道路选择和"摸着石头过河"的方法论,有着理论创新的功效,带来了中国经济的腾飞。

知识链接:仙人掌
如何打造创
新型团队

同步实训

设 计 产 品

1. 任务要求

(1)在教师引导下完成教师预设的激励游戏。

(2)完成游戏后进行讨论及理论学习。

(3)小组内分工协作完成任务。

2. 任务分析

从一个产品的设计开发到营销推广都需要好的创意作为灵魂,没有创意的物品或广告是不会有人欣赏的,寻找创意的方法有很多,头脑风暴、自然联想等方法是最为常用的,因为它可以打破思维的局限性,让想象力自由驰骋,从而获得好的构思。但是,对一件产品来说,创意并不是唯一重要的,好的构想、好的理念还需要实际条件来支持,会受到现实条件的约束,例如,本游戏中时间的约束、预算的约束。怎样在限定的范围内寻求利益最大化的解,是应该考虑的重要一步。在集体合作过程中,合理的分工和妥善的计划是成功的关键,例如,下面的游戏如果能合理加工,有人管创意,有人搞预算,就一定能事半功倍,在预定时间内更好地完成任务。

3. 实施准备

(1)材料准备:纸,笔。

(2)场地准备:教室内。

(3)参与人数:5～7人一组。

4.实施步骤

（1）布置任务：教师说明游戏规则和程序。

每5～7人一组，任务是设计出一个新的玩具，玩具可以是任何类型、针对任何年龄段，唯一的要求就是有新意。

（2）各组派1名代表，对设计的玩具进行详尽的介绍，内容包括名称、针对人群、卖点、广告、预算等，限时10分钟。

（3）投票选出最好的组，即以最少的成本做出最好的创意。另外，还可以颁发一些单项奖，例如，最炫的名字、最动人的广告创意、花钱最多的玩具等。

问题1：什么样的创意会让你觉得眼前一亮？怎样才能想出这些好创意？

问题2：时间的限制对你们想出好的创意是否有影响？

问题3：一个好的提案是不是只要有好创意就行了？如果不是，还需要什么？

5.效果评价

教师对学生学习过程及完成质量给予评价。小组成绩主要考核团队整体完成情况，个人部分主要考核个人执行情况，具体见表8-2。

表8-2　设计产品训练评价

小组序号：			学生姓名：		学号：
小组成绩（教师评价或小组互评）			个人最终成绩		
任务及标准	满分	得分	项目及标准	满分	得分
创意讨论	5		小组分解得分	40	
时间管理	10		个人角色及执行	20	
资源分析讨论	10		代表发言陈述	10	
设计方案	10		讨论发言	20	
讨论及合作情况	5		友好互助	10	
合　　计	40		合　　计	100	
评价者：			评价者：		
评价时间：　　年　　月　　日			评价时间：　　年　　月　　日		

6.点评交流

采用学做合一的教学模式，学生每次完成学习任务，教师及时组织交流，重点点评，穿插引出相关理论知识及下一步要进行的内容，启发学生积极思考，较好地完成本次学习任务。

任务三　团队创新的过程与方法

微课：团队创新的
过程与方法

知识目标

- 了解团队创新过程，包括准备期、酝酿期、豁朗期和验证期。
- 了解团队创新方法，包括头脑风暴法、集体研究制、鱼骨图法、辐射法。

技能目标

- 掌握团队创新方法。
- 学会团队创新步骤。

素养目标

- 能够结合社会主义核心价值观评估和选择团队创新方法。

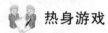 热身游戏

头 脑 风 暴

活动目标：培养创造性的观点，理解创造性思维的意义。

形式：5～7人一组。

时间：15分钟。

所需材料：铅笔或者其他任何物品。

场地：教室内。

游戏方法：

（1）确定一样物品，例如铅笔或者其他任何东西，让学生在1分钟内想出尽可能多的它的用途。

（2）5～7人为一个小组，每个组选出一人记载本组所想出主意的数量，1分钟之后，推选出本组中最新奇、最疯狂、最具有建设性的主意。想法最多、最新奇的组获胜。

规则：

（1）不许有任何批评意见，只考虑想法，不考虑可行性。

（2）想法越古怪越好，鼓励异想天开。

（3）可以寻求各种想法的组合和改进。

讨论：

（1）你是否惊叹于人类思维的奇特性，惊叹于不同人想法之间的差异性？

（2）头脑风暴对于解决问题有何好处，它适于解决什么样的问题？

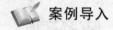 案例导入

需要一把剪刀

据说篮球运动刚诞生的时候，篮板上钉的是真正的篮子，每当球投进去后，就有一个专门的人踩在梯子上把球拿出来。为了让比赛更流畅地进行，人们想出了各种取球的方法，但都不太理想。有一位发明家还制造出了一种机器，在下面一拉就能把球弹出来，不过这种方法也没能让篮球比赛激烈起来。有一天，一位父亲带着他的儿子来看球赛，小男孩看到大人们一次次不辞劳苦地取球，不由大惑不解："为什么不把篮筐的底剪掉呢？"一语惊醒梦中人，大人们如梦初醒，于是才有了我们今天看到的篮网样式。

一、团队创新的过程

创新的过程,即创造性思维的过程。从一般意义上说,人们解决某种问题时,有着一定的思维顺序,这种顺序包括发现问题、提出问题、分析研究问题、提出假设、检验假设5个方面。这5个方面构成了"解决问题"的全过程。

创造性思维是一种高级的思维过程,它在思维过程中同时伴随创造性活动。特别是在思维过程的"提出假设"这一步骤,科学理论的产生、科技发明、人类认识中质的飞跃,都是创造性思维的功劳。一般来说,创造性活动的完成(即创造成果的取得,创造性产物的形成)包括准备期、酝酿期、豁朗期和验证期4个阶段。创造性思维的过程也要经历这4个阶段。下面对这4个阶段的内容进行分述。

1. 准备期

在从事创造活动之前,要进行充分的准备,即要有一个相当长的准备期。在这一时期,收集必要的知识、资料,研究前人在此方面的经验教训,准备和筹集从事创造所需的人力、物力条件等。

2. 酝酿期

在充分准备以后,对于所要解决的难题要进行周密、全面、反复的思考。这一时期,会有大量新的思想产生,但是这些新思想有的可能是谬误,有的可能难以形成创造性产物,有的在解决问题方面实际价值又不大。因此,人们往往要经过相当长的酝酿时期。人们可能在这一时期付出相当大的劳动,但是仍然百思不得其解,处于停滞状态。

3. 豁朗期

在经过长期、充分酝酿后,人们就某一难题重新进行思考,或者暂时把它放下进行别的活动时受到某种启示(有的人甚至在梦中形成新的念头),创造性思想就会突然出现,使人的头脑豁然开朗,一举攻破百思不解的难题。豁朗期的到来,也可以说是一种科学意义的灵感和直觉作用的结果。

4. 验证期

关键问题在豁朗期的解决、创新思想的产生,使创造性产物初步形成,此后还需要"乘胜追击",将创造性成果加以展开、挖掘、加工扬弃、发展提高,进而形成完整的创造成果。

二、团队创新的方法

1. 头脑风暴法

头脑风暴法是当今最负盛名、最实用的一种集体式创造性解决问题的方法。大体说来,头脑风暴式会议就是一种创造性会议。在会上,一连串想法产生出来。每当一个人抛出一个新的想法,这个人所激发的就不只是他的想象力,在这个过程中,与会其他人的想象力也将受到激发。头脑风暴法会在每个人的大脑中产生震动,它会激起一系列联想性反应。在这个过程中,每一个个体都倾向于设想更多的新观念。一个人在会议中想出的新想法之多,往往是其单独冥想所不及的。这就是群体动力学的效果。头脑风暴法的背后,隐含着这样一个基本原理:应推迟对观点做出批判性评价,而且,小组中任何人都有权利自由表达其思想；即使是即兴的想法，也允许当众表达。这样的过程可用于促进发散性思维，从而促生许多新的想法。

2. 集体研究制

集体研究制是这样一种过程：小组成员以一种古怪的方式来分析和解决问题。这种方法重在突出思想中的非理性成分。通过发挥非理性的作用，以期获得对问题的独创性的看法。集体研究制既使用类比的手段，也使用暗喻的方法，并以此来分析问题，寻求问题的可能解。对类比和暗喻的利用可对那些乍看起来与问题毫无瓜葛的想法起到鼓励作用。对此，有两种操作性技术：一是使陌生者看似熟悉，并对其加以巧妙设计，以使运用者以新的方法审视问题，并获得深入的理解。二是使熟悉者看似陌生。这样做的目的是让问题的解决者离开问题，使其不要深陷而不能自拔，以致无论如何都绕不出去；而通过让其远离问题，反倒可获得对问题更具创造性的解法。

3. 鱼骨图法

这一方法的技巧颇似鱼骨架的形状，故称为鱼骨图法，其过程是从把正在考虑的问题放置在一个盒子里开始的。这个盒子呈鱼头的形状，在鱼骨的两极，以及在沿鱼骨 45°角的地方，列出所有可能造成问题的原因，再分解原因，并将分解的原因列于 45°分支线上。

一旦完成了图解，小组成员就可以将其用作讨论的工具了。考察诸观点的习惯性顺序是先易后难，即先从最简单的关系着手。

鱼骨图解法鼓励使用者去研究问题的各个侧面，它有助于了解问题各部分之间的关系，揭示出各部分的相对重要性。此外，这种方法还有助于建立一套以系统的方法来处理问题的逻辑序列，同时，还能使人养成从整体的情境审视全局的思维习惯。

4. 辐射法

以"核心思想"开头，由此扩展开，获得一系列环绕其周转的辐射状尖端。在中央，核心观念被 8 根辐条包围起来。而每根辐条又是其他一组 8 根辐条的核心。每一种核心思想都起着观念激发器的作用，由它来激发次级的 8 种核心思想。

例如，假设核心思想是"在组织中存在着什么样的沟通问题？"通过头脑风暴法围绕这一核心思想的 8 根辐条是：①公司管理层级太多；②员工的团队意识不强；③组织竞争空气浓烈；④缺乏相应的上下通气制度；⑤常年没有公司舞会或聚顿；⑥管理层强调权威；⑦决策体制不民主；⑧缺乏对举报者的保护。

依次将这些想法作为核心思想，然后以此为中心，利用头脑风暴，再根据每种想法开发出新一层次的观念。例如，由"决策体制不民主"可引发出如下的念头：①需要对最高管理者强调民主决策；②建立权力监管机制；③发动全员参与运动；④列举以前由于决策不民主造成的损失；⑤重新划分权力结构等。

 案例

跨出组织的创新团队

佳能、索尼和丰田都是日本的世界知名公司，它们都善于创新，而且有着共同的创新思路——从公司外的基础资源获得创新发明能力：①佳能致力于获得专业技能，与科罗拉多大学、东京大学等进行科研合作,成立合作团队。②索尼通过大学和战略伙伴的全球网络建立起不断获得先进技术的途径,同时建立了与国内外大企业的研发合作伙伴关系,这些伙伴包括苹果公司、惠普公司、微软公司、西门子、三星等国外大型企业和富士通、日立、三菱、三洋等国内大型企业。③丰田与世界最优秀的研发机构建立联盟。丰田有与大学合作的老传统,在海外建立了许多研发中心。凌志车就是由加州的 Calty 设计研究所与欧洲和日本的设计中心合作设计的。

即兴思考

你喜欢哪种创新方法,为什么?

同步实训

迷失丛林

1. 任务要求

(1) 在教师引导下完成教师预设的激励游戏。

(2) 完成游戏后进行讨论及理论学习。

(3) 小组内分工协作完成任务。

2. 任务分析

通过具体活动来说明团队智慧高于个人智慧的平均组合,只要学会运用团队工作方法,就可以达到更好的效果。

3. 实施准备

(1) 材料准备:"迷失丛林"工作表、14 样物品详情单、专家选择表、管理模拟游戏材料等。

(2) 场地准备:能分组讨论演练的实训室。

(3) 学生约 6 人 1 组,确定组长 1 名,分工协作。

4. 实施步骤

(1) 布置任务:教师说明游戏规则和程序。

教师将"迷失丛林"工作表发给每位学生,并讲述下面一段故事。

你是一名飞行员,但你驾驶的飞机在飞越非洲丛林上空时突然失事,这时你必须跳伞。与你一起在非洲丛林中的是 14 样物品(表 8-3),这时你必须为了生存做出决定。

(2) 先由个人把 14 样物品按重要顺序排列出来,把答案写在表 8-3"个人顺序"列。

(3) 大家都完成排序后,教师把全班学生分为 6 人 1 组,让大家进行讨论 20 分钟,以小组形式把 14 样物品重新按重要顺序再排列,把答案写在表 8-3"小组顺序"列。

(4) 小组完成讨论后,教师把专家选择表发给每个小组,小组成员把专家选择填入表 8-3"专家排列"列。

(5) 用表 8-3"专家排列"列减去"个人顺序"列,取绝对值得出"个人与专家对比"列,用"专家排列"列减去"小组顺序"列得出"小组与专家对比"列,把"个人与专家对比"列累加起来得出个人得分,"小组与专家对比"列累加起来得出小组得分。

表 8-3　明细排列表

序号	物 品 清 单	个人顺序	小组顺序	专家排列	个人与专家对比	小组与专家对比
1	药箱					
2	手提收音机					
3	打火机					
4	三支高尔夫球杆					
5	七个大的绿垃圾袋					
6	指南针					
7	蜡烛					
8	手枪					
9	药箱、一瓶驱虫剂					
10	大砍刀					
11	蛇咬药箱					
12	一盒轻便食物					
13	一张防水毛毯					
14	一个热水瓶					

问题 1：为什么要引入专家组，专家选择表起到了什么作用？

问题 2：你对团队工作方法有什么进一步的认识？

问题 3：专家在"生存和找出路"上有什么新颖的思路和方法？

问题 4：你所在的小组是以什么方式达成共识的？

5. 效果评价

教师对学生学习过程及完成质量给予评价。小组成绩主要考核团队整体完成情况，个人部分主要考核个人执行情况，具体见表 8-4。

表 8-4　迷失丛林训练评价

小组序号：			学生姓名：		学号：
小组成绩（教师评价或小组互评）			个人最终成绩		
任务及标准	满分	得分	项目及标准	满分	得分
创意讨论	5		小组分解得分	40	
时间管理	10		个人角色及执行	20	
资源分析讨论	10		代表发言陈述	10	
设计方案	10		讨论发言	20	
讨论及合作情况	5		友好互助	10	
合　计	40		合　计	100	
评价者：			评价者：		
评价时间：　年　月　日			评价时间：　年　月　日		

6. 点评交流

采用学做合一的教学模式，学生每次完成学习任务，教师及时组织交流，重点点评，穿插引出相关理论知识及下一步要进行的内容，启发学生积极思考，较好地完成本次学习任务。

综合练习

一、单选题

1. 下面关于头脑风暴法的说法不正确的是（　　）。

　A. 头脑风暴法是一种创造性的思维方法

　B. 在头脑风暴法中不切合实际的想法是坚决不允许的

　C. 头脑风暴法是一种培养创造力的方法

　D. 头脑风暴法既可以应用于团队，也可以应用于个人

2. 培养创新团队文化，首先要树立团队的（　　）。

　A. 核心价值观　　　B. 创新精神　　　　C. 合作气氛　　　　D. 规章制度

3. 创新思维是以独特性和新颖性为目标的思维活动，创新思维的特点不包括（　　）。

　A. 独创性　　　　　B. 联动性　　　　　C. 变通性　　　　　D. 一维性

4. 有些人思考问题时以自我为中心，根本听不见别人的建议，阻碍了思维的创新，主要是由（　　）造成的。

　A. 经验型障碍　　　B. 自我中心型障碍　C. 书本型思维障碍　D. 从众型思维障碍

5. 专业技术人员创新团队合作存在的障碍有（　　）。

　A. 缺乏信任　　　　B. 害怕冲突　　　　C. 缺少投入　　　　D. 逃避责任

二、多选题

1. 专业技术人员团队在合作创新时应该通过（　　）营造和谐的创新环境。

　A. 把握市场需求　　　　　　　　　　B. 了解行业技术环境

　C. 建立团队创新激励机制　　　　　　D. 建立组织支持机制

2. 培养创新团队的共同创新目标的步骤可以分为（　　）。

　A. 全面了解创新团队的基本情况以及创新团队成员对总体目标的意见

　B. 与创新团队讨论创新目标的表述，注重成员的参与，获得其对创新目标的承诺

　C. 确定团队共同创新目标

　D. 分解共同创新目标

3. 微型创新团队良好运行可能的动力源主要有（　　）。

　A. 团队成员的自我实现和个人兴趣

　B. 团队的创新文化、共同愿景及价值取向的变化

　C. 科技进步与团队创新相互促进

　D. 社会政治经济制度的变革会为团队运行提供机会

4. 在实施头脑风暴法时，关于讨论的问题说法正确的是（　　）。

　A. 头脑风暴法要研究的问题是特殊的

　B. 问题要限定范围

　C. 在会议的初期必须明确问题

　D. 会议讨论问题的时间一般为 30～60 分钟

5. 在信息经济时代,为实现创新的目标,作为整个创新体系中的"细胞",创新团队应具备(　　)条件。

A. 一定的物质基础　　　　　　　　B. 内在激励机制

C. 畅通的知识和信息流动网络　　　D. 学习的能力

三、判断题

1. 创新思维是人的创新能力形成的核心与关键。　　　　　　　　　　　　　　（　　）

2. 创新团队环境是创新团队的灵魂。　　　　　　　　　　　　　　　　　　　（　　）

3. 创新团队是由一群有能力的成员组成的。他们具备实现目标所必需的技术和能力,并且在一定程度上可以优势互补。　　　　　　　　　　　　　　　　　　　　（　　）

4. 创新意识是天生的。　　　　　　　　　　　　　　　　　　　　　　　　　（　　）

5. 创造性思维是人类思维的最高表现。　　　　　　　　　　　　　　　　　　（　　）

四、案例讨论和分析

一个和尚挑水吃、两个和尚抬水吃、三个和尚没水吃。总寺的方丈得知情况后,派来了一名住持和一名管理者,共同负责解决这一问题。住持上任后,发现问题的关键是管理不到位,于是就招聘一些和尚成立了寺庙管理部来制定分工流程。为了更好地借鉴国外的先进经验,寺庙选派唐僧等领导干部出国学习取经;此外,他们还专门花钱请老师讲授 MBA 的课程。老师待了不久,留下两样东西就走了,一个叫 BPR,另一个叫 ERP。

管理者也没闲着,他认为问题的关键在于人才没有充分利用、寺庙文化没有建设好,于是就成立了人力资源部和寺庙工会等,并认认真真地走起了竞聘上岗和定岗定编的流程。

几天后成效出来了,三个和尚开始拼命地挑水,可问题是怎么挑也不够喝。不仅如此,小和尚都忙着挑水,寺庙里没人念经了,日子一长,来烧香的客人越来越少,香火钱也变得拮据起来。为了解决收入问题,寺庙管理部、人力资源部等连续召开了几天的会议,最后决定,成立专门的挑水部负责后勤和专门的烧香部负责市场前台。同时,为了更好地开展工作,寺庙提拔了十几名和尚分别担任副主持、主持助理,并在每个部门任命了部门小主持、副小主持、小主持助理。

老问题终于得到缓解,可新的问题又来了。前台负责念经的和尚总抱怨水不够喝,后台挑水的和尚也抱怨人手不足,水的需求量太大且不确定。

为了更好地解决这一矛盾,经开会研究决定,成立一个新的部门——喝水响应部,专门负责协调前后台矛盾。

为了便于沟通、协调,每个部门都设立了对口的联系和尚。协调虽然有了,但效果却不理想,仔细一研究,原来是由于水的需求量不准、水井数量不足等原因造成的。于是各部门又召开了几次会议,决定加强前台念经和尚对饮用水的预测和念经和尚对挑水和尚满意度测评等,让前后台签署协定、相互打分,健全考核机制。

为了便于打分考核,寺院特意购买了几个计算机系统,包括挑水统计系统、烧香统计系统、普通香客捐款分析系统、大香客捐款分析系统等,同时成立香火钱管理部、香火钱出账部、打井策略研究部、打井建设部、打井维护部等。由于各个系统统计出来的结果总是不准确、不一致,于是又成立了技术开发中心,负责各个系统的维护、二次开发。由于部门太多、办公场地不足,寺院专门成立了综合部解决这一问题,最后决定把寺院整个变成办公区,香客烧香只许在山门外烧。

部门多、当官的多，开会自然就多，为了减少文山会海，综合办牵头召开了 N 次关于减少开会的会议，并下达了"关于减少会议"的通知。同时，为了精简机构、提高效率，寺院还成立了精简机构办公室、机构改革研究部等部门。

一切似乎都合情合理，但香火钱和喝水的问题还是迟迟不能解决。问题在哪儿呢？有的和尚提出来每月应该开一次分析会，于是经营分析部应运而生。分析需要很多数据和报表，可系统总是做不到，于是每个部门都指派了一些和尚手工统计、填写报表、给系统打工。

寺院空前地热闹起来，有的和尚在拼命挑水、有的和尚在拼命念经、有的和尚在拼命协调、有的和尚在拼命分析……忙来忙去，水还是不够喝、香火钱还是不够用。什么原因呢？这个和尚说流程不顺，那个和尚说任务分解不合理，这个和尚说部门界面不清，那个和尚说考核力度不够。

只有三个人最清楚问题的关键所在，那三个人就是最早的三个和尚。说来说去，就是闲人太多了！他们说："什么流程问题、职责问题、接口问题、考核问题，明明就是机构臃肿问题！早知今日，还不如当初咱们仨自觉自律一点，如今倒好，招来了这么一大帮、一个个不干正经事儿的人，甩都甩不掉！"

讨论：

1. 结合本案例分析团队需要创新的原因是什么？
2. 如果你是住持，你打算如何创新解决团队喝水问题？

参考文献

[1] 潘建林.团队建设与管理实务[M].北京：机械工业出版社,2018.

[2] 姚裕群,赵修文,刘军,等.团队建设与团队管理[M].5版.北京：首都经济贸易大学出版社,2020.

[3] 李慧波.团队精神[M].北京：机械工业出版社,2015.

[4] 陆丰.团队管理缺少这9种核心文化怎么行？[M].北京：机械工业出版社,2017.

[5] 斯蒂芬·A.毕比,约翰·T.马斯特森.小团队沟通原则与实践[M].陈薇薇,译.10版.北京：电子工业出版社,2015.

[6] 付伟.团队建设能力培训全案[M].3版.北京：人民邮电出版社,2017.

[7] 斯蒂芬·P.罗宾斯.组织行为学[M].孙健敏,李原,译.12版.北京：中国人民大学出版社,2012.

[8] 陈永亮.团队执行力[M].北京：北京大学出版社,2015.

[9] 张志乔.营销团队建设与管理[M].杭州：浙江工商大学出版社,2012.

[10] 陈迎雪,陈小华.团队建设与管理[M].成都：电子科技大学出版社,2015.

[11] 龚尚猛.团队建设与管理[M].上海：上海财经大学出版社,2021.

[12] 吕明泽.团队建设与管理沟通[M].北京：北京理工大学出版社,2015.

[13] 霍华德·舒尔茨,多利·琼斯·扬.将心注入[M].文敏,译.杭州：浙江人民出版社,2021.